# Win-Win에도 순서가 있다

Win-Win에도 순서가 있다

초판 1쇄 인쇄  2013년 3월 29일
초판 1쇄 발행  2013년 4월 9일

지은이 이철우

펴낸이 김찬희
펴낸곳 끌리는책

출판등록 신고번호 제25100-2011-000073호
주소 서울시 구로구 오류동 109-1 재도빌딩 206호
전화 영업부 (02)335-6936  편집부 (02)2060-5821
팩스 (02)335-0550
이메일 happybookpub@gmail.com

ISBN 978-89-90856-49-4   13320

값 15,000원

* 잘못된 책은 구입하신 서점에서 교환해드립니다.
* 이 책 내용의 일부 또는 전부를 재사용하려면 반드시 사전에 저작권자와 출판권자의 동의를 얻어야 합니다.

# Win-Win에도 순서가 있다

이철우 지음

## 프롤로그

대학에서 전공한 것은 농경제학이었다. 당시 국가 산업의 중심이었던 농업을 발전시키는 데 기여하고자 하는 꿈이 있었다. 하지만 대학을 졸업하고 군대를 다녀오니 세상은 제조업을 중심으로 한 2차 산업 발전에 국력을 기울이는 분위기였다. 나도 그 대열에 동참하여 미력하게나마 우리나라 경제 발전에 기여하고 싶었다. 푸른 꿈을 키우던 시절이었고 대학원에서 경영학을 공부하면서 앞으로 기업이 나아가야 할 방향에 대해 많이 고민했다.

내가 유통업에 종사한 지도 꽤 많은 시간이 흘렀다. 긴 세월 동안 유통산업의 중심에서 우리나라 산업 발전의 역사를 온몸으로 체험할 수 있었다. 앞으로는 유통업을 중심으로 한 서비스 산업, 즉 3차 산업의 발전이 가속화될 것이라고 믿고 있다. 선진국에서는 이미 3차 산업이 국가 산업의 근간을 이루고 있다.

40여 년 전 롯데백화점에 입사한 후 다양한 분야를 두루 거쳤다. 롯데리아, 롯데마트에서 대표이사를 했고, 다시 친정 같은 롯데백화점으로 돌아와 대표이사를 맡았었다.

이 책은 경영자로서, 유통현장에서 일하는 사람으로서 다양한 일을 겪고 처리하고 고민하는 과정에서 있었던 이야기를 담고 있다. 고민하는 과정, 판단하고 결정하는 과정, 그리고 성과를 올리는 과정에서 겪었던 일들을 솔직하게 풀어놓았다.

  경영자가 경영의 중심을 잃고 단기적인 이익에만 집착하면 오래 살아남는 기업을 만들 수 없다. 경영자는 경영의 현장에서 사라질 수 있지만 기업은 사라져서는 안 되기 때문이다. 그동안 생각하고 고민하고 실천했던 일들, 그 속에서 깨달은 것들을 담았다. 지금 생각해보면 더 잘할 수도 있었는데, 당시의 판단이 과연 옳았던 것일까 하고 반성하는 일도 분명 있다. 모든 순간에 함께 일하는 동료들이 있었고, 주변에서 응원하고 격려해주는 사람들이 있었다. 그들과 함께했기에 여기까지 왔다고 생각한다.

  이 책의 제목을 《윈-윈에도 순서가 있다》라고 정한 데는 나름의 이유가 있다. 일을 하는 과정에서 수많은 이해관계가 존재하는데, 나이가 많은 사람, 힘 있는 사람, 권력을 가진 사람 또는 그런 기업이 먼저 양보하고 배려해야 모두가 상생할 수 있음을 절실하게 깨달았기 때문이다. 통합과 상생이 강조되는 시대다. 본문에서도 다루고 있지만 진정한 통합과 상생은 가진 사람이, 덜 가지고 못 가진 사람에게 먼저 다가가고 배려할 때 가능해진다. 자기가 먼저 이익을 내려고 하는 기업이나 개인은 결국 상생에서 멀어질 뿐만 아니라 사회에도 피해를 주게 된다. 이 책을 통해 기업뿐만 아니라 개인도 진정한 '윈-윈'이 무엇인지 생각해보는 계기가 되었으면 한다.

내 생각과 경험이 정답이 될 것이라고는 생각하지 않는다. 모든 것은 변화하고 발전한다. 다만 나의 생각과 오랜 경험을 바탕으로 생긴 지혜가 앞으로 직장생활을 하는 사회인들과 조직을 이끌어가야 할 리더들 그리고 경영의 현장에서 수많은 난관을 헤쳐 나갈 경영자들에게 작은 지침이 되기를 기대해본다. 특히 유통업계 종사자들에게 긍정과 희망의 메시지이기를 바란다. 이들이 앞으로 더욱 일하기 좋은 기업, 모두가 함께 행복한 사회를 만들어줄 것이라 믿고 응원을 보낸다.

유통업계에서 40여 년을 일하는 동안 수많은 사람들과 함께 일했고, 함께 달려왔다. 함께했던 모든 분들에게 감사의 인사를 전한다.

더불어 내 인생의 영원한 동반자인 아내에게 이 책의 탄생을 함께 기뻐할 수 있음에 고마움과 사랑을 드린다.

2013년 3월
이철우

차례

프롤로그     4

## 제1장 생존력이 가장 강한 경쟁력이다

시련이 도전의 가능성을 높였다     13
훌륭한 경쟁자는 좋은 스승이다     22
고객이 없으면 기업도 없다     31
마음을 알아주고 마음을 담아야 서비스다     39
실력을 쌓아야 자신감도 1등이 된다     49

## 제2장 소통해야 상생한다

3·6·5 프로세스로 소통을 시작하다     59
소통하는 리더에겐 어려움이 없다     71
윈-윈에도 순서가 있다     84
먼저 다가가고 공감한다     98
상즉인 인즉상     113
멀리 가려면 함께 가야 한다     122

## 제3장 경영의 중심은 언제나 사람이다

인문학 공부는 나와 타인을 이해하는 출발점   131
역사 지식이 경쟁의 무기가 되다   140
가장 한국적인 것으로 승부하다   150
여성의 활약이 세상을 바꾼다   161
지식과 지혜가 조화를 이루는 시대   172

## 제4장 끊임없는 변화와 개혁만이 살 길이다

생각을 바꾸면 보인다   179
멈춘 자동차는 다시 달리게 해야 한다   187
변화와 개혁은 기업의 숙명이다   198
일석이조, 일석삼조를 생각하는 경영   206
힘 있는 리더가 되려면   214

## 제5장 일과 경영, 그 본질과 미래

| | |
|---|---|
| 맏형의 마음으로 리더십을 발휘하다 | 229 |
| 섬김경영, 현장경영, 사람경영에 가치를 두다 | 240 |
| 기업의 투자는 미래를 봐야 한다 | 257 |
| 정도경영은 계속되어야 한다 | 265 |
| 받은 만큼 돌려주어야 한다 | 277 |
| 전 세계 소비자가 우리의 고객이다 | 284 |
| | |
| 에필로그 | 299 |

제**1**장

# 생존력이
# 가장 강한 경쟁력이다

## 시련이 도전의 가능성을 높였다

*"실패는 단지 지금 성공하지 못한 것일 뿐 포기하지 않는 한 성공의 기회는 반드시 온다."*

### 기업이 살아남아야 개인도 살아남는다

대학원 졸업 후 대한상공회의소 산하의 한국마케팅개발센터가 생기면서 그곳으로 가게 되었다. 1960년대 말 '마케팅'이란 말조차 생소하던 시절에 마케팅개발센터에서 대학원 동기들과 함께 연구할 수 있어서 더없이 좋았다. 그 후 삼성그룹 회장 비서실 직속 마케팅팀에서 일했다. 그러다가 신세계백화점에서 신규 사업으로 체인스토어 분야를 개척했는데, 회장 비서실에서 옮겨와 신규 사업에 참여하게 되었다. 시장 조사에서 기획, 실제 사업 개시까지 모든 일에 참여했다. 당시 국내에는 없었던 유통시장을 개척하는 일이었는데, 지금의 마트나 중소형 슈퍼체인과 비슷했다. 하지만 의욕적인 출발과는 달리 몇 년이 지나도 사업은 순항하지 못했고 이익도 나지 않았다. 당시로서는 시기상조였다는 생각이 든다. 신세계는 투자 가치를 다시 점검했고 결국 사업을 철수하기로 결정했다. 함께 참여했던 직원들은 뿔뿔이 흩어져 신세계백화점의 곳곳으로 옮겨갔고, 사업의 핵심에 참여했던 직원들은 책임을 지고 물러나게 되었다. 거기에 나도 속했다.

당시 나는 두 아이를 둔 가장이었다. 가족을 먹여 살려야 하는 가장이 직장을 그만두게 되니 앞이 막막했다. 물론 마음만 먹으면 어디든 갈 수 있다는 자신감은 있었다. 당시에는 석사 학위만 있어도 기업에서 좋은 대우를 받았고, 대학의 교수로도 갈 수 있었기 때문이다. 그렇다 해도 본의 아니게 몇 개월을 쉬게 되면서 느낀 게 참 많았다. 급한 마음에 유통과는 관계 없는 곳에서 잠시 일하기도 했다. 그러다가 롯데백화점 창립 멤버로 스카우트되었다.

"기업은 반드시 살아남아야 한다."

그때 내 머릿속에 깊숙이 박힌 생각이다. 기업은 이익이 나지 않으면 망하고, 기업이 망하면 그곳에서 일하는 사람들이 일자리를 잃게 되며, 그렇게 되면 당사자는 물론이고 그 가족들의 생계도 막막해진다. 반대로 기업이 성공해서 더 많은 사람을 고용하면 그만큼 생계에 어려움을 겪는 사람은 줄어들게 된다.

학교에서 배운 이 당연한 원리를 어째서 간과하고 있었을까? 내가 창업을 한 것이 아니라도 책임을 지고 사업을 개시한 이상 더욱 치열하게, 더욱 철저하게 사업 성공을 고민했어야 했다. 그리고 "나는 정말 열심히 일했을까?" 하고 나 자신에게 물었다. 혹시 회사에서 시키니까 시장 조사를 하고 사업을 개시했을 뿐, 신규 사업이 시장에서 살아남기 위해서 무엇을 해야 할지, 간절하게 고민했는가를 거듭 생각했다. 생각 끝에 "기업이 없으면 나도 없다", "회사가 시장에서 살아남아야 나도 살아남을 수 있다"라는 뼈아픈 교훈을 얻었다. 그런 절치부심의 시간을 가지면서 각오를 새롭게 다졌고, 그 생각은 이후 직장생활을 하는 내내 내 머릿속을 떠나지 않는 화두가 되었다.

 수십 년이 흘러 경영자가 된 나는 때로는 회사를 위해 성장 전략에만 치우친다는 소리를 들었고, 때로는 반대로 직원들의 입장을 너무 배려한다거나 직원들에게 너무 많이 베푼다는 평을 듣기도 했다. 어떤 말을 듣건 직원들에게는 '회사를 키우고 발전' 시키는 게 무엇보다 중요하다고 끊임없이 강조했던 것은 이때의 경험 때문이다. 그래서 오랫동안 그 각오를 잊지 않고 한눈팔지 않고 최선과 열정을 다해 일했다.

## 포기하지 않는 한
## 기회는 반드시 온다

연기 안 나는 담배, 무색 콜라, 스프레이 치약……. 혹시 이런 상품에 대해 들어본 적이 있는가. 미국 미시간 주 앤아버에는 '뉴 프로덕트 워크스(New Product Works)'라는 재미있는 박물관이 있는데, 실패박물관이라고도 부른다. 이곳에서는 식품, 미용, 가정용품 등 아이디어는 좋았으나 시장에서 실패하고 사라진 제품 약 7만여 점을 전시하고 있다. 이 제품들은 박물관 한쪽에 "미국 역사상 최악의 실패작"이란 이름으로 관람객들의 눈길을 끌고 있다.

설립자인 로버트 맥머스는 원래 신제품을 모아 전시를 했다. 하지만 매년 출시되는 제품의 80~90퍼센트가 소리 없이 사라졌기에 실패박물관이 됐다고 한다. 소비자의 마음을 사로잡지 못하고 사라진 실패작들을 보기 위해 많은 사람들이 비싼 입장료를 지불하면서까지 이곳을 방문하는 이유는 기발한 아이디어도 흥미롭지만 무엇보다도 실패에서 많은 것을 배울 수 있기 때문이다. 과거 실패한 제품들을 제대로 분석해보지 않은 채 계속 새로운 제품의 개발에만 몰두하는 기업들에게는 참고가 될 것이다.

처음부터 실패를 생각하고 뭔가 시도하는 사람은 없다. 사람들은 실패를 예상하지 않기 때문에 최선을 다한 일에 실패를 하면 충격을 받고 좌절감을 느낀다. 하지만 한 번의 실패가 또 다른 실패로 이어지지 않으려면 실패에서 교훈을 얻을 수 있어야 한다.

중요한 것은 남들이 아무리 실패라고 말해도 자신은 실패라고 생각하지 않는 자세다. 성공하기 위한 잠깐의 시련이라고 긍정적으로 생각하면 훨씬 쉽게 이겨낼 수 있다. 한번쯤 거쳐야 하는 과정일 뿐이라고 생각하면 어떤 어려움도 헤쳐 나갈 힘이 생긴다.

사람은 누구나 실패할 수 있다. 한 번의 실패에 굴하지 않고 다시 일어서고, 두 번의 실패에도 다시 일어서는 사람이 되어야 한다. 인생의 진짜 실패는 어렵고 힘들다고 아무것도 하지 않는 것, 하다가 중도에 포기하는 것이 아닐까? 이럴 때 현대그룹 창업자인 고 정주영 회장의 "시련은 있어도 실패는 없다"라는 말이 떠오른다. 실패했다고 주저앉지 않고 잠시 지나가는 시련이라고 생각하면 다시 일어설 수 있는 게 사람이다.

하지만 기업은, 경영은 실패하면 안 된다. 그럴 수 없고, 그래서도 안 된다. 경영에서 실패란 바로 시장에서 사라지는 것, 즉 기업의 존재가 없어지는 것을 의미하기 때문이다. 기업이 사라지면 그곳에서 일하던 사람들도 직장을 잃게 된다. 전쟁에서도 마찬가지다. 전투에서는 이길 수도 있고 질 수도 있지만 전쟁에서는 지면 안 된다. 전쟁에서 진다는 것은 살아갈 곳을 잃어버리는 것과 같기 때문이다. 승리하기 위한 전투는 수없이 벌어진다. 지는 전투도 있고, 이기는 전투도

> 중요한 것은 남들이 아무리 실패라고 말해도 자신은 실패라고 생각하지 않는 자세다.

있게 마련이다. 전투에서 패배했다면 그 원인을 철저히 분석해야 한다. 그래야 다음 전투에서 이길 비책을 마련할 수 있다. 그렇게 많은 전투에서 승패를 경험하고 견뎌내야 전쟁에서 이기고 살아남을 수 있다. 그래서 수많은 크고 작은 전투에서 지더라도 전쟁에서는 반드시 이겨야 한다고 말하는 것이다.

기업도 제품 개발이나 마케팅 전략에서 한두 번 실패할 수는 있다. 실제 현장에서는 그런 일이 수없이 벌어진다. 경쟁사에 밀리기도 하고, 고객의 외면을 받기도 한다. 그렇다고 한두 번의 실패로 손을 들 수는 없다. 결국에는 시장에서 살아남고 고객에게 사랑받는 기업으로 거듭나야만 한다.

실패는 단지 지금 성공하지 못한 것일 뿐, 포기하지 않는 한 성공의 기회는 반드시 온다. 평창 동계올림픽 유치 과정을 보라. 대한민국의 작은 도시 평창은 야심 찬 도전을 했지만 유치에 실패했고, 두 번째 도전에서도 실패의 쓴맛을 봤다. 하지만 포기하지 않고 또다시 도전했고, 마침내 세 번째 도전에서야 동계올림픽 유치에 성공했다. 2018년 동계올림픽 개최지로 평창이 선정된 것이다.

롯데백화점이 파주에 명품아울렛 매장을 만들려고 준비하고 있다가 부지 선정까지 다 해놓고도 막상 토지 구입에는 실패했던 적이 있다. 하지만 절치부심한 결과 서울에서 더 가깝고 더 넓은 부지에 멋지게 완성할 수 있었다. 롯데마트 시절에는 월마트와 까르푸 등 글로벌 기업들이 한국에서 철수하면서 전국의 해당 매장들을 인수할 기회가 있었다. 하지만 인수 가격이 너무 높아 고민하는 사이 경쟁사들에게 기회를 빼앗기고 말았다. 당시에는 책상을 칠 만큼 안타까웠다. 하지만 그 덕분에 더 적극적으로 매장 수를 확대하고, 서비스를 개선하는 등 양적·질적 성장을 할 수 있었다. 원래 놓친 물고기가 더 커 보이는 법이고, 남에게 돌아간 행운은 안타깝기 그지없다. 하지만 그것 또한 내가 더욱 성장하는 기회로 삼으면 새로운 길이 보이는 법이다. 중요한 것은 실패를 빨리 잊고, 앞으로 무엇을 어떻게 할 것인가를 생각하고 행동으로 옮기는 일이다. '그때 그랬더라면' 하고 자신이 하지 못한 일을 후회하거나 '그때 잘못했기 때문에 지금 이 모양이야'라고 한탄만 하고 있으면 실패는 마치 쳇바퀴처럼 다시 내게 돌아온다. 빨리 그 순환을 새롭게 할 일을 생각해야 하지 않을까?

## 실패에서는 교훈을, 성공에서는 겸손을 배워야

인생도 마찬가지다. 에디슨도 전구 하나를 발명하기 위해 1000번의 실패를 반복했다고 하지 않던가. 지금도 기업의 모든 연구실에서는 새로운 상품을 만들기 위해 수많은 연구자들이 실패에 실패를 거듭하고 있다. 그들은 실패 속에서 가능성을 찾아내고 연구하고 개발하고 실패를 반복한 끝에 마침내 새로운 상품 개발에 성공한다.

2010년 미국 정부의 발표에 따르면 성공한 기업가의 창업 횟수는 평균 2.8회라고 한다. 성공을 거두기까지 기업가는 평균 2번 정도는 실패를 경험했다는 얘기다. 그만큼 한 번에 성공하기가 어렵고, 누구나 성공할 수 있는 게 아니다. 하지만 성공한 기업가들조차 적어도 2번 이상의 실패를 경험한 후에 성공을 했다는 사실은 우리가 실패라는 상황에 어떻게 대처해야 할지 알려주는 소중한 교훈이 된다.

젊은 사람이든 나이 든 사람이든 어떤 일을 시도할 때 한두 번 해보고 안 되면 "이만 했으면 됐어, 이걸로 끝이야, 난 안 돼" 하고 포기하는 경우가 많다. 하지만 실패를 인정하고 포기하는 순간 모든 가능성을 스스로 내려놓은 것이 된다. 경영자도 끊임없이 다양한 시도를 하기 때문에 성공도 하고 실패도 한다. 시련이 거듭되기도 한다. 성공이 계속되는 경우도 드물고, 실패만 반복하는 경우도 드물다. 경영자는 실패에서는 배울 것을 찾아내고, 성공에서는 겸손의 자세를 가져야 한다.

때로 경영자는 작은 일은 포기해야 할 때가 있다. 작은 일을 포기하고 더 큰 일을 도모하는 데 집중하는 것이 더 필요한 상황이 있기 때문이다. 취사선택해야 하는 상황도 있다. 때로는 희생이나 반발도 각오해야 한다. 그런 모든 것을 감수하고 어떤 일을 중간에 포기하는 결단은 고객과 기업, 조직과 구성원에게 가장 중요한 것을 결정하는 과정이기도 하다.

경영은 모든 일에서 이기는 것이고, 이겨서 성공해야 경영을 잘하는 것이다. 모든 일에서 이긴다는 것은 기업을 둘러싼 모든 이해관계자들에게 최선의 이익이 될 수 있도록 하는 것이다.

> 경영은 모든 일에서 이기는 것이고, 이겨서 성공해야 경영을 잘하는 것이다.

   매 순간 결단하고 이겨야 하는 게 경영이다. 순간의 성공에 만족하거나 자신의 판단이나 의견을 쉽게 접어버린다면 경영자로서 책임을 다하지 않는 것이다. 경영자에게 직무 유기라는 말은 이럴 때 쓰는 말이 아닐까?

# 훌륭한 경쟁자는
# 좋은 스승이다

"경쟁은 아름다운 것이며,
훌륭한 경쟁자가 있다는 것은 감사해야 할 일이다."

## 경쟁은 상생의
## 출발점이다

"오픈을 축하합니다. 새로운 쇼핑 문화를 위해 함께 노력하겠습니다."

2009년 부산 신세계백화점 센텀시티점 개점을 앞두고 롯데백화점 센텀시티점이 내건 대형 플래카드에 적힌 내용이다.

신세계와 롯데는 같은 상권을 두고 치열하게 경쟁을 벌인 적이 많았다. 앞서거니 뒤서거니 하면서 같은 지역에 매장을 연 경우도 있다. 부산 해운대에서는 불과 20미터 거리를 두고 신세계백화점과 롯데백화점이 자리하고 있다. 롯데백화점 센텀시티점은 2008년에 개장해 이미 부산 지역의 새로운 상권을 형성하며 일본 고객들까지 유치하는 등 크게 선전하고 있었다. 그런데 2009년 3월, 신세계 센텀시티점이 문을 연 것이다. 롯데보다 면적이 2배 이상 크고 다양한 편의시설과 문화시설을 갖추고 있었다. 경쟁사의 과감한 투자에 놀라는 한편 존경심도 생겼다. 그런데 뜻밖의 결과가 벌어졌다. 롯데백화점에 이어 신세계백화점이 들어서면서 센텀시티는 부산 최대를 넘어 동아시아의 최대 쇼핑지로 알려지기 시작했다. 부산 고객들뿐만 아니라 일본, 중국 등지에서 온 관광객들이 찾는 쇼핑 명소가 되었다. 롯데백화점 센텀시티점은 경쟁업체의 개점으로 긴장한 만큼 상품이나 서비스의 질을 한층 높이기 위해 더 노력하게 되었다.

전 세계 TV시장에서 삼성전자와 LG전자가 시장점유율 선두를 달리고 있나는 기사를 자주 접한다. 현대자동차도 미국 시장에 진출해서 일본의 도요타를 앞서가며 선전하고 있다. 국내 시장뿐만 아니라 글로벌 시장에서도 인정받는 1, 2위 기업들이 점점 늘어나고 있다.

접할 수 있는 정보가 제한되고, 세계시장의 흐름을 실시간으로 파악할 수 없었던 시대에는 새로운 상품이 출시되면 어느 특정 지역이나 국가 안에서 시장을 독점하며 승승장구한 경우가 많았다. 하지만 요즘에는 모든 정보가 실시간으로 전달되고 상품에 대한 정보도 매우 빨라 좋은 상품은 국내뿐만 아니라 전 세계가 주목하고 전 세계인들이 사용하기에 이르렀다.

"21세기에 고정불변한 영원한 경쟁우위란 없다. 오직 지속적으로 새로운 경쟁우위를 찾아내고 개발하는 기업만이 성공할 것이다."

경영 전략의 대가 마이클 포터 교수의 말이다.

기업은 끊임없이 시장에서 경쟁을 하며 존속한다. 독점의 시대는 끝나고 누가 먼저 고객의 니즈를 파악하느냐, 때로는 아직 생성되지 않은 고객의 니즈를 누가 먼저 읽어내느냐에 따라 시장에서의 우위가 결정된다.

고객들의 라이프스타일도 다양하게 변화하고 있다. 그들은 이제 한 가지 상품만을 고집하거나 한 회사의 상품을 전적으로 신뢰하면서 구매하지 않는다. 자신의 라이프스타일에 적합한 상품을 찾아내고 꼼꼼하게 분석한 다음에야 구매를 결정하는 게 요즘 소비자들이다.

독점의 시대에는 기업도 긴장감이 적었고, 소비자들은 선택의 폭이 제한되어 있었다. 예를 들어 30여 년 전만 하더라도 치약 하면 럭키치약밖에 없었다. 그러다가 충치 예방이나 입냄새 예방 등을 강조한 기능성 치약이 등장했고, 기업들은 앞다투어 기능성 치약들을 생산해내기 시작했다. 이제는 오히려 수많은 치약 중에 무엇을 선택해야 할지 헷갈리는 정도가 되었다.

기업 간의 경쟁은 소비자에게는 선택의 폭을 넓혀주었다. 기업에게는 새로운 상품 개발을 위한 자극이 되었고, 자사만의 차별화 전략을 지속적으로 연구하게 만들었다.

기업 경영에 있어 경쟁은 피할 수 없는 일이다. 항상 경쟁해야 하기 때문에 긴장감을 늦추지 않고 쉼 없이 차별화 전략을 고민한다.

경쟁업체를 생각하면서 시장을 확대하는 것은 쉽지 않은 일이다. 경쟁은 끝이 없기 때문이다. 경쟁 없는 1등은 불가능한 일일까? 세상에 없었던 것, 그 누구도 상상하지 못했던 것을 만들어낸다면 분명 처음에는 시장을 독점할 수 있을 것이다. 하지만 곧 모방 상품들이 등장하고, 한층 발전된 상품을 들고 같은 시장에 뛰어드는 경쟁자가 나타난다. 경쟁자가 시장에 진입하는 것은 그만큼 가능성이 많다는 뜻이고, 성공에 대한 자신감도 있다는 얘기다. 아무리 좋은 시장이 형성되어 있더라도 그곳에서 선두에 서겠다는 자신감이 없으면 시장에 진입하지 않는 게 기업의 생리다. 경쟁자가 나타나 분발하게 되면 시장은 더 커진다. 시장이 더 커졌기 때문에 기업들은 서로 경쟁하면서 시장을 한층 더 크게 만드는 노력을 기울이게 된다.

## 성장과 발전의 파트너, 경쟁자

경쟁은 기업 발전의 원동력이다. 경쟁자가 항상 긴장과 자극을 주기 때문에 구르는 돌에 이끼가 끼지 않는 것처럼 계속해서 발전을 위해 노력하게 된다. 경쟁자가 있기에 우리도 긴장하면서 달려갈 수 있고, 선두 자리를 굳건히 지키기 위해 더 힘을 내 분발하게 된다. 그래서 강력한 경쟁자가 있으면 나 자신도 강해진다. 또한 자극을 받은 만큼 자신의 장점을 최대화할 수 있으며 부족한 점은 철저하게 보완할 수 있는 기회가 된다.

경쟁자는 적이 아니다. 경쟁자는 함께 성장해가는 동반자이며, 현장에서 소중한 가르침을 베풀어주는 좋은 스승이다. 그래서 경쟁은 아름다운 것이며, 훌륭한 경쟁자가 있다는 것은 감사해야 할 일이다.

경영사상가 톰 피터스는 "훌륭한 경쟁자보다 더 큰 축복은 없다"라고 말했다. 훌륭한 경쟁자는 긴장의 끈을 놓지 않도록 해주기 때문이다.

> 경쟁은 아름다운 것이며, 훌륭한 경쟁자가 있다는 것은 감사해야 할 일이다.

글로벌 외식업체인 맥도날드는 롯데리아의 가장 큰 경쟁자였다. 거대 글로벌 기업과 경쟁하다 보니 롯데리아는 대한민국 소비자의 특성을 잘 파악하게 되었고, 그런 상품과 서비스를 제공한 결과 국내에서는 맥도날드보다 우위에 서게 되었다. 롯데마트는 이마트와 홈플러스라는 선두 업체들이 있었기에 분발하면서 시장점유율과 고객만족도를 높일 수 있었다. 백화점도 마찬가지다. "신세계와 현대라는 훌륭한 경쟁자가 있다는 게 우리에게는 축복"이었다.

전쟁에서는 적을 물리쳐야 내가 살아남는다. 하지만 요즘의 기업 환경에서는 경쟁자를 물리친다고 해서 시장에서 살아남을 수 있는 게 아니다. 경쟁은 일대일의 싸움이 아닌 큰 시장을 두고 벌이는 다수 기업 간의 싸움이기 때문이다. 이제 그 경쟁에서 살아남으려면 상대를 물리치고 시장에서 사라지게 할 것이 아니라 함께 경쟁하면서 더 큰 소비생태계, 즉 더 큰 시장으로 만들고 발전시켜야 하는 시대가 되었다. 혼자 살아남기 위해 경쟁자를 시장에서 도태시키는 전략은 구시대의 유물처럼 사라져가고 있다. 고객은 시장이 있는 곳에 모이고, 기업도 시장이 있는 곳에 모인다. 고객은 시장에서 선택할 권리가 있고, 기업은 다양한 제품과 서비스로 고객을 만족시켜야 한다. 경쟁하면서 공존한다는 것은 시장 자체를 키운다는 의미에서도 매우 중요한 일이다.

## 선의의 경쟁이 산업을 발전시킨다

경쟁은 공정함을 필요로 한다. 경쟁은 하되 페어플레이 정신으로 해야 한다. 파주 명품아울렛을 준비할 때 경쟁사와 불편한 경쟁을 벌인 적이 있다. 우리는 2년 동안이나 파주 지역에 명품아울렛 매장을 열기 위해 공을 들이고 있었다. 20년간 임대차 계약 체결을 눈앞에 두고 있었다. 업계에서는 이미 다 알고 있는 사실이었다. 하지만 금융위기를 맞으면서 땅에 대한 권리를 가졌던 회사들은 임대차 계약보다는 매매 계약을 원했던 듯하다. 이를 알게 된 경쟁사는 바로 매매 계약으로 전환했고, 우리에게는 임대차 계약 파기라는 날벼락이 떨어졌다. 갑자기 당한 일이라 황당했고, 모든 상황을 잘 알고 있는 경쟁사가 원망스럽기도 해서 경쟁사 고위층에 항의를 했다. 하지만 법적으로는 아무 문제가 없다는 답변을 듣고 실망과 안타까움을 금할 수 없었다. '이건 상도의에 어긋나는 일 아닌가?' 하는 생각이 들었기 때문이다. 우리가 공을 들이고 시간을 들인 이유는 그만큼 신중하게 시장을 만들겠다는 준비 과정이었다. 그런데 그것을 잘 알고 있는 경쟁사가 갑자기 부지 매입에 뛰어든 것을 보면서 아무리 치열하게 벌어지는 경쟁의 현장이라도 지켜야 할 게 있지 않나 하고 느꼈다. 그 후 우리는 새로운 토지를 물색했고, 파주 출판단지 인근의 토지를 확보할 수 있었다. 초기 토지 매입 과정에서는 쓴맛을 봤지만 오히려 결과가 좋았던 셈이다. 우리보다 먼저 아울렛 매장을 연 경쟁사보다 서울에서 가까우면서도 더 넓은 부지에, 경쟁사는 시도할 수 없는 새로운 가족 종합문화 공간을 만들 수 있었으니 말이다. 전화위복이란 바로 이런 경우를 말하는 게 아닐까.

> 경쟁자가 강하면 강할수록 우리도 더 강한 힘을 기를 수 있게 된다.

경쟁이 어렵고 귀찮고 힘든 일이라고만 생각하면 발전할 수 없다. 경쟁자가 강하면 강할수록 우리도 더 강한 힘을 기를 수 있게 된다. 서로 경쟁하면서 함께 발전하고, 또한 세계에 대한민국을 알려야 하는 사명을 가진 공동체라고 할 수 있다. 기업들이 차별화 경쟁을 하는 동안 고객은 더 좋은 제품과 서비스를 제공받게 되는 것 또한 경쟁으로 인한 좋은 결과일 것이다.

《논어》에 이런 말이 있다.

"현명한 사람을 보면 그와 같아지기를 바라고, 현명하지 못한 사람을 보면 안으로 스스로 반성해야 한다"(見賢思齊焉 見不賢而內自省也).

또 이런 말도 있다.

"세 사람이 길을 가면 반드시 거기엔 내 스승이 있다. 좋은 점이 있으면 택해서 이를 따르고, 좋지 않은 점은 참고로 삼아 나의 나쁜 점을 고친다"(三人行必有我師焉 擇其善者而從之 其不善者而改之).

개인의 삶에서도 롤모델이 되는 사람이 있고, 타산지석(他山之石)으로 삼아야 하는 사람이 있다. 기업 간의 경쟁에서도 경쟁 기업의 장점을 잘 보고 우리가 개선해야 할 점을 찾아내는 일은 참으로 중요하다. 그리고 선의의 경쟁은 해당 사업 분야 전체를 발전시키는 좋은 초석이 된다는 사실도 염두에 두어야 한다.

> 선의의 경쟁은 해당 사업 분야 전체를 발전시키는 좋은 초석이 된다.

《위대한 기업을 넘어 사랑받는 기업으로》라는 책에는 "경쟁사들 사이의 우아한 조화"를 보여주는 에피소드가 소개되어 있다. 2005년 11월 이케아가 매사추세츠 주 첫 매장을 남쪽 해변에 있는 스토턴에 개점할 때의 이야기다. 이케아는 개점 행사에 각별한 노력을 기울였다. 100만 부가 넘는 카탈로그를 지역 주민들에게 나눠주었고, 고객들에게 아침과 점심을 제공했으며, 아이들을 위한 공놀이 방을 따로 만들었다. 무엇보다 흥미로운 사실은 이웃에 있는 조던스 퍼니처와 코스트코가 이케아의 개점 행사를 위해 그들의 근처 주차장을 이케아가 사용할 수 있도록 해준 것이다. 조던스 퍼니처는 "조던스 퍼니처는 이케아를 환영한다"라는 광고판을 거리에 줄지어 걸어놓기까지 했다고 한다.

    기업의 경쟁을 '적자생존'의 개념으로만 보면 경쟁자를 결코 도울 수 없다. 공존하면서 함께 성장하겠다는 강력한 의지가 있다면 기업 경쟁은 치열함을 넘어선 따뜻하고 우아한 조화라고도 말할 수 있지 않을까?

# 고객이 없으면
# 기업도 없다

"모든 구성원이 고객 입장에서 정성을 다하는 기업만이
경쟁에서 살아남을 수 있다."

## 고객을 항상
## 중심에 두어야 한다

롯데백화점은 2011년까지 한국생산성본부와 미국 미시간대학이 공동조사하고 조선일보사가 후원하는 국가고객만족도(NCSI: National Customer Satisfaction Index) 조사에서 백화점 부문 9년 연속 1위를 차지했다.

'국가고객만족도' 조사는 기업이 고객만족에 기울인 노력을 공식적으로 인정받는 일이기에 매출 순위와 더불어 모든 임직원이 관심을 가진다. 고객만족도에서 인정을 받았다는 것은 그만큼 고객을 위해 최선을 다했다는 증거이므로 고객에게도, 전 직원에게도 감사한 일이다.

　서비스를 하는 입장에서 보면 우리나라 고객들의 수준은 이미 세계 최고의 눈높이를 가지고 있음을 알게 된다. 어느 선진국 못지않게 고객의 니즈가 다양하고 수준 높은 상품과 서비스를 원한다. 기업은 고객의 다양한 니즈에 대응하기 위해 부지런히 연구를 한다. 그러다 보니 우리나라 기업의 서비스 수준은 선진국과 비교해도 손색이 없을 정도다. 특히 백화점은 수준 높고, 때로는 까다롭기도 한 고객의 눈높이에 맞춘 서비스를 제공하기 위해 다양한 노력을 기울인다. 세계적 불황 속에서도 국내 백화점 업계가 해외로 진출할 정도로 저력을 갖게 된 것은 우리나라 고객 덕분이라고 할 수 있다.

　나는 일본 출장을 자주 가는 편이다. 갈 때마다 빼놓지 않고 들르는 곳이 있다. 백화점 업계의 신화로 불리는 이세탄백화점이다. 이세탄백화점을 둘러보고 나면, 먼저 직원들이 고객을 응대할 때의 진심 어린 서비스에 감동하게 되고, 둘째로 다양한 상품구색과 세련된 매장에 놀라게 된다. 백화점 업계의 신화라는 찬사를 들을 만하다는 감탄이 절로 나온다.

　일본은 지난 15년 이상 심각한 불경기를 겪었고, 백화점 업계도 예외는 아니었다. 매출은 해마다 떨어졌고, 급기야 백화점 3위 업체였던 소고백화점이 파산했다. 중소업체들의 살아남기 위한 인수와 합병도 계속되고 있다. 지방 도시의 역 앞에 화려하게 서 있던 백화점조차 문을 닫는 일이 속출했다. 하지만 이세탄백화점은 성장세를 지속하며 2007년에는 자신보다 덩치가 큰 미쓰코시백화점을 인수하고 업계 1위가 됐다. 성공 비결은 당연히 '고객 중심주의'라고 본다.

이세탄백화점의 고객 중심주의를 가장 잘 보여주는 말이 '오카이바(お買い場)'다. '매장'을 다르게 표현한 이세탄백화점만의 용어다. 매장(賣場)이라고 하면 판매를 우선시하는 뉘앙스가 있지만, 오카이바는 물건을 사는 곳이란 뜻으로, 고객이 주인공이 되어 상품을 고르고 물건을 사는 곳이란 의미가 강하다. 매장의 주체를 파는 입장이 아닌 사는 입장으로 과감히 바꾼 것이다. 이 말을 사용하기 전에 이세탄백화점 직원들은 얼마나 팔렸느냐로 매장을 생각했다. 다시 말해 기업 중심으로 본 것이다. 하지만 실적 부진의 이유를 분석하다 보니 매장의 주인은 자신들이라는 생각이 가장 큰 장애 요소라는 것을 알게 되었나. 고객을 향한 마음의 문을 열지 않은 채 고객이 많이 오기를 기다렸다는 이야기다. 오카이바는 고객 중심의 사고다. 고객이 주체가 되어야 한다는 생각이 반영된 것이다.

이때부터 이세탄백화점은 고객기점(顧客起點)을 슬로건으로 삼고 매장 서비스뿐만 아니라 경영의 전 부문에서 고객의 욕구를 중심으로 한 전략을 펴고 있다.

이세탄백화점의 사례는 한국의 유통 기업들이 어디에 더 관심을 두어야 할지를 시사해주고 있다. 고객에게 제공하는 가치에 차이가 있을 뿐, 기업은 고객 없이 생존할 수 없기 때문이다. 우리 기업들도 고객 중심 경영을 기본 전제로 내세우고 고객을 자신의 편으로 만들기 위해 부단히 노력해야 한다. 고객 중심이 구호에만 그치지 않기 위해서는 먼저 이뤄내야 할 과제가 몇 가지 있다.

첫째, 기업은 철저하게 고객의 입장이 되어야 한다. 실제로는 기업의 입장과 논리로 일하면서 고객을 다 알고 있는 것처럼 착각하거나 고객을 위하는 것처럼 합리화하는 경향이 있다. 자신이나 관리자의 관점이 아니라 고객의 입장에서 판단해야 한다.

둘째, 고객의 진정한 욕구를 찾아 상품으로 구현하고 고객에게 효과적으로 전달해야 한다. 좋은 상품과 수준 높은 서비스 제공은 기본적인 요소다. 좋은 상품이란 고객의 세분화된 욕구에 부합하고 새로운 욕구를 창출할 수 있는 상품을 말한다. 수준 높은 서비스는 전 직원들이 고객 중심주의를 내재화하고 모든 의사결정의 척도를 고객으로 삼을 때 가능하다.

셋째, 협력 회사를 소중한 고객으로 섬겨야 한다. 어떤 기업이든 협력 회사 없이 고객 중심 경영을 시행할 수 없다. 협력 회사의 입장과 사정을 파악하고 서로 윈-윈하는 관계를 만들어야 한다. 이렇게 쌓인 신뢰를 바탕으로 가치관을 공유할 때 상품에서부터 서비스까지 고객이 감동하고 고객에게 사랑받는 기업이 될 수 있다.

기업의 존재 이유가 고객 가치 실현이라고 볼 때 기업 활동의 중심은 당연히 고객이다. 모든 구성원이 고객 입장에서 정성을 다하는 기업만이 경쟁에서 살아남을 수 있다.

## 고객에 민감한 기업이 앞서간다

세계적으로 백화점이라는 업종이 내리막길을 걷는 가운데 유독 우리나라의 백화점만 승승장구하고 있다. 백화점 형태는 선진국에서 수입했지만 그 발전 과정은 선진국과는 매우 달랐다. 미국은 산업발달로 대량생산이 가능해지고 교통이 발달하고 도시가 생기면서 사람들이 모여들고 국민소득이 증가하면서 자연스럽게 사람들의 필요에 의해 백화점이 문을 연 경우가 많았다. 그러나 우리나라는 경제 발전이 막 시작되던 시기에 백화점들이 앞다투어 개점했다. 사람들의 필요에 의해서 생겼다기보다는 산업 발전의 과정에서 유통업이 태동하면서 사람들의 시선과 발길이 집중되고 발전해온 경우라고 할 수 있다.

고객이 모여 있는 곳에 자연스럽게 백화점이 생긴 것이 아니었기에 우리나라 백화점은 고객을 모으는 일이 절실했다. 그야말로 고군분투의 성장 역사를 가지고 있다. 특히 요즘에는 고객의 수준이 한층 더 높아지고 고객의 요구가 점점 더 세밀해지면서 고객을 연령대별, 쇼핑 형태별, 규모별로 분석하는 과정을 철저히 할 수밖에 없다. 다른 업종도 그렇겠지만 특히 백화점은 고객과 직접 접촉하는 곳이니 만큼 고객이 진정으로 원하는 것이 무엇인지 연구하고 또 연구하는 일을 조금이라도 게을리 하는 순간 경쟁에서 밀려나고 만다.

이제 고객은 백화점을 단순히 물건을 사는 곳만으로 보지 않는다.

백화점에서 보내는 시간 동안 수준 높은 서비스를 제공받기를 원한다. 원스톱(one stop) 쇼핑 개념을 넘어 가족들이 매장에 와서 하루 종일 즐기고 놀 수 있는 이른바 원데이(one day) 쇼핑 공간을 원하고 있다. 이에 발맞추어 고객의 삶의 질을 높일 수 있는 품격과 문화가 있는 공간을 만들기 위해 백화점 업계 전체가 다양한 변화를 꾀하고 있다. 공연 및 전시 프로그램을 진행하는 등 '감성 서비스'의 차별화를 시도하고 있으며, 서비스에서도 친절한 서비스에 그치지 않고 '품격' 있는 서비스를 제공하기 위해 직원들에게 서비스의 본질인 '사람에 대한 이해'와 '고객에 대한 집중'과 같은 소양을 키워주고 있다. 고객은 백화점에서 쇼핑을 하고, 식사를 하고, 차를 마시고, 전시회를 둘러보고, 명사의 강의를 듣고 있다. 이제 백화점은 가족과 함께 영화를 보고, 문화행사에 참여하고, 각종 이벤트를 즐기는 공간이 되었다.

> 기업 활동의 중심은 당연히 고객이다.

국내 유통시장은 이미 성숙기에 접어들었다. 더 이상 고도 성장기의 모습을 기대하기 어려운 상황이다. 따라서 기업은 태동기와 발전기, 성장기와 같은, 즉 기존의 사업 방식을 고집해서는 안 된다. 시장이 급격하게 변화하는 만큼 새로운 시도와 사고의 전환이 절실히 요구된다. 롯데쇼핑은 이미 오래전부터 이런 변화에 발맞추어 해외로 진출해 해외 고객들의 욕구에도 대응하는 전략을 취하고 있다. 또한 국내에서는 프리미엄 아울렛 사업을 비롯해 카테고리 킬러(단일품목 전문매장), 복합 쇼핑몰과 같이 소비자에게 다가갈 수 있는 채널을 더욱 다양화하는 데 주력하고 있다. 무엇보다도 쇼핑 공간은 소비 가치와 품격을 높여주는 곳이 되어야 한다. 백화점이든 쇼핑몰이든 소비자들이 문화를 누리고 소비 활동을 통해 가치를 얻도록 품격 있는 매장을 지원해주는 것이 꼭 필요하다. 앞으로는 교외형 라이프스타일센터, 쇼핑몰이 더욱 확산되면서 가족이 함께 즐기는 문화공간 형태의 매장이 인기를 끌 것이다.

특히 우리나라의 쇼핑몰은 세계적인 관심의 대상이 되고 있다. 유통업이 한곳에 모여 고객들의 다양한 욕구를 충족시켜주면서 새로운 라이프스타일을 제안하는 곳이 쇼핑몰이다. 흔히 쇼핑몰이라고 부르지만, 쇼핑센터, 쇼핑타운이라고도 부른다. 근래에는 몰링(Malling)이라는 표현을 많이 사용한다. 영등포의 신세계 타임스퀘어, 김포공항의 롯데몰 등이 대표적인 예다.

몰 형태의 쇼핑 공간을 처음 시도한 사람이 바로 신격호 회장이었다. 30여 년 전 명동과 소공동 일대에 롯데쇼핑타운을 만들었던 것이다. 잠실 롯데타운은 두 번째 결과물이었다. 잠실 롯데타운은 호텔, 백화점, 할인점은 물론이고 테마파크까지 갖춤으로써 고객들이 가족과 함께 즐기고 쇼핑할 수 있는 복합공간으로 설계되었다. 앞으로 쇼핑 공간은 지금까지와는 달리 다양한 체험과 즐거움을 제공하는 공간으로 발전해나갈 것이라고 전망하고 있다. 고객의 쇼핑 문화가 바로 그런 모습으로 정착하고 있기 때문이다. 우리나라에서 이런 공간을 처음 구현한 기업은 롯데쇼핑이라고 할 수 있지만 국내 유통업계가 모두 노력한 덕분에 전 세계 어디에서도 볼 수 없는 공간이 되었다.

　기업은 시대의 변화, 고객의 변화를 읽고 항상 변화할 자세가 되어 있어야 한다. 변화를 먼저 읽고 앞선 서비스를 제공하는 기업만이 고객의 사랑을 받을 수 있는 시대다.

# 마음을 알아주고
# 마음을 담아야 서비스다

"목청으로만 외치는 고객감동, 겉으로만 보여주는 웃음이 아니라 인간 대 인간으로 마음에서 우러나오는 진심 어린 행동이 필요한 때다."

## 진심으로 행동할 때 감동이 시작된다

마음을 담지 않은 인사는 겉치레에 불과하다. 아무리 웃으며 고객을 맞이한들 진심이 아닌 거짓으로 고객을 대한다면 어떤 고객이 그 서비스에 만족하겠는가? 서비스 교육은 모든 유통업계가 전력을 다해 관심을 기울이고 과감한 투자를 하는 분야다. 하지만 교육만으로는 서비스가 개선되지 않는다. 우선 일하는 직원을 만족시키고, 그들을 감동시키는 기업문화와 시스템을 갖추어야 한다. 직원들이 고객만큼, 아니 고객 이상으로 존중받고 있다고 느낄 때 고객에게 감동의 서비스를 제공할 수 있다. 그래야 고객의 마음이 어디에 있는지를 헤아리고 진심으로 응대할 수 있다.

　30여 년 전 일본 출장을 갔을 때 평생 머릿속에서 떠나지 않을 진정한 서비스 정신을 경험한 적이 있다. 다카시마야(高島屋)백화점 니혼바시점 문구 코너에서 겪은 일인데, 직원들에게도 자주 들려주던 이야기다. 짧은 일정이 모두 끝난 후 나는 평소 마음에 들어했던 A브랜드 만년필을 사러 갔는데, 재고가 없었다. 판매원이 만년필 회사에 연락해 구매할 수 있도록 해주겠다고 했지만 바로 한국으로 돌아와야 했기에 실망과 아쉬움을 뒤로한 채 돌아서야 했다. 그런데 판매원이 조심스러운 태도로 잠깐 기다리라고 하더니 어디론가 전화를 걸었다. 판매원은 잠시 후 환한 얼굴로 다가와 이렇게 말했다. "기다리게 해서 죄송합니다. 안타깝게도 지금 저희 매장에는 고객님이 원하는 상품이 없지만 건너편 마루젠(丸善)이라는 문구 전문점에 가시면 구입하실 수 있습니다." 그곳 매장에 연락해놓았으니 번거롭겠지만 한 번 들리보라는 것이다. 그렇게 해서 건너편에 있는 문구점으로 가게 되었다. 마루젠 판매원은 다카시마야에서 왔느냐며 나를 알아보더니 미리 준비해둔 만년필을 보여주었다. 잘 포장된 만년필을 들고 나오면서 나는 손님이 필요로 하는 것이라면 자기 매장이 아니더라도 반드시 고객이 구매할 수 있도록 도와주는 태도에 놀랐다. 다르게 생각하면 경쟁업체 매출을 올려주는 행위 아닌가. 다카시마야 판매원은 자기 매장에서 판매하는 다른 상품을 권유할 수도 있었다. 하지만 매출을 올리지 못하더라도 '고객이 원하는 것'을 고객 손에 가도록 해야 한다는 서비스 정신을 실천한 것이다.

　사람들은 상대의 행동이 자신의 뜻에 부합하지 않거나 기대에 미치지 못할 때 그 실망감을 직접 표출하지는 않는다. 하지만 태도를 보면 그 사람이 어떤 마음인지 금세 알 수 있다. 기업이 상품을 파는 행위도 마찬가지다. 기업이 당장 눈앞의 이익만을 추구하며 상품 판매에만 혈안이 된다면 고객은 반드시 이를 알아챈다. 그래서는 고객이 상품을 적극적으로 구매하지도 않을뿐더러 실망감으로 발길을 돌려버린다.

> 기업이 당장 눈앞의 이익만을 추구하며 상품 판매에만 혈안이 된다면 고객은 반드시 이를 알아챈다.

　당장의 이익만 생각하지 말고 장기적인 시각에서 고객에게 진심 어린 배려와 감동을 전하는 방법이 무엇인지 고민해봐야 한다. 목청으로만 외치는 고객감동, 겉으로만 보여주는 웃음이 아니라 인간 대 인간으로 마음에서 우러나오는 진심 어린 행동이 필요한 때다.


## 서비스에 진정성을 담아야

친절함은 서비스의 기본이다. 친절하지 못한 조직은 살아남지 못한다. 더욱 치열해진 생존 경쟁에서 살아남으려면 친절함을 넘어 그 이상으로 고객을 배려하는 진정성이 있어야 한다. 고객의 마음을 읽고,

품격과 문화가 있는 서비스로 업그레이드해야 비로소 고객이 인정하고 알아준다. 감동까지 얻으려면 한 단계 더 높은 서비스를 제공해야 한다. 고객의 삶의 질을 높일 수 있는 품격과 문화가 있는 공간, 차별화된 경험을 제공할 수 있어야 한다. 다양한 공연 및 전시 프로그램을 마련하는 등 차별화된 '감성 서비스'를 제공하고, 고객의 문화 욕구를 충족시키기 위해 노력해야 한다.

제품이나 서비스가 제공되는 현장에서 고객의 불만이 극에 달했는데 담당자가 제대로 대처하지 못할 때 고객이 "당신 말고 책임자 나오라고 해!"라고 소리치는 경우가 있다. 고객의 불평이나 불만에 대한 현장 대처 능력을 키우는 교육이 잘 안 되었을 때, 현장 담당자의 권한이 제한되었을 때 이런 일이 종종 생긴다. 지금은 고객의 클레임이나 불평불만 등이 사장에게까지 보고가 올라오는 일은 거의 없다. 고객 대응 교육이 철저하게 이루어지고 있고, 현장 담당자들의 권한이 대폭 강화되어 고객 불만 대응과 처리 능력이 월등히 향상되었기 때문이다. 그리고 불만 고객에 대한 대응을 통해 보다 질 높은 서비스를 제공하기 위한 다양한 제안들이 나오면서 실현되고 있기 때문이다. 고객의 클레임이나 불만 행동에 대해 당황하거나 허둥대는 직원은 거의 없다. 고객의 다양한 소리를 듣기 위해 노력했고, 그 다양한 소리들이 바로 우리의 서비스를 발전시켰다고 할 수 있다.

고객들이 보내온 감사의 목소리, 현장에서 담당자들이 경험했던 고객 응대와 관련한 에피소드 등을 자주 볼 기회가 있다. 교육용 자료에서도 매번 새로운 사례들이 언급된다.

고객이 우리에게 감사의 말을 전하고, 우리의 서비스로 인해 행복했다는 이야기를 들으면 가슴이 뭉클해지면서 일하는 보람과 자부심을 느끼게 된다. 하지만 고객의 불만을 들으면 '아! 아직까지 우리가 부족하구나', '고객은 이런 부분에서 불편함을 느끼고 있구나!', '우리는 무엇을 더 개선해야 할까?'를 거듭 생각하게 된다. '내가 고객이라면', '아마 나도 그랬을 거야' 하는 생각이 드는 일도 많았다.

고객이 없으면 기업은 존재하지 못한다. 고객의 인정과 사랑을 받지 못하면 기업은 성장할 수 없다. 고객은 항상 변화한다. 오늘은 우리 고객이었지만 내일은 아주 사소한 일로 실망하여 우리를 떠날 수 있다. 고객에 대한 짝사랑만으로는 기업은 살아남을 수 없다. 고객에게 사랑을 받으려면 개선점이나 앞으로 나아가야 할 방향까지도 고객에게 배워야 한다.

> 오늘은 우리 고객이지만 내일은 아주 사소한 이유로 실망해서 우리를 떠날 수도 있다.

성장하고 발전하는 기업에는 그 기업을 사랑하고 응원해주는 고객이 반드시 있다. 그런 고객에게 더 사랑받을 수 있도록 연구하고 노력해야 기업이 생존하고 성장할 수 있다. 기업이나 기업에서 일하는 모든 사람들이 이 사실을 잊지 않았으면 한다.

## 상품 개발은
## 고객이 원하기 전에 먼저

롯데리아 대표이사가 되었을 때, 나는 롯데리아를 서비스 기업으로 정의 내렸다. 이에 대해 직원들과 공감대를 형성하고 고객에 대한 서비스 마인드를 강화하자는 생각으로 본사 임직원 및 가맹점주, 점포 직원들을 교육하고 나도 함께 교육을 받았다. 그러면서 우리가 서비스를 제공해야 하는 고객에 대해 생각했다. 무엇보다 "우리의 고객은 누구인가?"를 파악하는 일이 중요했다. 전문 조사기관에 경쟁사와 롯데리아의 고객층을 분석하도록 의뢰했고, 가맹점 사장들을 만나 실제 매장에서 만나는 고객층에 대한 이야기를 들었다. 결과는 모두가 알고 있듯 롯데리아의 주고객은 초등학생에서 고등학생까지였다. 그런데 이상하게도 그 고객들이 20대가 되면 롯데리아를 찾지 않고, 맥도날드나 버거킹으로 옮겨갔다.

"왜 그럴까?"

원인은 메뉴였다. 당시 롯데리아의 주메뉴는 불고기버거였다. 지금도 불고기버거는 가장 많이 팔리는 히트상품이다. 하지만 불고기버거 이외에는 대표적인 메뉴가 별로 없었다. 즉 어린이나 중고생 중심의 메뉴가 주를 이루다 보니 20대 이상 고객이 이탈할 수밖에 없었다. 함께 온 어른들도 아이들이 먹는 걸 지켜보기만 할 뿐 따로 주문하는 경우가 드물었다. 가족 4명이 방문해도 아이 2명분만 팔리는 상황이 계속되면서 고객당 지출하는 단가, 즉 객단가도 낮아질 수밖에 없었다.

고객층 분석을 토대로 "왜 우리의 고객은 아이들이 중심인가?"라는 질문을 던지자, "고객층을 확대해야 한다", "다양한 메뉴를 개발할 필요가 있다"는 대안이 나왔다. "고객층을 확대한다"는 의미는 매우 광범위하고 해야 할 일이 다양함을 의미했다.

먼저 메뉴를 다양화해야 한다. 새로운 메뉴를 개발하고 다양화하는 일은 상당한 시간과 노력이 요구된다. 이것은 쉽지 않은 일이었다. 우선 IMF로 소비자의 구매력이 떨어진 현실을 감안해 저가 신제품 출시와 조식 메뉴 도입 등으로 변화를 꾀했다. 그래서 출시한 것이 IMF버거, 심플버거, 아이짱버거였다. 이렇게 경제 환경과 고객의 상황을 고려한 응용 메뉴 등을 내놓았지만, 가장 시급한 것은 어른들을 위한 메뉴 개발이었다.

먼저 성인의 식사에서 가장 친숙한 것이 무엇인가를 생각해보았다. 대한민국 성인에게 가장 친숙한 먹거리는 역시 밥과 김치라는 데는 이견이 없었다. 하지만 그 흔한 밥과 김치를 햄버거의 재료로 만들기까지는 식품개발팀의 오랜 노력과 고충이 있었다. 일반식이라면 한국식과 서양식을 멋지게 조화시킨 퓨전 푸드(Fusion Food)처럼 재료와 조리법, 그리고 요리사의 실력 등으로 해결할 수 있을 것이다. 하지만 햄버거는 대량으로 조리하고 짧은 시간 안에 완성해야 하는 패스트푸드의 특성까지 고려해야 했기 때문에 재료의 맛이 보관과 조리 과정에서 제대로 구현되도록 하는 게 매우 중요했다.

라이스버거의 경우는 빵이 아닌 밥으로 번스(버거용 빵의 통칭)를 만들어야 했는데, 밥알을 빵 모양으로 잘 뭉치게 하는 게 관건이었다. 미리 조리한 후 냉동했다가 해동할 때 밥알 상태뿐만 아니라 맛이 잘 유지되도록 해야 했다. 당시 시장에 막 나온 즉석밥에서도 힌트를 얻었다. 김치버거의 경우는 김치를 볶고 삶는 등 온갖 조리법은 물론이고, 백김치, 깍두기 등 모든 김치를 사용해서 버거 속에 넣는 방법을 연구했다. 식품개발팀의 노력은 결국 성공했다. 경쟁사들이 바로 흉내를 내어 비슷한 제품을 만들어내기는 했지만 롯데리아의 라이스버거와 김치버거의 맛을 흉내내지 못하고 곧 사라졌다.

라이스버거는 식생활 문화의 변화로 1인당 연간 쌀 소비량이 급격히 줄어 들고 있어 쌀 소비 촉진 운동에 기여한다는 의미도 있었다. 우리나라의 김치는 2001년 8월 스위스 제네바에서 열린 제24차 국제식품규격위원회에서 일본 기무치의 도전을 꺾고 공식적으로 인정을 받았다. 김치버거는 2001년 9월에 출시되어 한 달 만에 180만 개가 팔릴 정도로 인기가 좋았다. 그때 또 새롭게 출시한 것이 새우버거, 크랩버거 등이 있다. 김국진, 양미라, 남희석, 신구 등이 등장한 코믹 광고는 아이들뿐만 아니라 어른들에게도 인기를 끌었다. 특히 신구가 헤밍웨이의 《노인과 바다》를 연상시키며 큰 게를 싣고 들어오는 장면에서 "니들이 게맛을 알아?" 하고 외쳤던 크랩버거의 텔레비전 광고는 큰 인기를 끌었다. 메뉴를 다양화하자 고객층이 확대되었고 매출이 늘어나면서 가맹점 수도 급격히 늘어났다. 당시의 퓨전 푸드 또는 한식의 세계화라는 분위기에 맞추어 많은 관심과 효과를 거두었다고 할 수 있다.

또한 롯데리아는 고객층을 확대하기 위해서 매장 분위기를 바꾸기도 했다. 가만히 있어도 매출이 오르고 있을 때여서 매장 분위기를 바꾸자는 본사의 제안에 가맹점 사장들은 시큰둥한 반응을 보였다. 하지만 '롯데리아 신인테리어 설문조사 이벤트' 등을 통해 소비자들이 롯데리아는 어린이 고객 중심의 분위기로 인식하고 있다는 사실이 밝혀지면서 오히려 본사보다 적극적으로 움직였다. 아이들뿐만 아니라 어른들에게도 낯설지 않은, 들어서면 편안한 패밀리 레스토랑처럼 온 가족이 즐길 수 있는 공간으로 바꾸었다. 어른들을 위한 메뉴까지 다양하게 준비하자 과거에는 아이들이 먹을 것만을 주문하던 어른들이 함께 메뉴를 고르고 주문하기 시작했다.

고객은 자신이 원하는 것을 직접 표현하지 않는다. 원하는 것이 없으면 발길을 끊고, 다른 곳으로 옮겨갈 뿐이다. 고객이 원하는 것이 무엇인지를 시장 조사나 앙케이트만으로 알아내기는 쉽지 않다. "우리의 고객은 누구인가?"를 제대로 파악해야 고객의 성향과 특징, 잠재되어 있는 니즈를 찾아낼 수 있다. 그리고 고객이 원했던 상품이라고 해도 지속적으로 사랑받을 수 있도록 잘 만들어야 시장에서 살아남는다.

> 고객은 자신이 원하는 것을 직접 표현하지 않는다. 원하는 것이 없으면 발길을 끊고, 다른 곳으로 옮겨갈 뿐이다.

"고객은 우리에게 무엇을 원하는가?"

상품을 만들고 서비스를 제공하는 기업들이 항상 고객에게 안테나를 세우고 연구해야 하는 질문이다.

# 실력을 쌓아야
# 자신감도 1등이 된다

"공동의 목표가 있으면 동기부여가 확실히 되고,
이를 함께 이루면 사기는 올라간다."

## 배움을 멈춰서는
## 안 된다

군생활을 할 때였다. 꽤 오래됐지만 그때의 경험으로 나는 비교적 젊은 나이에 교육의 중요성을 깊이 깨달을 수 있었다. 소대장으로 있을 때 만난 한 소대원의 이야기다. 그는 입대해서 제대할 때까지 자기 군번을 외우지 못했다. 학교 문턱을 밟아본 적도 없고, 자기 이름 석자 쓸 줄 몰랐다. 대대로 남의 집 머슴을 한 집안에서 태어났다고 했다. 지금은 일정 정도의 학력이 되어야 군대에 갈 수 있지만 그때만 해도 오히려 많이 못 배운 사람들이 보병으로 배치되곤 했다. 그는 군복무 기간 동안 정조준해서 총을 쏘지 못했고, 심지어는 다른 사병들과 함께하는 사열조차 못해서 동기들에게는 심각한 골칫거리였다. 그 때문에 단체 행동에서는 열외를 시키곤 했다. 하지만 시키는 일을 하는 데는 매우 익숙했다. 예를 들면 밥을 한다거나 땅을 파는 일 등 몸으로 하는 일은 다른 소대원들보다 잘했다. 또한 스스로 판단해서 움직이는 일이 거의 없었기 때문에 한번 지시하면 그 일만 계속했다. 어느 시점에 그만두어야 하는지도 잘 알지 못했다.

처음에는 그가 선천적으로 바보가 아닌가, 이런 사람이 어떻게 군대에 왔을까 싶었다. 혼자 휴가를 갈 수도 없어서 항상 근처에 사는 다른 부대원과 함께 보내곤 했다. 그러나 복귀가 늘 문제였다. 휴가 복귀 사병을 태우고 오는 버스를 탈 때 우리 연대 버스를 찾지 못해서 다른 연대로 가 있기도 했다. 그가 복귀하지 않았다는 것을 알고 한바탕 난리가 나기도 했다. 여기저기 수소문하다 보면 다른 연대에 있다는 연락을 받기도 했다.

생각해보면 그는 글을 읽고 쓰는 것을 못 배웠기에 다른 사람들의 말을 잘 알아듣지도 못했고, 그러다 보니 다른 사람들과 요령 있게 어울리는 방법도 배우지 못했을 것이다. 시키는 일만 하던 할아버지, 아버지의 모습을 보며 그대로 따라하는 것이 그가 유일하게 배운 것인 듯했다.

지금의 나였다면 어떻게든 그가 군생활을 하는 동안 글을 가르치려 했을지 모른다. 하지만 그때는 40여 명의 소대원을 이끄는 소대장으로서, 그것도 대부분 나보다 나이가 많은 사병들을 통솔해야 했기에 한 사람을 배려할 수 없었다. 아직도 이름을 기억하고 있을 정도로 그는 오랫동안 내 머릿속에 남아 있다. 사람으로 태어나 배운다는 것이 얼마나 중요한지 생각하게 했기 때문이다.

배움에는 끝이 없다. 하나를 깨우치면 하나를 더 배우고 싶어지는 게 교육이다. 대한민국은 세계가 놀랄 정도로 교육열이 높은 나라다. 바로 그런 교육열 덕택에 수많은 인재들이 배출되어 세계 곳곳에서 활약하고 있다. 교육을 받지 못하고 배우지 못하면 인간으로서 가장 기본적인 권리마저 누릴 수 없는 세상이다.

> 배움에는 끝이 없다. 한 가지를 배우고 하나를 깨우치면 또 한 가지를 더 배우고 싶어지는 게 교육이다.

경영을 하다 보니 경영자는 물론이고 조직 구성원 모두 항상 배우고 노력할 때 그 조직과 기업은 성장과 발전을 거듭한다는 사실도 알게 되었다. 또한 교육의 혜택은 되도록 많은 사람들이 받았으면 하는 생각도 했다. 사람은 교육을 통해서, 배움을 통해서 직간접적 경험을 쌓을 수 있기 때문이다. 다만 교육을 많이 받았다고 해서 교만해져서는 안 된다. "벼는 익을수록 고개 숙인다"는 속담처럼 많이 배운 사람이, 조금 더 아는 사람이 먼저 겸손해야 한다. 못 배운 것은 죄가 아니다. 하지만 배우지 않으려고 하고, 배움을 멈추려고 하고, 자신의 지식을 지나치게 자랑하려고 하는 것은 배운 사람의 도리가 아니다.

## 성과를 내는
## 가장 좋은 투자는 교육

학교에서 이미 수많은 지식을 쌓고 졸업한 인재들이지만 한 사람의 훌륭한 구성원으로 키우기 위해 기업은 많은 투자를 한다. 부서나 맡은 분야에 대한 전문 지식은 물론이고, 직장생활에서 지켜야 할 매너와 인격 향상을 위한 프로그램 등을 만들어 수시로 교육한다. 대기업들은 기업연수원이나 아카데미 등을 두어 교육을 진행하고, 중소기업들은 외부 강사를 초청해서 강의를 듣거나 학구열이 높은 직원들을 지원한다. 독서를 통한 교육이나 온라인 교육 등을 통해서도 직원들의 실력 향상에 힘쓰는 기업이 많다.

승진 시험도 직원들에게 동기를 부여하고, 능력을 향상시킬 수 있는 좋은 기회가 된다. 직급이 올라가는 것은 더 폭넓게 일할 수 있는 기회를 얻는 동시에, 개인에게는 명예가 주어지고 권한과 책임이 더 강화됨을 의미한다. 승진 시험에 합격한다고 해서 반드시 해당 직급에 적합한 인재라고 할 수는 없지만 기업이 개인의 능력을 객관적으로 측정할 수 있는 중요한 지침이 되는 게 승진 시험이다. 또한 개인은 그런 시험 등을 거치면서 자신의 능력과 실력을 점검할 수 있고, 더불어 한 단계 업그레이드되는 인재로 거듭날 수 있게 된다. 그래서 나는 직원들에 대한 교육 투자는 아끼지 말아야 한다고 생각한다. 교육 투자처럼 좋은 투자는 없기 때문이다.

일례로 미국 전역에 49개의 매장을 가진 수납용품 판매 전문업체인 컨테이너 스토어는 교육에 대한 관심이 남다른 기업이다. 미국 소매업의 직원 교육 시간은 평균 7시간에 불과한 반면, 컨테이너 스토어의 신입 직원들은 첫해에만 235시간의 교육을 받고, 그다음 해에는 최소 160시간의 교육을 받는다. 그 결과 컨테이너 스토어는 《포춘》이 선정하는 '일하기 좋은 기업 100'에 지난 12년간 연속 이름을 올렸고, 2000년과 2001년에는 1위 기업으로 선정되기도 했다. 컨테이너 스토어의 사례가 우리에게 알려주는 것은 무엇일까. 소위 성과를 많이 내는 가장 좋은 투자는 바로 교육 투자라는 것이다.

롯데마트에서 '최저가 10배 보상제'를 실시했을 때 보상 비용은 매우 컸다. 기회 손실 비용, 마진이 줄어든 비용 등을 모두 합하면 금액은 한없이 거졌다. 하지만 우리가 얻은 것은 훨씬 많았다고 평가한다. 가장 주효했던 것은 직원들의 일하는 자세와 사고가 완전히 달라진 것이었는데, 우리는 이를 교육 투자라고 생각했다. 교육 투자의 효과가 확실한 성과로 나타나는 시간은 그리 오래 걸리지 않았다.

패스트푸드 업계에서 롯데리아는 단연 1등이었다. 점포 수도 많았고 매출도 컸다. 하지만 롯데그룹 내에서의 위상은 그리 높지 않았다. 특히 그룹 내 매출 1, 2위인 계열사에서 롯데리아로 온 임직원들은 소외감을 느끼기도 했다. 사실 나도 처음 부임했을 때 그런 마음이 전혀 없지는 않았다.

롯데리아에도 변화가 필요하다는 생각으로 고객층을 확대하고, 서비스 마인드를 정착시키고, 메뉴를 다양화하고, 마케팅과 판촉 활동을 더욱 활발히 하는 동시에 롯데리아 임직원들이 그룹 내에서도 주목받는 인재로 위상을 높여야겠다는 생각을 했다. 실제로 그룹에서 공통으로 실시하는 과장 승진 자격 시험을 보면 롯데리아는 대체로 하위권에 머물러 있었다. 시험 합격률이 마치 그룹 내 위상을 말해주는 것 같았다. 나는 3년 안에 합격률 1등을 만들겠다고 선언했다. 물론 과장 승진 자격 시험에 합격했다고 해서 바로 과장으로 승진하는 것은 아니다. 말 그대로 승진 자격을 얻는 시험에 불과하다.

공동의 목표가 있으면 동기부여가 확실하게 되고, 이를 함께 달성하면 사기는 올라간다. 3년 안에 합격률 1등이 되겠다고 선언했더니 그룹 내 다른 회사들의 반응은 물론이고 사내 직원들도 반신반의하는 눈치였다. 그런데 3년 만에 합격률 1등이라는 성과를 이루어냈다.

선언만 한다고 해서 이루어지는 것은 아니다. 실제 1등을 하려면 1등을 할 수 있도록 모든 지원을 아끼지 않아야 한다. 승진 시험 대상자들은 근무하면서 시험 준비를 해야 한다. 이는 다른 계열사의 직원들도 마찬가지다. 부서장들에게는 특근이나 야근을 줄여주도록 지원을 요청했고, 때로는 시험 한 달 전에 시험 대상자들을 3~4일간 합숙하게 하고 예상문제와 모의시험 등을 보면서 시험 준비에 집중할 수 있도록 지원했다. 합숙 장소를 직접 방문해서 격려하는 일도 잊지 않았고, 승진에 대한 기대감도 심어주었다. 이제는 그룹에서 주목하는 인재가 되자고 함께 다짐하기도 했다. 시험을 준비하는 직원들의 눈은 그 어느 때보다도 반짝였고, 비장했다. 시험 당일에는 부서별로 부서장들과 직원들이 응원을 나갔다. 플래카드를 걸고 시험장에 들어가는 직원들에게 따뜻한 음료를 주면서 격려했다.

그렇다고 직원들이 일을 제쳐두고 승진 시험에만 매달린 것은 아니다. 이전보다 훨씬 많은 업무를 소화해내면서 승진 시험 준비까지 해야 했던 것이다. 고객층이 넓어지고 메뉴도 많아진 만큼 기획 중이거나 진행 중인 판촉행사도 많았다. 초기에는 한 달에 한 번 판촉행사를 기획했고, 그러다가 한 달에 두 번, 이후에는 거의 매주 대대적인 판촉행사를 했으니 직원들이 감당하기 어려웠을 것이다. 당연히 불평도 있었다. 하지만 매년 중장기 목표를 세우고, 경영이념을 공유하고, 회사의 비전에 따라 개인의 비전도 상상 가능하도록 노력했다. 처음에는 불평하고 시큰둥했던 직원들도 조금씩 반응을 보이고 따라오기 시작했다.

무엇보다 직원들이 "이철우 사장은 약속한 것은 반드시 지킨다"라는 믿음을 갖게 되었다. 승진 시험 합격률 1등을 달성하면서 직원들의 자신감과 자존감도 높아졌다. 그룹에서 신규 사업을 구상하면 롯데리아 직원들을 데려가겠다고 할 정도로 인정받는 인재로 성장했다. 지속적인 교육과 배움의 결과였다. 한 번의 성공 경험이 생기자 새로운 일을 기획하고 추진하는 데 두려움 없이 시도하는 용기도 갖게 되었다.

공부는 쉽지 않다. 노력한 만큼 결과가 따르기에 잔꾀로 일시적으

> 어려운 상황에서도 목표를 잃지 않고 꾸준히 공부한 사람을 이길 방도가 없다.

로 시험을 잘 본다고 실력이 쌓이는 게 아니다. 인내심도 필요하고, 유혹을 뿌리치는 힘도 필요하다. 하지만 어려운 상황에서도 목표를 잃지 않고 꾸준히 공부한 사람을 이길 방도가 없다. 그리고 반드시 그 빛을 발하고 의도한 목적을 달성하는 모습을 주변에서 많이 확인할 수 있다.

# 제2장

## 소통해야 상생한다

# 3·6·5 프로세스로
# 소통을 시작하다

"결과가 나올 때까지 최선을 다하며 기다리는 것이
가장 빠른 방법이고 가장 정답에 가깝다."

## 천천히 멈추지 않고
## 정상까지

"점장님, 내일 운동 한 번 가시죠?"

"미안합니다. 제가 꼭 가야 할 곳이 있어서요."

영등포점장으로 일하는 동안 백화점 휴무일이면 하루도 빠짐없이, 때로는 평일 저녁에도 수원행 전철을 탔다. 내가 향하는 곳은 수원에 있는 아주대학교였다. 늦게 배운 골프가 재미있던 시절이기도 했지만 당시 아주대학교 대학원에서 경영학 박사 과정을 공부하고 있던 나는 쉬는 날이면 어김없이 학교로 향했다. 그래서 박사 과정을 하는 4년 동안 한 번도 골프채를 잡지 않았다.

'대기만성(大器晚成)'이란 말이 있다. 큰 그릇을 만드는 데는 시간이 걸린다는 뜻으로, 크게 될 사람은 늦게 이루어진다는 말이다. 큰 사람이 되기 위해서는 그만큼 많은 노력과 시간이 필요하다는 의미이기도 하다. 그렇다. 큰 그릇은 늦게 찬다. 지금까지 살아오면서, 그리고 오랫동안 직장생활을 하면서 힘들고 어려울 때마다 나 스스로를 격려하면서 성실하게 살아가려고 할 때마다 자주 되뇌는 말이다.

나는 1976년 백화점 창립 멤버로 롯데백화점에 입사했다. 다른 곳에서 일하다가 스카우트되어온 경우였다. 그렇게 롯데에 몸을 담은 지 어느덧 40여 년이지만 누구나 부러워할 만한 고속승진을 한 적은 없다. 단지 오랫동안 꾸준히 백화점의 모든 분야를 두루 거치며, 기획력과 현장 감각을 키웠고, 강한 추진력을 발휘했을 뿐이다. 박사 학위도 영등포점장을 하던 시절인 56세에 받았다. 백화점 휴일에는 단 하루도 빠지지 않고 강의를 듣고 공부했기에 가능한 일이다.

어린 시절 나는 눈에 띄지 않는 아이였다. 말수가 적고 조용한 데다가 친구들과 어울려 놀러 다니지도 않았다. 공부를 잘했던 누나나 형들에 비해 성적도 중간 정도에 머물렀기에 형의 타박을 자주 듣곤 했다. 고등학교를 졸업할 때까지 우등상 한 번 받아보지 못했다. 고3 때 부반장을 한 번 해본 게 그나마 학창 시절에 가져본 명예의 전부였다. 다만 단 한 번도 결석을 하지 않아 3년 개근상은 받았다.

조금 느리고 늦게 철이 드는 아이가 주변에 꼭 있지 않은가? 내가 바로 그런 아이였던 것 같다. 학교 성적도 조금씩 나아졌다. 진짜 우등상을 받은 건 대학원 석사 논문 평가에서 마케팅 전공 논문으로 수석을 하면서였다. 회사에서도 마찬가지였다. 요즘 후배들은 부장에서 이사가 되는 데 4년도 채 안 걸리는데, 나는 부장을 6년이나 했고, 이사도 6년 동안 했다. 그래서 비교적 늦은 나이에 전무이사가 되면서 처음으로 경영자의 자리에 올랐다. 경영자의 자리에까지 오른 사람이 그리 많지 않은 걸 보면 비록 조금 더디게 왔지만 중간에서 내려가거나 멈추지 않고 정상까지 온 경우라고 하겠다. 지금 생각해보면 빨리, 눈에 띄게, 뛰어나게 하는 일은 많지 않지만 성실히, 그리고 꾸준히 노력하는 일에서는 누구에게도 뒤지지 않을 만큼 끈기와 인내심이 있었던 것 같다.

'굼튼튼'이라는 순우리말이 있다. 사전에서는 "성격이 굳어서 재물에 대하여 헤프시 아니하고 튼튼하다"라는 의미로 풀이하고 있다. 서울 사람들은 어렸을 때 용돈을 헤프게 쓰면 어른들한테 "사람은 굼튼튼하게 살아야 한다"라는 꾸중을 들은 기억이 있을 것이다. '굼튼튼'이란 말은 나의 기질이나 회사의 특성과도 많이 닮아 있다. 굼튼튼은 경영을 하는 데도 중요한 화두가 되었다. 화려하지 않고 내실을 다지는 일, 요란하게 꾸미지 않으면서 실속은 확실하게, 어려울 때는 잘될 때를 준비하고 잘될 때는 어려워질 때를 미리 대비하는 정신이다. 경영 환경이 나빠졌다고 해서 주눅 들지 않고 또 실적이 좋지 않다고 사람을 쉽게 내보

> '굼튼튼'이라는 순우리말이 있다. 사전에서는 "성격이 굳어서 재물에 대하여 헤프지 아니하고 튼튼하다"라는 의미로 풀이하고 있다.

내거나 보너스를 줄이지도 않았다. 경영의 모든 분야에서 내실을 추구했다. 굼튼튼 경영은 급변하는 경영 환경 속에서도 중심을 잡아줄 지침으로도 매우 유용하다. 또한 굼튼튼 경영은 롯데그룹 창업주인 신격호 회장의 경영철학에서 연유한 것으로, 신 회장의 '거화취실(去華就實: 겉으로 드러나는 화려함을 버리고 내실을 지향한다)'의 정신이 바로 굼튼튼 경영과 일맥상통하는 말이 아닐까 생각한다.

## 제대로
## 가는 것이 중요하다

아무리 노력해도 소용없다며 지레 포기하는 사람들이 있다. 자기는 최선을 다했는데, 열심히 했는데 도무지 나아질 기미가 보이지 않는다고 한다. 하지만 정말 그럴까? 주변을 아무리 둘러봐도 성공하는 사람은 역시 꾸준하고 성실하게 노력하는 사람들이다. 하루아침에 성공했다고 말하는 사람들조차도 그 하루아침을 준비하기 위해 오랫동안 노력했다고 말한다. 또한 성공한 사람들은 단순히 열심히 하기만 한 게 아니었다. 남들과 다르게 열심히 하는 방법을 생각하고 연구한 사람들이다. 매일 똑같은 일만 반복하는 것을 노력이라고 말할 수 있을까? 그것은 단순한 일의 반복에 지나지 않는다. 남들과 다른 노력을 기울이고, 나만의 방법을 연구할 필요가 있다. 그렇게 쉼 없이 꾸준히 노력하다 보면 어느새 성공의 자리에 올라서게 된다.

이 세상에 태어난 이상 사람은 누구나 공평한 '시간'을 부여받는다. 위대하고 부유한 사람에게도 하루는 24시간이고, 1년은 365일이다. 그 똑같은 시간을 어떻게 활용하느냐에 따라 결과는 크게 달라진다. 무작정 열심히 하는 게 아닌 노력하되 현명하게 노력하는 사람, 똑같이 물을 긷더라도 꼭 필요한 곳에다 물을 길어 나를 줄 아는 사람이 되어야 한다. 똑같이 노력했는데 저 사람은 운이 좋아 성공했다며 자신을 위로하지 말아야 한다. 그 사람은 분명한 목표와 비전을 가지고 착실하게 계획과 전략을 세워 실천에 옮겼기 때문에 그 노력이 더 큰 빛을 본 것임을 인정해야 한다.

> 남들과 다른 노력을 기울이고, 나만의 방법을 연구할 필요가 있다. 그렇게 쉼 없이 꾸준히 노력하다 보면 어느새 성공의 자리에 올라서게 된다.

남들과 똑같이 노력한 정도로는 평균 이상을 기대하지 말아야 한다. 하지만 우리가 기울인 노력은 헛되이 사라지지 않는다. 모든 경험이 축적돼 우리의 미래에 훌륭한 밑거름이 될 것이기 때문이다.

큰 그릇은 늦게 차는 법이다. 긴 세월을 기다리다 보면 어려움을 겪을 수도 있고, 절망하거나 좌절할 일도 분명 생길 것이다. 그래도 멈추지 말고, 더 많이 더 꾸준히 노력하는 자세가 중요하다. 모두가 생각하는 것보다 세상은 빠르게 변하고, 경쟁은 훨씬 치열하지만 준비하는 자에게는 못 당하는 법이다.

얼마만큼 노력해야 하느냐고 묻는다면 포기하지 말고 원하는 결과가 나올 때까지 노력해야 한다고 대답하고 싶다. 결과가 나올 때까지 최선을 다하며 기다리는 것이 가장 빠른 방법이고 가장 정답에 가깝다. 결과가 나쁜 것은 운이 없어서가 아니라 준비가 덜 됐다는 신호로 받아들이고, 다시 준비해야 한다. 평상심을 갖고 지켜야 할 원칙에 따라 조금씩이라도 앞으로 나아가야 한다. 큰 그릇을 채우려면 한꺼번에 많은 물을 부어야 한다. 그럴 준비가 되어 있지 않았다면 오랜 시간을 들여야 한다. 힘을 기르고 물을 길어야 한다. 천천히 가지만 제대로 가는 것은 그래서 중요하다.

## 함께 생각하면
## 방법이 보인다

"여기 모인 간부 사원들은 우리 회사에서 가장 중요한 사람들입니다. 저는 여러분들의 솔직한 의견을 듣고 싶습니다. 다음의 리포트를 작성해주세요!"

전체 간부들이 모인 회의 시간에 내가 이렇게 말하자, 여기저기서 술렁였다. 다들 '도대체 뭐지?', '사장님은 무슨 생각을 하시는 거야?' 하는 표정이었다.

최고경영자로 새로 부임했을 때 조직의 현황과 문제 등을 파악한 후 간부 사원들의 생각을 듣기 위해 꺼낸 말이었다.

일의 목표를 정하고 계획을 세우는 것은 매우 중요하다. 목표가 없으면 가야 할 방향을 알지 못하고, 계획을 세우지 못하면 목표가 있다고 해도 기한 없이 무작정 달려가기만 하는 지친 여정을 반복해야 한다. 개인의 삶에서도 뚜렷한 목표를 가지고 차분하게 계획을 세우고 실천한 사람들이 원하는 목표를 이룰 수 있다.

하물며 기업 경영에서 목표와 계획이 없으면 조직은 방향을 잃고 헤매게 된다. 더구나 기업은 수많은 사람들이 함께 일을 도모하는 공동체. 공동의 목표가 있어야 일하는 사람들이 공동체 정신을 발휘하여 자신의 능력을 맘껏 펼칠 수 있게 된다.

경영자는 배의 선장과 같고, 비행기의 조종사와 같다. 목적지까지 어떤 어려움이 있더라도 구성원과 함께 안전하게 도착해야 한다. 하지만 목적지를 정하기 전에 우리가 해야 할 일은 무엇일까? 우선 지금 우리가 어디에 있는지 살펴봐야 한다. 우리가 지금 하고 있는 사업이 무엇인가를 살피는 일이다.

경영자가 항상 머릿속에 담고 있어야 하고, 수시로 물어야 하는 질문이 바로 '우리의 사업은 무엇인가?'라는 것이다. 이 질문에 대한 대답을 제대로 가지고 있지 않으면 경영자는 시장의 변화에 적절하게 대처하지 못하게 된다.

내가 경영자로서 가장 먼저 했던 일은 3개월이라는 시간을 들여 조직의 현황과 문제를 파악하는 것이었다. 임직원들, 즉 중역, 간부 사원, 점장 등에게 현재 우리가 하는 사업에 대해, 우리가 지향하는 방향에 대해, 우리의 문제와 개선점에 대해 A4용지 3~4매 분량으로 자유롭게 정리해서 제출하도록 했다. 단 부임하자마자 바로 요구하면 솔직한 의견을 듣기가 어렵다. 아직 새로운 경영자의 성향과 업무 스타일을 파악하지 못했기 때문에 무엇을 적어야 할지 고민하게 되고, 그러다 보면 형식적인 내용이나 경영자가 좋아할 만한 내용만 쓸 가능성도 있다.

조직을 위한 솔직한 제언이 담긴 리포트를 원한다면 먼저 경영자가 어떤 생각과 의지를 가지고 조직을 꾸려나갈 사람인지 보여주어야 한다. 리포트의 형식은 제한이 없었고 구체적 질문 사항을 억지로 만들어 넣지 않았다. 구체적인 질문 항목을 제시하면 틀에 박힌 답안만을 적을 수도 있기 때문이다. 우리 조직에 대해 느낀 점과 제언, 그리고 경쟁 상황은 어떻고 좋은 회사를 만들기 위해 무엇이 급선무인지 등을 자유롭게 쓸 수 있도록 했다.

리포트를 보면 임직원이나 구성원들이 피부로 느끼고 있는 조직의 현황을 대체로 파악할 수 있다. 그 후에는 직접 현장을 돌아보았다. 리포트에서 언급된 내용이 실제 현장에서는 어떤지 살폈고, 리포트에는 없지만 경영자이기 때문에 보이는 현장의 문제도 점검했다. 이렇게 조직의 분위기를 객관적으로 파악하는 데 3개월 정도 걸린다. 전반적인 분위기를 파악한 다음에는 조직이 새롭게 변화해야 할 과제를 제시하고 조직 구성원들과 함께 움직이도록 해야 하는데, 이 또한 3개월 정도 걸린다. 물론 조직의 상황을 파악하는 데 3개월이나 걸리느냐고 생각하는 사람도 있을 것이고, 거꾸로 3개월 안에 파악할 수 없는 점도 많다고 여기는 사람도 있을 것이다. 또한 조직을 움직이는 데 경영자가 취임 후 6개월이나 걸리느냐는 의견도 있을 수 있다.

## 신뢰의 가장 기본은 성실성

혼자서 할 수 있는 일은 없기 때문에 조직의 구성원이 함께 고민하고 함께 참여하고 함께 성과를 내기 위해서 시간을 들여야 한다. 경영자라고 해서 모든 것을 마음대로 바꿀 수 없다. 경영자 혼자서 전략을 세울 수도 없다. 구성원의 다양한 의견을 수렴하여 반영하는 한편 경영자의 의지를 구성원에게 설득해야 한다. 모두가 공감할 때 기업의 전략이 시장에서 제대로 통한다.

《비유경(譬喩經)》에 이런 구절이 있다.

"세상에는 네 종류의 말(馬)이 있다. 첫째 말은 사람이 그 등에 올라타고 '자, 가자!' 하고 마음을 먹기만 해도 벌써 기운 좋게 달리며, 둘째 말은 기수가 채찍만 들어도 벌써 알아채고 달리며, 셋째 말은 한 번 채찍질을 한 뒤에 비로소 달리며, 넷째 말은 아무리 채찍으로 엉덩이를 때려도 꼼짝도 하지 않는다."

경영자가 조직의 현황이나 직원들의 상황을 알고 싶어하는 것처럼 직원들도 경영자에 대해 알고 싶어한다. 처음에는 관심을 가지고 조심스럽게 경영자의 행보를 지켜본다. 새로운 경영자에 대한 생각은 직원의 성향이나 일하는 방식에 따라서도 많이 달라진다. 3분의 1 정도는 새로운 경영자에게 기대감을 가지고 있는데, 이들은 변화에 대한 갈망이 많은 편이다. 3분의 1 정도는 시간을 두고 지켜본다. 이들은 경영자의 성향과 행보를 보면서 자신이 어떻게 움직여야 할지 고민하고 행동한다. 나머지 3분의 1은 경영자와 견해를 달리하거나 반감을 가지는 경우인데, 이들은 변화를 두려워하고 변화로 인해 생기는 다양한 일들을 번거롭게 여긴다. 적극적으로 경영자의 방침에 반기를 들 수도 있다. 하지만 마음속으로 동의하지 않더라도 적극적으로 행동하는 직원은 거의 없다고 해도 과언이 아니다.

만일 적극적으로 경영자에게 반기를 드는 직원들이 있다면 경영자는 자신의 리더십을 점검하고, 인격적인 면에서나 행동에서 모범을 보였는지 돌아보아야 한다. 무조건 "나를 따르라"는 리더십은 과거의 이야기다.

무엇보다 경영자 스스로 바른 경영을 지향하고 모든 면에서 모범을 보일 때 직원들이 자연스럽게 따라온다. 경영자가 소통을 중시해야 하는 이유가 여기에 있다. 시간이 지나면서 경영자와 함께 뭔가 해보겠다고 생각하는 직원들이 구성원의 50퍼센트 이상이 되면 그때는 경영자의 생각과 의지를 방침으로 정하고 실행에 옮기기가 좀 더 수월해진다. 그렇게 현황을 파악하는 데 3개월, 공감을 이끌어내는 데 6

개월의 시간이 필요한 것이다. 물론 더 빨리 파악하고 더 빨리 공감하도록 할 수는 있다. 하지만 회사는 경영자의 명령과 지시로 움직이게 하는 것보다는 직원들이 자발적으로 움직이고 발전시키는 것이 더 바람직하다. 그래서 경영자는 때로는 기다리고, 때로는 직접 나서서 설득하고 소통하는 데 시간을 써야 한다. 빨리 가는 것은 쉽지만 멀리 가려면 모두가 함께 가야 하기 때문이다. 그 후에는 5개년 비전과 계획을 발표해 공동의 목표를 향해 함께 전진해야 한다. 경영을 시작한 후 3개월 안에 회사의 현황을 파악하고, 6개월 안에 구체적인 대안을 마련하고 구성원과 공감대를 형성하면서 5개년 장기 비전을 제시하는 과정을 '3·6·5 프로세스'라고 이름 붙였다.

> 만일 적극적으로 경영자에게 반기를 드는 직원들이 있다면 경영자는 자신의 리더십을 점검하고, 인격적인 면에서나 행동에서 모범을 보였는지 돌아보아야 한다.

'3·6·5 프로세스'는 경영자로서 소통과 화합을 중시하면서 회사의 발전을 고민하는 과정에서 만들어진 것이다. 기업의 지속적인 발전과 성장을 위해, 그리고 장기적인 비전과 목표를 공유하기 위해 경영자가 실행할 수 있는 내용이다. 물리적인 시간은 경영자에 따라 달라질 수 있다. 다만 모든 직원의 지지와 신뢰를 바탕으로 조직을 이끌어가기 위해 내가 가장 먼저 준비한 일이라고 보면 된다.

경영을 시작하면서 다음의 세 가지는 이후 조직을 원활하게 이끌어나가는 데 도움이 될 것이다.

첫째, 직원들이 조직에 대해 어떤 생각을 가지고 있는지 의견을 들는다.

둘째, 직원들의 제언과 각종 자료 등을 토대로 현장을 파악한다.

셋째, 모든 직원이 공감하고 적극적으로 참여할 수 있는 비전을 제시한다.

그리고 이 세 가지를 실행하는 동안 모범적인 행동과 언행일치로 직원들의 신뢰를 얻는 일이 중요하다. 조선 시대의 실학자 정약용이 쓴 《목민심서》에는 "믿음은 성실함에서 나온다. 지도자가 청렴하면 권위가 선다"라는 말이 나온다. 그만큼 성실함과 청렴은 리더의 중요한 덕목이다.

# 소통하는 리더에겐
# 어려움이 없다

"소통은 말을 하고 듣는 과정을 넘어 서로의 입장과 이해관계를
배려하는 모든 행위를 포함한다."

## 경청은
## 소통의 시작이다

"김 과장부터 의견을 이야기해보시죠?"

과장급부터 부장, 차장, 이사, 상무, 전무까지 참석하는 전체 운영 회의를 한 달에 한두 번 이상 한다. 전략회의가 되기도 하고, 각 부서별 실적 보고회의가 되기도 한다. 보고는 대부분 담당 부서장이 하거나 담당 중역이 한다. 담당 중역은 과장, 부장이 작성한 보고서를 토대로 분석한 자료를 가지고 새로운 전략이나 전망 등을 발표한다. 사장은 물론이고 모든 참석자들 사이에 팽팽한 긴장감이 돈다. 전략회의든, 실적 보고회의든 각 부서별 평가가 이루어지는 시간이기에 더욱

그렇다. 하지만 모든 보고서를 미리 보고 난 뒤라 무엇을 잘했는지, 어떤 부분에서 실패를 했는지, 어떤 부분을 보강해야 하는지에 대한 대안도 거의 준비되어 있는 회의라고 할 수 있다.

사장에게는 임직원들이 한자리에 모이는 회의 시간이 직원들의 이야기를 직접 들을 수 있는 좋은 기회가 된다. 공식적인 보고나 발표가 모두 끝난 후의 시간은 그래서 더욱 소중하다. 그런데 이런 소중한 시간에 평소에도 자주 의견을 나누는 임원들의 이야기만 듣고 있을 수만은 없다. 게다가 임원들이 먼저 의견을 이야기하면 그 밑에 있는 사람들은 입을 꾹 다물어버리거나 상급자인 임원이나 부서장의 의견에 무조건 동의를 해버리는 일이 많다. 그래서 나는 실무자인 과장들에게 먼저 의견을 말하도록 했다. 물론 처음부터 이들이 쉽게 의견을 이야기한 것은 아니었다. 운영회의가 거듭되면서 의견을 내는 빈도가 많아지고 의견의 질과 내용도 수준이 높아졌다.

윗사람이 먼저 결론을 내고 시작하는 회의는 아무 의미가 없다. 물론 작은 조직에서는 윗사람이 리더십으로 아랫사람들을 이끌기 때문에 윗사람의 의견이 전적으로 반영되고 그대로 실무를 진행하는 일이 많을 것이다. 실제로 업무 성과가 많고 경험이 풍부한 윗사람의 의견이나 결론이 옳은 경우도 많다. 하지만 그렇다고 하더라도 아랫사람들의 의견이 제대로 반영되지 않은 채 윗사람이 독단적으로 결론을 내리는 경우 조직은 그럭저럭 굴러가겠지만 새로운 시도를 할 수 없게 된다. 경험은 적지만 성공의 틀에 얽매어 있지 않은 젊은 직원들의 아이디어에서 새로운 도전이나 모험, 때로는 회사 전체를 바꿀 수 있는 혁신적인 발상이 나올 수 있다는 사실을 간과해서는 안 된다.

> 경험은 적지만 성공의 틀에 얽매어 있지 않은 젊은 사원들의 아이디어에서 새로운 도전이나 모험, 때로는 회사 전체를 바꿀 수 있는 혁신적인 발상이 나올 수 있다.

상사의 눈치를 보지 않고 회사와 업무에 대한 의견을 낼 수 있다는 것은 그만큼 애사심이 강하다는 얘기고, 일에 대한 자부심을 가지고 진지하게 고민하고 있다는 사실을 반영한다. 가장 높은 자리에 있는 사람이 직원들의 마음을 알아주고, 의견을 낼 수 있는 분위기를 만들어주어야 한다. 그것은 소통의 물꼬를 트는 리더의 중요한 역할이다.

## 사람의 마음을 얻어야 믿음이 쌓인다

'이청득심(以聽得心)'이란 말이 있다. 귀 기울여 들으면 사람의 마음을 얻을 수 있다는 뜻이다.

진심 어린 경청은 소통의 근본이기 때문에 서비스 현장에서도 자주 강조된다. 우리는 혼자서 일하지 않고, 혼자 일할 수도 없다. 1인 기업이 많다고 하지만 이들도 외부의 누군가와 협력하면서 함께 일한다. 소통이 결여되면 모든 것이 엉뚱한 방향으로 흘러간다. 가끔

TV 오락 프로그램에서 귀를 헤드폰으로 막고 제시된 단어를 큰 소리로 외치면 상대가 알아맞히는 게임이 나온다. 귀를 막고 있으니 소리는 전혀 들리지 않는다. 오로지 입을 크게 벌려 상대방이 알아채주길 바랄 뿐이다. 그러다 보니 처음 말한 사람은 '강아지'라고 말했는데, 두세 사람을 거치다 보면 엉뚱하게 '사랑해'라고 대답하는 우스운 일이 벌어진다. 이건 그나마 오락 프로그램이니까 웃고 나면 그만이다. 하지만 중요한 의사결정에서 이런 일이 벌어지면 심각한 문제가 생긴다.

소통은 우리 사회의 화두다. 그만큼 소통이 필요한 곳이 많다는 뜻이다. 정치인과 국민, 대기업과 중소기업, 상사와 부하직원, 부모와 자녀, 스승과 제자, 남편과 아내 등 우리의 일상은 소통의 관계이고, 소통의 공간이다.

소통은 단순히 대화를 주고받는 것이 아니다. 대화를 나눈다고 해서 반드시 소통한다고 보기 어려운 경우도 있다. 소통은 말을 하고 듣는 과정을 넘어 상대의 입장과 이해관계를 배려하는 모든 행위를 포함한다.

그런데 소통이 잘되지 않는다는 이야기가 곳곳에서 들린다. 자신은 어떤지 주변을 돌아보아야 한다. 문서화되지 않은 상사의 지시가 아래로 내려갈수록 엉뚱하게 전달되어 상사가 상상조차 하지 못하는 결과가 생긴 적은 없었는지 점검해볼 필요가 있다. 말을 배우는 데는 2년밖에 안 걸리지만 듣는 데는, 즉 경청하는 데는 60년이 걸려도 부족하다는 말이 괜히 나온 게 아니다. 경청은 쉬운 일이 아니지만 좋은 소통은 잘 듣는 데서 시작된다는 것을 잊지 말자.

경청은 한자로 '傾聽'이라고 쓴다. '귀 기울여 듣는다'는 뜻이다. 하지만 제대로 된 경청, 진정한 경청을 하기 위해서는 상대에 대한 존중과 존경의 마음을 담아 듣는 자세가 중요하다. 그래서 진정한 의미의 경청은 '敬聽'이 되어야 하지 않을까 생각한다. '존경을 담아 듣는다'는 의미에서 그렇다.

기업은 공동의 목표를 향해 성취해가는 인간의 공동체다. 이런 기업이라는 조직을 움직이는 경영자는 무엇보다 사람을 움직여야 한다. 경영자 혼자 움직이는 게 아니라 경영자의 목표를 이해하고 움직여주는 사람이 있어야 한다. 그런데 사람을 움직이는 게 무엇으로 가능할까? 일에 대한 보람과 성과도 물론 중요하다. 하지만 사람을 움직이는 가장 기본적인 전제조건은 원활한 소통이다. 원활한 소통은 서로가 마음을 열고 나누는 대화를 통해서 또는 문서를 통한 의사 전달이나 교육을 통해서도 이루어진다. 소통이 안 되면 경영자는 경영을 원활하게 할 수 없다. 성격과 개성과 능력이 각기 다른 사람들이 자신의 자리에서 맡은 일을 잘하면서 서로 협력하지 않으면 공동의 목표에 도달하기가 어렵다.

기업의 성장과 발전은 수많은 사람들의 노력과 열정이 모여 이루어진다. 우리 회사만 빨리 가면 된다는 생각으로는 성장도 발전도 없다. 신기술이나 신제품을 개발하는 일이든, 새로운 서비스를 제공하는 일이든 거기에 관여하는 사람은 수없이 많다. 에베레스트 같은 험한 산을 오르는데 왜 빨리 안 따라오냐고 재촉하다간 사고가 날 수도 있다. 험한 지형에서 예기치 못한 걸림돌을 만날 수도 있는데 나 혼자 앞서가느라 동료들과 떨어지면 도움이 필요한 순간 힘들어진다. 혼자는 빨리 갈 수 있지만 쉽게 지칠 수 있고, 동반자와 함께하면 지치지 않고 더 멀리 갈 수 있다.

> 혼자는 빨리 갈 수 있지만 쉽게 지칠 수 있고, 동반자와 함께하면 지치지 않고 더 멀리 갈 수 있다.

회사의 이념이나 조직의 목표를 공유하고 공감하게 하기 위해서는 소통이 잘돼야 한다. 소통은 회사의 비전과 개인의 비전을 함께 생각하면서 업무를 실행할 수 있는 시작점이다. 소통이 잘되면 사소한 일에서 큰일까지 효율적으로 일할 수 있는 다양한 아이디어들이 나온다. 그리고 소통을 통해 함께 성과를 내는 것도 가능해진다. 그렇게 되면 아무리 큰 조직이라도 작은 조직 못지않게 신속하고 일사불란하게 움직일 수 있다.

# 윗사람이, 권한을 가진 사람이
# 먼저 다가가야 한다

진실을 전하기 위해서는 두 사람이 필요하다.

하나는 그것을 말하는 사람이요

또 하나는 그것을 듣는 사람이다.

진실을 전하는 유일한 방법은

사랑을 담아 말하는 것이다.

사랑이 담겨 있는 말만이 호소력을 가진다.

명분만 앞세운 말은 사람을 불편하게 만든다.

미국의 철학자이자 시인, 수필가인 헨리 데이비드 소로(Henry David Thoreau)의 말이다. 우리에게는 《월든》이란 작품으로 잘 알려진 작가다. 위 글을 읽고 다시 한 번 소통의 의미를 생각하게 되었다.

소통은 웅변이 아니다. 타인에게 일방적으로 내 의견을 들어달라고 호소하는 게 아니다. 내 생각과 같아지도록 설득하는 것도 아니다. 소통은 서로의 이야기를 듣고 이해하고 공감하고 공유하는 일이다. 소통이 잘 이루어지기 위해서는 몇 가지 원칙을 지켜야 한다.

첫째, 제대로 된 소통을 원한다면 '진정성'이

> 소통은 웅변이 아니다. 타인에게 일방적으로 내 의견을 들어달라고 호소하는 게 아니다. 내 생각과 같아지도록 설득하는 것도 아니다.

있어야 한다. 즉 솔직하게 자신의 마음을 전달해야 한다. 헨리 데이비드 소로는 사랑이 담긴 말이 호소력을 가진다고 했다. 사랑이 담긴 말이란 어떤 것일까? 진심을 담아 이야기를 하는 것이다.

둘째, 먼저 상대의 말을 잘 들어야 한다. 대화를 나눌 때 가장 화나게 하는 사람은 누구일까? 내가 하는 말마다 반박하고 비판하는 사람일까? 아닐 것이다. 내 말을 중간에 끊는 사람이다. 할 말이 다 끝나지 않았는데, 말을 끊고 화제를 바꾸거나 자신의 말을 시작하는 사람이다. 논리에 맞지 않고 두서 없이 횡설수설하는 사람도 있다. 말하는 법을 훈련하지 못해서 세련되지 못하거나 감정만 앞서서 자신의 의견을 직설적으로 이야기하는 사람도 있다. 때로는 답답하기도 하고, 때로는 나의 생각과 달라 거부감이 드는 경우도 있다. 그럼에도 그 사람이 무엇을 말하고 싶은지, 끝까지 기다려주는 인내가 필요하다. 또한 들을 때는 진심으로 상대의 눈을 보고, 상대가 진심으로 이야기하는지도 귀 기울여야 한다.

> 그 사람이 무엇을 말하고 싶은지, 끝까지 기다려주는 인내가 필요하다.

셋째, 윗사람이, 힘 있는 사람이, 가진 사람이 먼저 다가가야 한다.

아랫사람이, 힘이 없는 사람이, 가진 게 없는 사람이 먼저 나서기는 쉽지 않다. 새로운 의견이 있거나 다른 의견이 있어도 아랫사람이 상사에게 먼저 다가가 이야기를 꺼내려면 용기가 필요하다. 무엇을 원하는지, 무엇이 필요한지 윗사람이 먼저 헤아리고 다가설 줄 알아야 한다. 집안의 대소사를 결정할 때도 큰형이 먼저 다가가고 인도하면 동생들이 잘 따라온다. 동생들의 의견이 반영된다면 어떤 일이든 충돌 없이 잘 진행된다. 또한 원청업체와 하청업체가 있다고 할 때 대부분의 하청업체들은 원청업체의 요구에 따라 움직일 수밖에 없다. 힘이 원청업체에게 있기 때문이다. '갑'과 '을'의 관계에서 '갑'이 너무 강한 위치에 있다면 '을'은 일방적으로 끌려가고 불리한 조건을 감수할 수밖에 없다. 이처럼 하청업체의 애로사항을 들을 준비가 안 되어 있고 일방적인 힘의 논리만 내세울 경우 하청업체는 견뎌내지 못한다.

어떤 관계든지 힘의 균형이 한쪽으로 기우는, 즉 한쪽이 힘을 더 가진 경우에는 소통이 매우 어려워진다. 힘이 강한 쪽에서 힘이 약한 쪽으로 흐르는 경향이 있기 때문이다.

특히 조직에서 윗사람과 아랫사람이 서로 소통하지 않으면 모르는 일이 많아진다. 사장이나 상사의 말 한마디가 직원에게 큰 격려가 되기도 하지만 무심코 건넨 말이 상처를 줄 수도 있다. 직원들의 마음까지 헤아리지 못하는 경우가 더 많다는 얘기다. 또한 부하직원들이 사장이나 상사의 마음을 알아서 읽어내기도 쉽지 않다. 사장이나 상사가 부하직원에게 대화로 직접 전달하지 못하는 경우에는 사내 공지나 공식 문서, 교육 등을 통해 전달하기도 한다.

# 마음을 읽어주고 문제를 해결해주어야
# 진정한 소통이다

현장 실무자는 상사나 사장에게 차마 보고하지 못하지만 고충이 있다. 그런데 고충을 보고하지 않으면 사장은 당연히 모를 수밖에 없고, 억지로 보고하라고 할 수도 없다. 현장 실무자들의 이야기를 제대로 들으려면 사장이 먼저 현장을 알고 있어야 한다. 속속들이 고충을 파악할 수는 없겠지만 언제든지 들을 준비가 되어 있음을 보여줘야 한다. 현장의 분위기를 느껴야 하고, 실무자들이 일하는 모습을 봐야 한다.

백화점에는 직영매장과 특정매입매장이 있다. 더불어 직영매장의 직원도 있고 특정매입매장의 동료 사원(Brand Shop Manager: 협력사에서 파견되어 자사 브랜드 상품 판매 활동을 하는 사원)도 있다. 직영매장 직원들은 다양한 방법과 경로 또는 교육 등을 통해 직간접적으로 그들의 의견을 들을 일이 많다. 하지만 동료 사원은 본사의 의도와는 달리 소외되는 경우가 생긴다.

나는 종종 백화점에 들러 점장과 함께 그곳에서 일하고 있는 직원과 동료 사원들이 전원 참석하는 회의를 주재하곤 했다. 해당 점포의 현황과 현장의 고충을 들을 기회를 마련한 것이다. 하지만 모든 권한이 점장에게 있는 점포에서 해당 점에서 겪는 고충이나 개선할 점을 본사 사장에게 직접 이야기하는 동료 사원들은 거의 없었다. "점장님이 워낙 잘 배려해주시니 고충 같은 건 없는데요"라고 대답했다. 표정을 보면 할 말이 있을 것 같은데도 좀처럼 입을 열지 않았다. 그래서 나는 "혹시 점장이 나중에 '왜 사장님 앞에서 그런 말을 했느냐? 그럼 내 입장이 어떻게 되느냐?' 하면 저한테 직접 이메일로 연락 주셔도 됩니다"라고 말했고, 점장에게는 동료 사원들이 어떤 고충이나 개선점을 이야기하더라도 겸허히 받아들이고 개선 방안 등을 고민하자고 제안했다. 본사 차원에서 지원을 아끼지 않겠다는 약속까지 했다. 자신이 운영하는 곳에 문제가 있음을 사장에게 보이고 싶지 않은 점장의 마음은 전적으로 이해한다. 혹시 질책을 받을지도 모른다고 생각할 수도 있다. 그게 책임자들의 솔직한 심정이다. 나도 이미 경험했기 때문이다. 하지만 점장 혼자서는 해결할 수 없는 사안이 많다. 나는 점장들에게 사장인 내가 직접 나서서 함께 고민하고 지원해주고 해결책을 찾아보겠다고 했다. 그들은 그 말에 안도감과 용기를 얻고 지원을 요청하게 되었다.

고객의 소리를 가장 잘 아는 현장 동료 사원들의 이야기를 들으면서 현장의 고충을 파악한 것은 물론이고, 고충에 대한 필요한 조처를 실행할 수 있는 아이디어도 많이 얻었다. 그러자 언제부턴가는 동료 사원들이 나의 방문을 기다릴 정도가 되었다. 지난번에 이야기한 사안들이 이렇게 개선되었다는 둥, 점장이 새로운 아이디어로 더 좋은 개선책을 마련해주었다는 둥 솔직한 대화를 나누다 보면 활기가 넘친다. 나도 그들을 만나러 가는 시간이 설렜다. 때로는 책이나 작은 선물을 준비해가기도 했다.

　서로가 통한 것이다. 이게 소통이다. 서로를 알아주고 공감해주는 것 말이다. 소통은 서류로도, 이메일로도, 전화로도 물론 가능하다. 하지만 직접 얼굴을 보고, 표정과 눈빛을 보면서 나누는 소통만큼 좋은 소통은 없다고 본다. 소통으로 이루는 효과 또한 최대라고 할 수 있다.

　영등포점장으로 있을 때였다. 당시 화재 예방을 위한 안전 대책이 다양하게 이루어지고 있었다. 전기 안전점검은 물론이고 화재의 원인이 될 수 있는 모든 위험 요소에 신경을 쓰고 있었다. 그중에서 담뱃불로 인한 화재는 직원들이 조금만 주의하면 예방할 수 있기에 휴게실에서의 흡연을 금지했다. 직원들의 건강을 위해서도 필요한 조치라고 생각했다. 그런데 휴게실 금연 조치로 예상치 못한 일이 생겼다. 남자 직원들은 실외로 나가 담배를 피우면 되었지만 여자 직원들은 화장실에서 담배를 피우기 시작했다. 담배를 피우지 못하게 하려고 직원 화장실의 재떨이를 치우자 이번에는 고객 화장실에서 담배를 피우는 일이 생겼다. 심지어는 제품을 쌓아놓은 창고에서 담배를 피우는 일도 있었다. 위험하기 그지없는 일이었다. 직원들이 이용할 수 없는 고객 화장실에서 유니폼 위에 사복을 걸치고 담배 피우는 일까지 생겨 고객들의 클레임이 자주 올라왔다.

　나도 20년 이상 담배를 피웠던 흡연자였지만 흡연자들의 마음을 이해하려고 하지 않았던 것이다. 부장 시절에 직원들에게 "담배를 정말 즐기시나 봐요?", "부장님한테는 항상 담배 냄새가 나요", "담배가 그렇게 좋으세요?"라는 말을 듣고서 금연하기로 결심한 후에 한 번도 담배를 입에 대지 않았다. 그랬기에 누구나 어떤 계기가 생기면 담배를 끊는 게 어렵지 않을 거라 생각했다. 그러나 매년 금연 결심을 하면서도 실패하는 사람이 많은 것을 보면 금연이 쉽지 않은 일이라는 것을 알았다.

여하튼 화재 예방과 직원들의 건강을 생각해서 시행했던 조치는 부작용만 낳은 셈이었다. 그래서 대책을 강구했고 전용 흡연실을 만들었다. 여성 전용 흡연실도 따로 만들었다. 그 후 고객 화장실이나 창고에서 담배를 피우는 일이 사라졌다.

그 일을 계기로 아무리 좋은 취지의 정책이라도 무조건 통제를 하고 막아서는 오히려 부작용이 나타날 수 있다는 것을 깨달았다. 화재 예방을 이유로 휴게실 흡연을 금지한 것은 회사에 필요한 조치였으나 오히려 다른 곳(고객 화장실이나 창고 등)에서의 흡연을 부추긴 결과를 낳은 것이다.

어떤 문제를 해결하고자 할 때는 직원들의 반발이나 부정적인 결과까지 예상해서 다른 대안이나 돌파구도 함께 마련하여 시행하는 것이 중요하다.

# 윈-윈에도 순서가 있다

"기업이 성장하기 위해서는 함께하는 기업들이
서로 시너지를 내면서 상생할 길을 모색해야 한다."

### 상생을 생각해야
### 함께 성장한다

"저 많은 사장들의 기대치에 어떻게 부응할 것인가?"
"이 사람들이 나에게 원하는 것은 무엇일까?"

롯데리아에 대표이사로 부임한 지 얼마 되지 않아 직영점, 가맹점 사장들을 모아놓고 컨벤션을 열었다. 그해의 경영 전략과 계획 등을 발표한 자리였는데, 700여 명의 롯데리아 관계자들이 참석했다. 그때 발표를 하면서 바라본 청중들의 눈빛을 잊을 수가 없다. 특히 가맹점주들의 눈빛은 내 어깨를 무겁게 누를 정도로 기대에 차 있었다.

패스트푸드 업계 특성상 그곳에 모인 가맹점주들은 적게는 1개에서 많게는 5개 정도의 점포를 소유하고 있었다. 그중에는 지역의 유지도 꽤 있었다. 당시 가맹점만 약 400여 개였으니 그곳의 사장 300여 명과 함께 일하는 것과 같았다. 더구나 그들은 자본을 직접 투자한 오너이자 경영자였다. 그런 그들과 일하는 나는 단순하게 보면 월급쟁이 사장에 불과했다. 그들은 롯데리아 가맹점주가 됨으로써 더 많은 수익 창출을 원하고 있었다. 우리도 수익을 내야 하는 기업이었다. IMF관리체제라는 국내의 어려운 환경은 이유나 변명이 될 수 없었다.

일반적으로 프랜차이즈업 본사는 가맹점주에게 창업 컨설팅을 하고, 기술을 전수하고, 상품 재료 등을 공급하는 일을 주로 한다. 프랜차이즈업 역사가 짧은 국내에서는 수많은 업체들이 혜성처럼 등장했다가 어느 날 소리 없이 사라지거나 많은 폐해를 남기기도 했다. 특히 IMF 전후에는 명예퇴직이나 구조조정 등으로 회사를 나온 사람들이 프랜차이즈 시장으로 몰리면서 프랜차이즈를 표방한 회사들이 난립했다. 요란하게 가맹점을 모집하여 이익을 챙긴 후 가맹점에 손해를 떠넘기는 경우도 많았다. 그 와중에 롯데리아를 믿고 사업을 하는 사장들이 모인 자리였다. 그들의 눈빛이 어떠했는지는 그 자리에 있지 않았던 사람도 조금만 이야기를 해주면 느낄 수 있을 정도로 강렬했다.

나는 롯데리아 대표이사로서 그들이 진심으로 롯데리아를 선택하길 잘했다고 생각하기를 바랐다. 롯데리아를 통해서 가맹점 사장들이 이익을 내고 성공을 하기를 바랐다. 그들의 성공은 곧 롯데리아 본사의 성장을 의미하기 때문이다. 기존의 가맹점 사장들이 피부로 느낄 수 있을 정도로 장사가 잘되는 프랜차이즈로 키워내고 싶었다.

롯데마트나 롯데백화점에서도 마찬가지였다. 유통회사는 물건을 직접 만들지 않는다. 제조업체로부터 상품을 제공받아 고객에게 판매한다. 따라서 좋은 상품을 제공받는 일이 무엇보다 중요한데, 그러려면 품질이 우수한 상품을 만들고, 고객에게도 좋은 이미지를 갖고 있는 협력업체를 만나야 한다. 시장에서 이름이 알려진 기업은 물론이고, 시장에 새로 진입하는 기업도 유통회사가 먼저 알아보고 고객에게 지속적으로 알리는 일도 해야 한다. 그런 협력업체들 사이에 "롯데마트와 롯데백화점과 거래를 했더니 우리 회사 상품을 잘 팔아주더라", "롯데와 거래를 했더니 회사 이익이 늘어나고 성장하더라"는 평이 나오기를 바랐다. 그러면 더 좋은 제품을 만드는 협력업체들이 롯데와 거래하기를 원할 것이고, 롯데는 좋은 상품을 고객에게 제공하면서 더욱더 고객에게 사랑받는 기업으로 성장할 것이라고 믿었기 때문이다. 협력업체가 먼저 이익을 내고, 협력업체가 먼저 성장해야 우리가 성장할 수 있다는 생각이었다.

## 30년 전에 배운
## 윈-윈의 순서

윈-윈에도 순서가 있다고 생각하고 이를 경영 방침으로 실행한 것은 롯데리아 대표이사 시절이었다. 가맹점을 위주로 경영을 해야 하는 프랜차이즈 본사이기에 가맹점이 이익을 내야 본사도 이익을 낸다는 사실을 깨달았던 것이다. 이때 앞의 윈이 가맹점이고, 뒤의 윈이 본사였다. 그런데 이 말은 이론적으로는 가능한 말일지 몰라도 현실적으로는 매우 어려운 문제다. 기업을 하든, 장사를 하든 자신의 이익부터 내고 싶은 게 사람의 심리다. 갑과 을의 관계에서도 갑은 당연히 자신이 먼저 이익을 내고 싶어한다. 그래서 상생은 말처럼 그리 쉬운 일이 아님을 다양한 곳에서 느낄 수 있다. 기업 간의 관계에서는 분명 갑과 을이 존재한다. 완전히 대등한 관계는 거의 없다. 하지만 고객을 대하는 일에는 갑과 을이 있을 수 없다. 고객이 제품이나 서비스를 선택할 때 갑과 을을 따지지는 않기 때문이다. 돈독한 윈-윈 관계가 되려면 갑의 입장에 있는 기업이 더 양보하고 배려해야 한다. 대기업이, 갑이 먼저 이익을 내려고 하면 윈-윈하기가 어렵다.

윈-윈에도 순서가 있다는 생각은 아주 오래전 롯데 일번가를 계획할 때 신격호 회장에게 배운 철학이다.

롯데 일번가는 지금의 롯데백화점 주차장 쪽인데 1층과 지하 1층,

2개 층을 순수 임대매장으로 운영할 계획으로 만들었다. 롯데 일번가는 롯데가 모든 투자를 하고 다양한 상점을 입점시키겠다는 생각이었다. 백화점과는 달리 그곳에 어떤 상점을 유치할 것인가도 관건이었다. 어떤 상품군, 어떤 가게를 열게 해서 상품 구색을 맞출 것인지도 고민이었다. 롯데 일번가가 완성될 무렵 신격호 회장은 입점할 상점들에 대한 임대보증금과 임대료를 책정하는 안을 만들라고 지시했다. 우리는 명동 상권은 물론이고, 서울에서 유명한 상점들과 다양한 상점 입지를 조사한 후 투자비 등을 감안해서 보고서를 작성했다.

그런데 신 회장의 반응이 의외였다.

"그래? 그런데 이 보증금으로, 여기에 들어오는 상점들이 이 임대료를 내고도 매출을 올리면서, 먹고사는 게 가능할까?" 하고 물었다. 보고서를 만든 담당 직원들은 주로 롯데백화점의 입장에서 언제 투자 자금을 회수할지에 관심을 가졌고, 따라서 그에 대한 조사는 열심히 했지만 입주한 상점들이 매출을 얼마나 올릴지는 미처 생각하지 못했다. 신 회장은 다시 한 번 담당 직원들에게 "일번가가 잘되려면 어떻게 해야 할까?"라는 질문을 던졌다. 일번가가 잘되려면 그곳에 입점한 상점들이 장사가 잘되어야 한다. 장사가 잘되려면 일번가 자체가 많은 사람들로 붐벼야 한다. 손님이 많아 이익이 날 것이라는 확신이 있어야 장사를 하려고 할 것이다. 그게 장사하는 사람의 기본적인 생각이다. 즉 모든 관리비와 임대료를 내고도 이익을 낼 수 있다는 희망이 있어야 롯데 일번가는 매력적인 상권이 될 것이다. 그리고 이익이 나야 매출을 더 올리기 위해 더욱 노력할 것이다. 1층과 지하 2층이 다르고, 입점하는 상점이 취급하는 상품에 따라서도 매출은 달라질 수 있다. 장사가 잘되면 더 좋은 상품을 구비할 것이고, 서비스도 더욱 좋아질 것이다.

그런데 담당 직원들은 롯데백화점이 투자를 했으니 되도록 빠른 시일 내에 투자금을 회수하는 게 중요하다는 생각만 했던 것이다. 게다가 처음 만들어지는 상권이니 어느 정도 사람들이 몰리고, 얼마나 매출을 올릴지 짐작하기 쉽지 않았고, 다른 곳에 상점을 가지고 있는 경우에도 당시에는 매출이 공개되지 않는 분위기였기에 얼마의 매출로 얼마나 이익을 낼 수 있을지 조사하기도 쉽지 않았다.

장사가 잘되는데 열심히 하지 않을 주인은 없을 것이다. 신 회장은 어떤 품목을 취급하는 상점이든 롯데 일번가에서 하면 장사가 잘되고 매출이 오르고 이익이 점점 늘어나는 경험을 해야 더 좋은 상품, 더 좋은 서비스가 이루어질 것이라고 생각했던 것이다. 입점 상인들이 더 많은 매출을 올리고 이익을 많이 내야 롯데 일번가에 대한 관심이 높아질 것이고, 그러면 롯데 일번가를 찾는 고객도 늘어나고 롯데 일번가에 상점을 열고 싶어하는 상인도 늘어날 것이라는 이야기였다.

담당 직원들은 롯데 일번가에서 나오는 임대 보증금과 임대료 수익만 본 것이지만 신 회장은 입점 상인들이 돈을 벌어야 롯데도 돈을 벌 수 있다는 생각이었다. 즉 먼저 상대의 이익을 생각해야 한다는 정신이다. 나는 '윈-윈에도 순서가 있다'라는 말을 매우 강조하는 편이다. 이는 신격호 회장에게서 배운 것으로 롯데리아를 경영하면서 완성한 하나의 확고한 경영 철학이 되었다. 큰 금액을 투자하면서도 긴 시간을 두고, 상대의 이익을 먼저 고려하는 정신은 그때나 지금이나 아무나 생각할 수 있는 것이 아니다. 그런 면에서 신 회장은 우리가 쉽게 흉내낼 수 없는 깊은 경영 철학을 한결같이 관철시켰던 기업인이다.

## 서로 인정하고 협력하는 게 상생

경영자가 일선 현장을 방문해서 현장의 목소리를 직접 듣고 경영에 반영하는 것 못지않게 중요한 것이 협력회사의 상황을 파악하는 일이다. 일일이 방문하지 못할 경우에는 협력회사의 최고책임자를 만나 요구사항이나 애로사항을 들을 필요가 있다. 협력회사가 안정적으로 좋은 제품을 만들고 공급해주는 것은 우리가 고객에게 좋은 제품을 소개하고 서비스하는 기본이 되고, 성장하고 좋은 실적을 낼 수 있는 것은 협력회사의 도움 없이는 불가능한 일이기 때문이다.

백화점에 입점해 있는 기업의 90퍼센트 정도는 중소기업이지만, 유통을 책임진 대기업이라고 해서 협력회사와의 관계를 쉽게 생각해서는 안 된다. 그래서 협력회사 방문이나 협력회사 대표이사 간담회는 협력회사와 함께 성장하고자 하는 의지를 가지고 실행해야 한다.

오랜 불황으로 중소기업을 경영하는 것이 쉽지 않은 현실을 감안하여, 협력회사 자금 지원 프로그램이나 '협력회사 상생자금', '상생협력 특별펀드'를 확대했던 것도 협력회사 없이는 우리도 없고, 협력회사가 든든하게 성장할 때 우리도 성장한다는 믿음이 있었기 때문이다.

기업은 살아 있는 유기체라고 할 수 있다. 인간이 혼자서 살아갈 수 없듯이 기업도 서로 인정하고 이해하고 협력하면서 공생을 도모해야 한다. 기업은 또한 성장하고 발전해야 하는 공동체다. 그래서 한 기업이 성장하기 위해서는 함께하는 모든 기업들이 서로 시너지를 내면서 상생할 길을 모색해야 한다.

> 기업은 살아 있는 유기체라고 할 수 있다. 인간이 혼자서 살아갈 수 없듯이 기업도 서로 인정하고 이해하고 협력하면서 공생을 도모해야 한다.

특히 기업 경영에서의 상생은 규모가 적고 자본이 적은 기업, 즉 중소기업이 탄탄해야 대기업이 더 큰 시장을 만들어 서로 이익을 내는 선순환을 만들 수 있다. 대기업의 이익이 우선시되면 중소기업은 손해를 보거나 울며 겨자 먹기로 대기업과 거래를 하는 상황이 생긴다. 실제로 우리 기업 환경에서 자주 거론되는 이야기다. 대기업이 중소기업의 입장과 상황을 배려하지 못하면 당장 중소기업을 위협하는 요소로 작용하지만 결국에는 대기업도 어려워질 수 있다.

가진 쪽이, 힘 있는 쪽이 먼저 나서서 양보해야 서로가 상생하고, 원-원할 수 있음을 다시 한 번 생각해야 하는 이유가 여기에 있다.

이제 우리 사회는 나만 잘살면 된다는 생각을 버리고 모두가 건강하고 행복하게 잘사는 나라를 추구하고 있다. 지도층의 노블레스 오블리주가 당연시되는 것 또한 그와 무관하지 않다. 마찬가지로 대기업은 중소기업이 더 발전할 수 있도록 지원하고, 중소기업은 전문성을 한층 더 업그레이드하기 위해 노력하는 상생의 문화가 절실히 요구된다. 아직 시작에 불과하고 이해관계가 얽혀 있어 어려운 점이 많다. 장애 요소가 분명 많다. 하지만 공생과 상생이라는 지향점이 있다면 대기업과 중소기업이 함께 발전하고 성장할 수 있는 때가 그리 머지않았다고 생각한다.

현실과는 거리가 먼, 이상에 가까운 이야기일 뿐이라고 생각하면 이룰 수 없다. 길이 없다면 길을 만들어온 게 인류의 역사이고, 기업의 역사다. 기업하기 어려운 시대에, 생존하기 어려운 시대에 서로 기대고 의지하고 양보하면서 상생할 수 있는 방법과 대안을 좀 더 적극적으로 고민해볼 일이다.

협력사는 동반자다. 그런데 같이 가는 한쪽이 불행하고 괴로운데 혼자만 즐겁고 행복해서야 되겠는가.


## 이익은 상대가
## 먼저 느끼도록

"사장님, 그건 무리입니다. 저희도 사업하는 사람들인데 그런 시스템을 도입하면 그야말로 우리 지갑도 투명지갑이 되는 거 아닙니까? 게다가 설치 비용도 만만치 않습니다. 다시 검토해주시지요."

　IMF 직후라 경기가 매우 안 좋은 때였다. 이전에도 롯데리아는 패스트푸드 업계 최초로 POS(Point Of Sales: 판매시점 정보관리)시스템을 도입하여 일일 매출 실적관리, 일일 재고현황(창고, 점포), 일일 배송 신청 및 직송품 관리, 회계관리, 급여관리 및 인사관리 등에 활용하고 있었다. 하지만 초기의 POS시스템은 초보적인 관리 수준에 머물러 있었다. 이를 최신 기종으로 전환하는 문제를 가맹점 사장들과 논의하는 중이었다.

　당시 롯데리아의 POS시스템은 반자동 전자 시스템이었고, 맥도날드는 그보다는 조금 앞선 롬(Rom) POS시스템을 사용하고 있었다. 일본 롯데리아는 이미 최신의 POS시스템을 도입해서 사용하고 있었는데, 이는 후지쓰에서 만든 것으로, 대당 설치비가 우리 돈으로 500만 원 가까이 들었다. 한 점포당 적어도 2~3대 이상은 설치해야 하니, 가맹점 사장들이 부담으로 느끼는 건 당연했다. 더구나 최신 POS시스템은 매출관리가 완벽하게 PC상에서 구현되기 때문에 단 한 푼의 세금도 누락할 수 없을 정도로 투명하게 노출되었다. 당시만 해도 개인사업자들은 인정과세 제도에 익숙해 있던 관계로 매출이 완전히 노출되는 시스템의 도입을 꺼릴 수밖에 없었다.

　우리는 설명회를 열어 가맹점 사장들에게 최신의 POS시스템 도입의 당위성에 대해 소개했다. 무엇보다 최신 POS시스템은 몇 가지 중요한 장점이 있었다.

첫째, 판매시점에서 어떤 메뉴가 잘 나가는지를 바로 파악할 수 있다는 점이다. 그러면 재고관리가 수월해져 원재료 수급 조절도 원활하게 할 수 있다.

둘째, 데이터베이스가 저절로 구축되는 시스템이기 때문에 이를 기초로 한 마케팅이 가능해진다. 어느 시간대에, 어떤 메뉴가 인기 있는지, 연인이나 친구끼리 방문하는 경우와 가족이 함께 오는 경우 어떤 메뉴를 선호하는지 파악할 수 있고, 이를 활용해 고객 특성별 마케팅을 강화할 수 있게 된다.

셋째, 단골고객을 관리하기가 쉬워진다. 당시만 해도 신용카드를 많이 사용하는 편은 아니었지만 신용카드 사용이 더욱 확대될 경우 고객 정보를 파악함으로써 고정 고객만을 위한 다이렉트 마케팅을 전개하는 데 용이해진다. 다이렉트 마케팅, 즉 DM은 매우 효과가 큰 판촉 활동이라고 할 수 있다. 예를 들면 백화점 전단지를 받고 고객이 매장을 방문할 확률은 일반적으로 3퍼센트 내외라고 한다. 반면 DM의 경우에는 약 20퍼센트가 매장을 방문한다고 한다. 고객의 소비 성향을 분석하여 보낸 것이기 때문에 매장 방문율이 높은 것이다.

무엇보다 최신 시스템 도입이 매출 향상과 바로 직결된다는 점을 가맹점 사장들이 인식할 필요가 있었다. 당시에 롯데리아는 IMF라는 어려운 환경에서도 공격적인 마케팅과 판촉 활동을 했고, 경쟁사와는 차별화된 광고 전략으로 이미 프랜차이즈 업계에서 주목을 받고 있었다. 가맹점 사장들은 롯데리아가 매출 향상을 위해서 어떤 일을 해줄지 예상하고 있었다. 그럼에도 불구하고 가맹점 사장들은 설치비에 대한 부담 때문에 새로운 시스템의 도입을 망설였다. 그래서 우리는 제작사인 일본 후지쯔와 직접 연락을 취해 설치비를 파격적으로 낮추는 데 성공했다. 더불어 설치비를 2년 거치 무이자로 롯데리아에서 부담한 후 3년이 지나면 원부자재 공급가를 결제할 때 차감하는 방식을 제안했다.

이 모든 과정에서 우리는 가맹점 사장들과 마주 앉아 롯데리아 본사와 가맹점은 동반자다, 그러니 함께 성장해가자고 설득했다. 이제 세상이 빠르게 변하고 있어 일부 인정과세 영업에서 거래자료가 투명하게 공개될 수밖에 없는 상황이 될 것이며, 투명하게 사업하는 게 더 유리할 것이라고 강조했다. 투명한 경영을 할수록 매출이 올라가고 관리가 더 좋아질 것이라는 확신도 심어주었다. 결국 가맹점 사장들은 동의했고, 시스템 전환이 빠른 속도로 진행되었다. 1년 만에 직영점은 물론이고 전국의 전 가맹점에 새로운 시스템이 설치되었다. 경쟁사인 맥도날드는 물론이고 프랜차이즈 업계 전체가 깜짝 놀란 일이었다.

여기서 중요한 것이 상대가 먼저 이익이 날 수 있도록 지원한다는 전략이다. 이때 처음으로 윈-윈이라는 말에서 앞의 윈은 가맹점이 되어야 하고, 뒤의 윈은 롯데리아가 된다는 사실을 강조했다. 우리가 먼저 이익을 얻고 그 뒤에 상대도 이익을 얻는다는 논리로는 상대를 설득할 수 없다고 판단한 것이다. 특히 모든 식재료와 마케팅, 판촉 활동, 관리 등을 책임진 본사가 가맹점들에게 먼저 이익을 돌려주고 그 결과 본사도 이익을 내는 방식으로 전환하자 가맹점 사장들은 본사의 방침과 지침을 적극적으로 따르기 시작했다.

특히 프랜차이즈 업계에서는 프랜차이저(본사)가 잘못하면 프랜차이지(가맹점)와 갈등을 겪을 수 있다. 누가 더 많이 가져가느냐를 두고 다투게 되고, 적게 가져간다고 생각하는 쪽은 불만이 쌓일 수밖에 없다. 본사는 가맹점을 통해 투자하고, 가맹점은 본사의 브랜드로 장사를 하고 수익을 낸다. 이때 가맹점이 먼저 이익이 나도록 지원하고 관리해야 본사의 지침이 가맹점에 통한다. 윈-윈이라는 말은 상생의 의미를 담고 있지만, 갑과 을의 관계에서는 갑이 먼저 양보해야 상생이 가능하다는 말이다. "윈-윈에도 순서가 있다"라고 강조하는 것은 바로 이 때문이다.

> 윈-윈이라는 말은 상생의 의미를 담고 있지만, 갑과 을의 관계에서는 갑이 먼저 양보해야 상생이 가능하다.

롯데리아가 가맹점에 양보를 하고 지원하는 일을 계속하자, 가맹점들은 본사가 계획하고 추진하는 일에 적극적으로 동참했고, 판촉과 마케팅을 위한 아이디어도 활발하게 제안하게 되었다. 이는 모두 가맹점의 매출 상승에 사장들이 고무되고, 사업을 하는 재미를 느꼈기 때문에 가능한 일이다. 가맹점들이 매출을 많이 올렸다면 원부자재를 가맹점에 공급하는 본사는 어떠했겠는가.

동반성장이라는 말은 모든 면에서 힘의 우위에 있는 기업이 그렇지 않은 기업의 소리에 귀를 기울이고 그들이 먼저 이익을 낼 수 있도록 한다는 의미다. 그렇지 않고 힘 있는 쪽이 먼저 이익을 가져가겠다고 하면 갈등이 깊어지고 거래나 공동 사업을 지속할 수 없게 된다.

모든 기업은 고객 앞에서 동등한 입장이 된다. 한 기업이 모든 분야에서 활동할 수는 없다. 힘이 있고, 자본이 있다고 해서 모든 시장을 가질 수도 없다. 위에서 아래로, 힘 있는 쪽에서 힘이 적은 쪽으로 먼저 양보하고 상대에게 이익을 안겨줄 때 이익은 선순환하면서 모두가 윈-윈할 수 있게 된다.

# 먼저 다가가고
# 공감한다

"앞으로 우리가 함께 가야 할 곳이 어디인지, 어떻게 갈 것인지, 각자 어떻게 해야 합리적이고 효율적으로 우리가 함께 탄 배가 목적지에 무사히 도착할 수 있는지를 알려주어야 한다."

## 배려와 기다림도
## 견딜 수 있을 때까지

"더 이상은 안 된다. 더 물러설 수는 없다."

머리가 아팠다. 마음을 열고 먼저 다가가려고 많은 시간을 들이고 최선을 다했는데, 상대는 내가 더 이상 물러설 곳이 없게 압박해왔다. "양보는 여기까지다." 나는 굳은 결심을 하고 강하게 밀어붙이기 시작했다. "노조 핵심 멤버 23명은 고용 승계를 하지 않겠습니다."

그동안 양보를 거듭한 후에 내린 결정이었다.

2010년 봄, 롯데백화점은 지속성장 가능성에 어려움을 겪고 있던 GS스퀘어를 인수합병했다. 당시 GS스퀘어가 가지고 있던 3개의 점포는 롯데백화점이 진출하지 못한 곳에 매장을 가지고 있었기에 인수합병을 할 만한 가치가 있었다. 그러나 인수합병 소식이 언론을 통해 알려지면서 문제가 생기기 시작했다. 우리는 처음부터 GS백화점에서 일하고 있던 직원 전원에 대한 자동 고용 승계를 받아들였기에 큰 문제가 일어나리라고는 예상하지 못했다. 하지만 GS스퀘어는 직원들의 반발을 예상했던 것일까? 그들은 우리에게 경영권을 넘기기 바로 직전에 많은 간부 직원들을 승진시켰다. 게다가 고용 승계에 대한 확신 없이 불안해하던 직원들은 노조를 결성했다.

기본적으로 나는 노동조합이나 근로자 단체에 대해 거부감을 가지고 있지 않다. 근로자의 권리와 이익을 제대로 챙겨주지 못하는 국내 기업들의 현실을 볼 때 직원 단체가 적극적으로 자신들의 권익을 주장할 수 있는 통로는 있어야 한다고 본다. 더구나 근무하던 회사가 갑자기 다른 회사로 경영권이 넘어가는 상황이라면 직원들의 불안이 컸을 것이다. 하지만 그들의 첫 번째 선택이 노조 결성이었다는 사실에 조금 당황했다. 게다가 자발적이고 자생적인 직원 단체가 아닌 외부 강경 단체의 지원을 받는 노동조합이었고, 롯데백화점의 방침이나 설명은 들으려 하지 않고 처음부터 많은 요구를 하며 갈등을 불러일으킬 줄은 예상하지 못했다.

롯데백화점이 바로 경영에 직접 관여하기 힘든 상황이 계속되었다. 당장 점포별 리모델링도 해야 하고, 직원 재교육도 해야 했지만 실질적으로는 아무것도 할 수 없는 상황이 되었다. 결국 롯데스퀘어주식회사라는 별도의 법인을 만들어 위탁 경영 시스템으로 전환하고, 직접 경영에 대한 욕심을 버리고 지켜보기로 했다. 하지만 겉모습만 롯데백화점으로 바뀌었을 뿐 3개의 점포는 상품 구색이나 서비스 면에서 고객들의 요구를 만족시켜주지 못했다. 당연히 고객들은 인근의 다른 백화점으로 발길을 돌리기 시작했다. 답답했다. 회사가 자신들을 버렸다는 상처와 흡수된 회사의 직원이라는 패배감이 그들 사이에 팽배했다. 변화를 수용하려는 의지도 없었고, 롯데백화점이 아무리 고용 승계를 약속해도 믿지 않고 저항을 거듭했다.

후회가 밀려왔다. 엄청난 재정 부담을 안고 인수한 회사에서 또 다시 견디기 힘들 정도의 정신적 고통까지 겪다 보니 나뿐만 아니라 인수 이후의 실무를 처리하는 직원들도 힘들어했다. 그러나 일단 참기로 했다. 그리고 시간적인 여유를 가지고 현장 경영을 통해 가까이 다가가려는 노력을 게을리 하지 않았다. 진정성을 가지고 비전을 설명하고 신뢰를 쌓아가고 그들의 이야기를 귀 기울여 들으면서 우리의 마음을 알아줄 때까지 그들에게 다가갔다. 직접 점포를 방문해 점 간부들과 간담회도 자주 가졌다. 만나고 대화하고, 또 만나고 대화하고, 요구 사항을 들어주고, 또 만나고 대화하기를 반복했다. 시간이 흐르면서 아주 조금씩 우리의 생각과 입장 그리고 진정성을 이해해주는 직원들이 늘어나기 시작했다. 인수합병을 하기 이전의 점장들에게는 인수 후에도 신뢰를 갖고 계속해서 점장으로서의 역할과 업무를 맡겼다. 가장 먼저 교체될 줄 알았던 점장들이 그대로 고용 승계가 되자 다른 직원들도 안심하기 시작했고, 자신의 업무로 돌아가기 시작했다.

그럼에도 일부 노조 간부 직원들은 우리를 적으로 생각했는지 도무지 감당할 수 없는 사항까지 요구하면서 강경한 태도를 보였다. 다른 임직원들의 반대를 무릅쓰고 기다리고 또 기다리면서 대화를 시도했던 나도 인내의 한계에 부딪혔다. 결국 나는 노조 핵심 간부 23명은 고용 승계에서 제외하겠다고 선언했다. 어떤 비난이라도 받을 각오를 했다. 물론 그동안 기울인 노력을 생각하면 변명도 하고 싶었지만 경영자로서 올바른 자세가 아니었다. 지금이야말로 강한 모습을 보여줘야 할 때라고 생각했다.

며칠 후 책상 위에 23통의 편지가 놓여 있었다. 나는 바로 직감했다. 고용 승계를 거부당한 직원들의 편지라는 것을 말이다. 그동안 대화로만 설득하던 내가 대화 방침을 포기하고 강하게 나오자, 그들이 태도를 바꾸기 시작한 것이다. 여기까지 오고 싶지 않았던 내 마음을 그제야 이해해준 것 같기도 해서 안타까운 심정으로 편지를 한 장 한 장 읽기 시작했다. 먼저 이름을 보고 그 사람의 얼굴을 떠올렸다. 몇 개월 동안 수도 없이 만났으니 얼굴을 모두 기억하고 있었다.

"오랜 배려와 기다림으로 저희에게 진정한 소통과 화합을 깨닫게 해주신 대표이사님, 그리고 임직원분들께 진심으로 감사드립니다"라는 문장으로 시작해서 대부분 갑작스러운 M&A로 인한 오해와 불신으로 그동안 잘못된 행동을 보인 것을 반성하는 내용이었다. 급작스럽게 만들었던 노동조합을 자진 해산하겠다는 약속도 들어 있었다. 그리고 앞으로는 업무에 최선을 다하겠다는 각오를 밝히고 있었다. 그들은 한 집안의 가장이거나 가족의 생계를 책임지는 사람들이었다. 한 장 한 장 정성스럽게 써 내려간 편지에는 자신이 처음 백화점에서 일하게 된 날의 기쁨과 백화점에서 일하는 행복을 다시 한 번 느끼고 싶다는 간절한 마음이 들어 있었다.

마음이 아팠다. 이들 모두가 누군가의 아버지이고, 어머니이고, 소중한 딸이고, 자랑스러운 아들일 터였다. 오랜 시간 동안 나를 고통스럽게 만들었고, 우리 직원들을 난처하게 만들었지만 이들도 우리가 품어야 할 가족이었다. 결국 내가 했던 결정을 번복하고 이들 모두를 받아들이기로 했다. 그 후 이들은 서비스 교육에도 성실하게 참여했고, 지금은 누구보다 밝은 얼굴로 백화점 현장에서 고객 서비스에 최선을 다하고 있다. 가끔 해당 점에 들러 그들과 마주칠 때면 지난 일들이 떠올라 감회가 새롭다.

> 이해관계가 복잡하고 첨예하게 대립할수록 내 입장을 잠시 내려놓고 상대의 입장을 바라보는 시간을 가질 필요가 있다.

이 일을 겪으면서 서로를 이해하고 배려하는 게 얼마나 소중한지를 배웠다. 내 입장에서만 생각하고 상대를 바라보면, 상대의 모든 말과 행동이 불합리해 보이고 소통이 안 되면서 두껍고 높은 벽이 생긴다. 그 벽을 허물기 위해서는 먼저 내 앞에 있는 벽부터 허물어 상대가 다가올 수 있도록 해야 한다. 이해관계가 복잡하고 첨예하게 대립할수록 내 입장을 잠시 내려놓고 상대의 입장을 바라보는 시간을 가질 필요가 있다.


## 원칙이 없으면 목적을 잃어버린다

사랑하는 남녀가 결혼을 앞두게 되면 서로 상대의 집안을 보게 된다. 하지만 드라마뿐만 아니라 현실에서도 집안의 경제적 상황이나 문화적 차이가 크면 결혼하기까지 수많은 난관을 겪어야 한다.

　기업도 결혼을 하는 경우가 있다. 기업 간의 M&A가 바로 그것이다. 결혼은 남녀의 사랑에서 시작되지만, 기업 간의 M&A는 사랑에서 출발하지 않는다. 여기서 M은 Mergers(기업합병)이고, A는 Acquisition(기업매수)이다. 두 가지 모두 법률적인 처리 방식은 유사하다. 한 회사가 다른 회사의 주식을 취득하면서 이루어진다. 때로는 두 회사가 새로운 회사를 설립한 후, 새 회사가 두 회사의 주식을 취득하기도 한다. 기업합병과 기업매수는 함께 쓰이기 때문에 같은 말이라고 생각할 수도 있지만, 내용상으로는 크게 다르다. 기업합병은 매수한 회사를 해체하여 자사 조직의 일부분으로 흡수하는 형태이고, 기업매수는 매수한 회사를 해체하지 않고 자회사나 별도의 회사, 또는 관련 회사로 두면서 관리하는 형태를 말한다.

　두 가지 경우 모두 경영 환경의 변화에 대응하면서 기업의 생존 방법을 모색하는 과정에서 일어난다. 하지만 단기간에 자사의 주가를 올리려는 목적, 즉 투기를 목적으로 하는 단기수익 추구형과 경영 방식의 개선을 위한 경영 다각화형으로 나눌 수 있다.

미국에서 시작된 기업 M&A는 경영 환경의 급격한 변화에 따라 우리나라에서도 활발하게 이루어지고 있는데, 사회적 관심을 받는 일도 종종 생긴다. M&A로 급격한 주가 시세 차익을 노린 기업이 있어 사회적 지탄을 받는가 하면, 사업성이 우수하다는 이유로 많은 기업이 고가의 매수 경쟁에 나서면서 정작 매수한 기업은 인수합병으로 인해 위기를 겪기도 한다. 경쟁에서는 이겼지만 과도한 비용을 치름으로써 오히려 위험에 빠지게 되거나 커다란 후유증을 겪는 상황으로, '승자의 저주(Winner's Curse)' 또는 '승자의 재앙'이라는 혹독한 시련을 겪기도 한다.

그래서 기업의 M&A가 성공하기 위해서는 기본적인 원칙이 있어야 한다. 롯데그룹도 여러 분야의 다양한 기업들을 인수합병한 경험이 있다. 그때마다 명확한 원칙을 세우고 그 원칙에 맞는지를 철저히 검증한 후 인수합병을 준비하곤 했다. 이는 사업 확장에 대한 욕심만 가지고 M&A를 해서는 안 되며, 인수 후에 벌어질 수 있는 상황에도 대비해야 함을 의미한다.

첫째, 잘 아는 분야여야 한다. 경영자는 물론이고 주주나 사원들도 납득할 수 있는 분야일 때 새로운 회사에 대한 대처가 가능해진다. 사내에 전문가가 전혀 없거나 정확한 정보가 공개되지 않는 기업에 대해서는 함부로 나서지 않는 것을 원칙으로 삼았다. 그렇지 않으면 막상 인수합병이 원활하게 성사되었다 하더라도 새로운 기업을 경영해 나가는 데 어려움을 겪을 수 있기 때문이다.

둘째, 자사가 감당할 수 있는지, 즉 새로운 기업을 경영할 능력이 충분한지도 점검해봐야 한다. 특히 그동안 해왔던 사업 분야가 아닐 경우에는 훨씬 더 많은 힘이 들어간다. 현재의 시장 환경을 잘 파악할 수 있는지, 경쟁에서 이길 가능성이 있는지를 검토하고 또 검토해야 갑자기 발생할 수 있는 어려움도 극복할 수 있다.

셋째, 준비된 자금으로 해야 한다. 단기수익을 기대하고 인수합병할 경우 단기간에 원하는 수익이 발생하지 않으면 인수한 측은 상당한 피해를 감수하고 새로운 기업에서 손을 떼야 하는 경우도 있다. 또한 장기적으로 경영의 다각화를 위해 인수합병을 시도했어도 거액의 차입금을 가지고 시작하면 경영 다각화는커녕 기존 사업까지 어려워지는 승자의 저주에 빠질 가능성이 높기 때문이다. 그래서 지금의 기업을 경영하는 데 절대 무리가 되지 않는 자금으로 인수합병을 고려해야 한다.

넷째, 기존의 사업 영역과 시너지 효과를 낼 수 있는지도 면밀히 검토해야 한다. 서로 독립된 별도의 회사를 각기 다른 에너지로 경영하려면 경영자와 구성원 모두 힘이 들고, 기존의 사업 영역에 쏟는 에너지마저 고갈될 수 있기 때문이다.

다섯째, 매수당한 회사의 인적자산에 대해서는 진정성을 가지고 접근하고 무엇보다 비전을 제시해야 한다.

이 다섯 가지가 몇 번의 기업 인수합병의 경험을 통해서 더욱더 절실하게 깨달은 원칙이다. 감당할 능력이 없다면 무리하게 M&A를 시도해서는 안 된다는 교훈이기도 하다. 달콤한 음식이 몸을 망칠 수도 있다. M&A를 통한 이익에만 몰두하다 보면 그로 인해 발생할 수 있는 문제를 보지 못하는 오류에 빠지기 쉽다. "급할수록 돌아가라"는 말은 그래서 더욱 의미 있게 들린다.

## 일하는 사람들의 불안도 이해해줘야 한다

인수합병이 성사되었을 때 가장 쟁점이 될 수 있는 부분이 기존 직원들의 문제다. GS스퀘어의 직원들이 그랬듯이 사람은 자신이 감당하기 어려운 불안과 위기감에 휩싸이면 일단 저항을 하는 경우가 많다. 그래서 기업합병을 하든, 기업매수를 하든 기존 직원들의 문제를 잘 해결하지 않으면 원만한 경영을 하기가 어려워진다. 당시 갈등이 표면화되면서 롯데스퀘어주식회사라는 이름으로 위탁경영을 시작했지만 이제는 모든 문제가 원만히 해결되어 롯데백화점으로 다시 합쳐지게 되었다. 멀리 돌아온 길이지만 그만큼 더 좋은 결과가 나타날 것이라 믿는다.

예를 들어 부모가 이혼을 하는 경우를 생각해보자. 아이들은 어떻게 할까? 예전에는 친권을 주장하는 아버지 측과 양육을 하고 싶다는 어머니 측이 팽팽하게 대립했고, 서로 양육하겠다고 법정 소송을 벌이는 일이 많았다. 그런데 요즘은 그렇지 않다고 한다. 양측 다 아이들을 양육하지 않겠다고 선언하는가 하면, 친권을 포기하는 아버지도 늘었다고 한다. 고아원이나 보육원에 있는 아이들의 절반 이상이 부모가 있다는 뉴스를 본 적이 있다. 부모가 이혼하면 자녀들은 설 자리가 없어지는 게 요즘의 현실이다.

그런데 기업은 어떨까? 자신이 일하는 회사가 다른 회사에 합병되거나 매수되면 직원들은 불안감을 감추지 못한다. 일부는 새로운 기업으로 따라가기도 하고, 일부는 일자리를 잃는 경우도 생긴다. 새롭게 기업을 부흥시키기 위한 불가피한 조치일 수 있다. 그래서 인수합병의 전제조건이 고용 보장인 경우가 많다. 자사로 흡수하든, 새로운 회사를 설립해서 경영하든 현재 일하고 있는 사람들의 일자리를 보장해주는 일은 인수합병에 따르는 가장 큰 관심사항의 하나라고 할 수 있다. 물론 고용 보장을 전제조건으로 인수합병을 한 후 고용 재계약 시에 구조조정을 하는 사례도 있다. 때로는 인수합병을 당하는 측에서 직원들이 갑자기 노조 등의 단체를 만들어 강하게 반발하는 경우도 생긴다. 민감하게 반응하고 대립하게 되면 서로에게 이익이 되지 못한다. 가능한 한 그들의 입장에서 공감하고 다가가면서 소통하고자 노력해야 한다. 일하는 사람들에게는 생존의 문제가 걸린 민감한 사안이기 때문에 불안해하는 것이 당연하다. 그들을 안심시키려는 노력과 자세가 먼저지만 대부분의 기업이 그렇게 하지 못한다. 조직의 이익이 우선이기 때문이다. 하지만 더 큰 이익을 위해서는 그들의 불안까지 헤아리고 끌어안을 수 있어야 한다.


## 권익 때문에 기회를 포기해서는 안 된다

2002년 롯데쇼핑은 미도파백화점을 인수했다. 지금은 롯데백화점 노원점으로 불리면서 롯데미도파주식회사로 별도 관리되고 있다. 경영과 관리 책임은 롯데백화점의 대표이사가 맡고 있다. 미도파백화점을 인수할 당시에도 기존 직원들의 불안감이 극에 달했고, 그들 역시 강경 노조를 설립했다.

백화점에는 순환근무제라는 것이 있다. 한 사람이 한 지점에만 근무하는 것이 아니라 다른 지점에서 근무하기도 하고, 여성복 매장에서 근무하다가 아동복 매장으로 이동하기도 하고, 주방용품 매장에서 스포츠용품 매장으로 이동하기도 한다. 또한 다양한 경험을 쌓은 후 승진을 하고, 때로는 직급전환 교육을 통해 관리자의 위치에 오르기도 한다. 예를 들면 고졸 사원으로 입사해 판매전문직에서 경력을 쌓다가 직급전환 교육을 받고 롯데 영플라자의 점장이 된 사례도 있다. 이런 경우는 학력의 한계는 물론이고, 직급의 한계를 뛰어넘는 개인의 열정과 노력이 있었기에 가능한 일이다. 앞으로도 이런 직원들이 속속 나올 것으로 기대하고 있다.

롯데백화점 노원점의 경우에는 과거 미도파 시절의 직원들이 그대로 롯데미도파 노조를 유지하면서 순환근무제를 거부했다. 다른 지점으로 발령이 날 경우 불이익을 당할지도 모른다는 불안감이 컸기 때문이다. 힘이 없다고 생각하는 입장에서는 힘 있는 사람이 힘을 쓰지 않아도 그 힘을 두려워하는 경향이 있다. 회사를 인수한 롯데백화점은 그들에게 절대 강자로 비쳤을 것이고, 롯데백화점은 의도하지 않았지만 생각해보면 지레 불안해했을 직원들의 마음도 이해가 된다. 갈등을 원하지 않았던 회사는 그들의 요구를 들어주었다. 그런데 노조원들이 노조의 보호를 받기 위해서는 관리직이 되거나 간부사원이 되어서는 안 된다. 관리직이나 간부 사원이 되는 동시에 노조원의 자격을 잃게 되기 때문이다. 그러다 보니 기존 노조의 보호를 받던 직원들은 대부분 평사원으로 남아 있었고, 다른 지점에서 근무하거나 다른 부문에서 일해본 경험 없이 나이만 먹는 상황이 계속되고 있었다. 승진할 기회도 다른 업무를 배워볼 기회도 스스로 잃고 있었다. 승진에 대한 열정도 노력도 없이 발전 없는 직장생활을 계속하고 있었다.

이를 안타깝게 생각한 롯데백화점 노동조합의 적극적인 설득 작업이 시작되었다. 그동안 그들 스스로 거부했던 승진과 직급전환 교육 등의 기회를 평등하게 제공하는 것을 전제로 기존의 노동조합을 해체하고 롯데백화점 노동조합으로 들어올 것을 권했다. 그 과정에서 여러 가지 오해와 갈등이 있었다. 회사에 대한 원망과 비난의 강도도 커졌고 직원들 간의 갈등 또한 심각했다. 결국 평사원으로 한곳에만 머물며 회사를 다니고 있던 대다수 조합원들의 변화하려는 의지가 반영되면서 노원점의 직원들도 롯데백화점의 직원들과 동등한 기회와 대우를 누릴 수 있게 되었다. 일하는 사람들의 권리와 이익은 당연히 존중받아야 한다. 하지만 권익 보호가 공평하게 주어진 기회를 포기하게 만들어서는 안 될 것이다. 주어진 기회를 잘 활용하여 능력을 향상시키고 한층 더 능력을 발휘하는 개인으로 성장하는 것 또한 일하는 사람의 권익이라고 생각한다.

## 비전으로 설득하는 것이 가장 중요한 동기부여

진정성은 소통의 무기지만 이런 경우에는 쉽지 않다. 시간이 걸릴 수도 있다는 점을 염두에 두고 합리적으로 설득하고 대화하는 노력이 필요하다. 절대로 소탐대실해서는 안 된다.

한편 고용 보장을 해주고, 별다른 구조조정을 하지 않음에도 불구하고 직원들 스스로 위축되는 사례도 많다. 재혼한 아버지를 따라 갈

이 살게 된 아이가 새어머니 눈치를 보듯 인수합병으로 새롭게 직원이 된 사람들은 괜한 피해의식에 사로잡혀 이전과 같은 성과를 내지 못하거나 성실하게 근무하지 않는 경우도 생긴다.

이럴 때 경영자가 나서야 한다. 공평하게 직원을 대하고, 치우침 없이 과제를 부여하고, 훌륭한 성과에는 아낌없는 칭찬과 보상을, 실수에는 기꺼이 책임을 질 수 있도록 배려해야 한다. 옛이야기 속의 계모처럼 기존의 직원과 새로운 직원을 차별해서는 조직의 통합을 이룰 수 없으며, M&A로 얻고자 하는 성과와 성장을 이룰 수 없음을 명심해야 한다.

> 경영자는 공평하게 직원을 대하고, 치우침 없이 과제를 부여하고, 훌륭한 성과에는 아낌없는 칭찬과 보상을, 실수에는 기꺼이 책임을 질 수 있도록 배려해야 한다.

아무리 고용 보장을 하고, 경영자가 나서서 배려를 하다고 하더라도 새로운 직원들이 인수 회사의 구성원과 같은 생각과 자세, 행동을 하기까지는 시간이 걸린다. 경영자는 그들의 변화를 기다릴 줄 알아야 한다. 인수합병으로 회사의 규모가 확대되고 사업이 다각화, 다양화되었다고 하더라도 성과가 나기까지는 시간이 필요하다.

그래서 또 한 가지, 고용 보장과 더불어 경영자가 반드시 해야 할 일이 있다. 합리적이고 설득력 있는 비전을 제시하는 것이다. 즉 장기적인 비전을 제시하고 그 비전에 공감하게 하는 것이다. 허공에 소리 높여 외치기만 하는 메아리가 되어서는 안 된다. 그들은 이미 경험했다. 비전 없이 단기적인 성과에만 치우치면 자신이 일하는 회사가 어떻게 되는지를 불안하게 지켜봤고, 뼈저리게 느꼈다. 그들은 어느 날 갑자기 선장을 잃은 선원의 마음과 같을 수 있다. 그들에게 앞으로 우리가 함께 가야 할 곳이 어디인지, 어떻게 갈 것인지, 각자 어떻게 해야 합리적이고 효율적으로 우리가 탄 배가 목적지에 무사히 도착할 수 있는지를 알려주어야 한다. 같은 배를 타고 같은 목적지를 향해 가는 공동체라는 사실을 절실하게 느낄 수 있도록 경영자가 교육으로 , 행동으로 보여주어야 한다.

이타미 히로유키가 쓴 책 《경영자가 된다는 것》에 "평범한 경영자는 지시한다. 좋은 경영자는 설명한다. 뛰어난 경영자는 모범이 된다. 위대한 경영자는 직원들의 마음에 불을 붙인다"는 말이 나온다. 경영자는 많은 사람들을 이끌어야 하는 위치에 있다. 지시하는 것은 쉽지만 설명하고 설득하는 일은 어렵다. 그리고 모든 일에 솔선수범하는 자세로 임하는 것은 더욱 어렵다. 가장 어려운 것은 사람들 스스로 생각하고 움직이게 하는 일일 것이다. 하지만 실행하기 어려운 일도 아니다. 경영자가 하고자 하면 얼마든지 실천할 수 있다.

외부의 동기부여 조건을 경영자가 준비했다면 그다음은 직원들 스스로 동기부여가 될 수 있도록 자극을 주면 된다. 다양한 성과 보상제도, 복지제도 등은 눈으로 확인 가능한 자극이다. 그 이상의 자극은 무엇일까? 이 회사에서, 이 조직에서, 이런 비전을 가지고, 이런 사람들과 함께 일할 수 있다는 기쁨과 행복이 아닐까? 나만의 생각이 아니라 일하는 모든 사람들의 마음이라고 확신한다.

# 상즉인 인즉상

"처음부터 모든 요소를 갖춘 사람은 없다. 함께 일하면서 배우고, 실수하면서 배우고, 때로는 큰 실패를 통해 배운다."

## 자신감과 열정을 믿어라

최인호의 소설 《상도》는 가포(稼圃) 임상옥의 이야기를 담고 있다.

임상옥은 '상즉인 인즉상(商卽人 人卽商)', 즉 '장사는 이윤을 남기는 것이 아니라 사람을 남기는 것'이라는 유명한 말을 남겼는데, 이 말을 경영의 의미에서 해석하면 "경영이란 이익을 남기기보다 사람을 남기기 위한 것이고, 사람이야말로 경영으로 얻을 수 있는 최대의 자산이다"라고 할 수 있을 것이다. 《상도》를 통해 알게 된 거상 임상옥의 철학은 내가 경영을 하는 동안 매우 중요한 지침으로 삼게 되었고, 그래서 많은 사람들에게 읽어보기를 권했다.

사람(직원, 경영자)이 하는 일이기에, 사람(고객, 협력사)을 대하는 일이기에, 사람(직원, 고객, 협력사)을 위한 일이기에 경영에는 언제나 사람의 문제가 가장 크게 다가온다.

조직이나 시스템이 잘 갖추어지지 않은 회사에서는 한 사람의 경영자, 한 사람의 직원 때문에 회사가 성장하기도 하고 한 번에 무너지기도 한다. 사람이 가장 큰 문제지만 그만큼 가장 소중하고 우선시되어야 한다.

인재가 넘쳐나는 시대다. 고학력자는 물론이고, 이른바 스펙이 좋은 인재들이 많다. 개성도 뚜렷하고 자신의 생각과 의견을 말하는 데도 주저함이 없는 젊은이들이 늘어나고 있다.

> 사람이 가장 큰 문제지만 그만큼 가장 소중하고 우선시 되어야 한다.

고졸 사원 입사 면접에 참관한 적이 있다. 틀에 박힌 질문을 던졌는데 예상외의 대답과 자신의 의견을 확실하게 말하는 지원자들도 있었고, 예상하지 못했던 질문일 텐데도 주저하지 않고 자신의 생각을 논리적으로 펼친 젊은이들도 있었다. 시대의 변화와 젊은이들의 사고 변화에 다소 놀랐다. 면접관의 입맛에 맞게 답을 할 수 있는 상황에서도 전혀 거리낌이 없었다. 예전의 기업문화에서는 받아들이기 힘들었을 것이다. 기업의 구성원으로 함께하기에는 너무 튈 수 있다는 우려 때문이었다. 하지만 오랫동안 경영 현장에서 수많은 직원들을 만나보면서 자신의 생각과 의견을 확실히 말할 수 있는 사람이 일도 잘한다는 믿음을 갖게 되었다.

상사가 얼마나 신뢰를 보내느냐에 따라 직원의 능력과 성과가 달라진다. 사람에 대한 믿음은 굳이 말로 하지 않아도 된다. 마음으로 전해지기 때문이다. 나에게 일을 시킨 사람이 나를 신뢰하고 있다고 생각하면 없는 능력까지도 발휘해 잘해내고 싶은 게 인지상정이다. 단순히 조직에 순응하고 상사가 시키는 대로 일하는 사람은 처음에는 조직에 도움이 될지 모르지만 결국 쉽게 업무에 싫증을 내고 발전도 없는 경우가 많았다. 자신감과 열정은 상대방에게 자신을 믿어달라는 의지의 표현이라고 생각한다. 그런 사람을 믿고 일을 시켜보면 반드시 보답이 돌아온다.

> 자신감과 열정은 상대방에게 자신을 믿어달라는 의지의 표현이다. 그런 사람을 믿고 일을 시켜보면 반드시 보답이 돌아온다.

## 지금의 무대에서 주인공이 돼라

회사에 새로 입사하는 사람은 회사의 기대를 온몸에 받는다. 새로운 지식과 새로운 사고를 가진 젊은이들이 회사에 많이 들어오면 처음에는 그렇지 않았지만 시간이 흐르면서 매뉴얼대로만 일을 하거나 매너리즘에 빠져 있는 선배 직원들에게 자극을 줄 수 있다. 또한 회사의 경쟁력을 키우는 데도 새로운 인재가 해주는 역할이 많다. 지금 현장에서 분주하게 일하고 있는 사람이라면 학교를 졸업하고 처음 입사했을 때의 그 빛나는 눈동자와 뜨거웠던 열정을 자주 떠올려봤으면 한다. 나이를 먹을수록, 사회생활을 오래 할수록, 조직 생활에 익숙해질수록 우리는 변화를 두려워하고, 있는 그대로 순응하며 살아가는 길을 선택한다. 하지만 지금의 나 자신이 있는 것은 배우고 경험하고 성공하고 실패하는 과정에서 수많은 시행착오를 겪었기 때문이다. '시행(施行)' 하면 '착오(錯誤)' 도 할 수 있다. 나이와 경력은 상관없다. 문제는 시간이 지날수록 '착오' 가 두려워 '시행' 하지 않으려는 것이다.

기업에서 일하는 인재는 자신의 능력과 재능을 최대한 발휘해서 기업에 이익이 되고 조직이 원활하게 움직일 수 있도록 하는 게 매우 중요하다. 자신의 능력과 재능만 믿고 다른 사람들과의 조화와 협력을 등한시하거나 자신에게 주어진 일만 잘하면 된다는 사고를 가져서는 안 된다. 진정한 인재는 연인을 사랑하듯 사랑을 베풀 줄도 알아야 한다. 사랑을 베풀 줄 안다는 것은 자신의 능력과 재능에 대한 보상으로 월급을 받는다는 일차적인 생각을 떠나 타인과 사회에 어떻게 베풀 것인가도 함께 생각하면서 일해야 한다는 의미다.

인재들이 많은 시대다. 빨리 눈에 띄고 빠른 성과를 내고 빠른 승진을 하는 경우도 많다. 하지만 그만큼 내려가는 길도 빨라진다. 순간적이고 폭발적인 빛은 눈을 부시게 하고 시선을 집중시킬 수는 있지만 밝음의 혜택을 넓게 오래 주지 못한다. 덜 강렬하지만 은은하게 주변을 밝게 하는 인재는 많은 사람에게 이익이 되는 일을 한다.

처음부터 모든 요소를 갖춘 사람은 없다. 함께 일하면서 배우고, 실수하면서 배우고, 때로는 실패를 통해 배우기도 한다. 혼자 열심히 한다고 해서 잘되는 게 아니다. 어떤 일이든 누군가와 함께해야 한다. 사장 혼자서 열정과 최선을 다해 경영한다고 해서 회사가 성장하는 게 아니다. 기업을 둘러싼, 기업이 움직이고 활동하는 데 필요한 모든 이해관계자들과 함께해야 한다. 이해관계자는 동료 직원, 주주, 고객, 협력회사 모두가 될 수도 있다. 때로는 정부를 비롯한 공공기관이 될 수도 있다. 기업을 둘러싼 이해관계자들과 부딪히지 않고 충돌하지 않으면서 직간접적인 이해관계를 돈독히 하려면 지혜가 필요하다. 지혜는 풍부한 지식의 바탕 위에서, 그리고 수많은 시행착오와 경험에서 만들어진다. 지식과 경험이 없는 지혜는 순간의 잔꾀로 취급받을 수 있다.

> 덜 강렬하지만 은은하게 주변을 밝게 하는 인재는 많은 사람에게 이익이 되는 일을 한다.

"구두장이 셋이 모이면 제갈량보다 낫다"는 속담이 있다. 여러 사람의 지혜가 뛰어난 한 사람의 지혜보다 낫다는 말이다. 한때 "한 명의 천재가 기업을 먹여 살린다"는 말이 유행했다. 그만큼 기업이 탁월한 인재를 간절히 원하고 있다는 의미다. 지금은 인재도 상향평준화되었다고 본다. 머리도 좋고, 학벌도 좋고, 스펙은 물론이고 품성도 좋은 인재들이 점점 많아지고 있다. 전문 지식과 폭넓은 교양을 갖춘 인재들이 기업의 현장에서 다양한 아이디어와 지혜로 승부를 걸고 있다.

경영자는 이런 지식과 지혜를 겸비한 인재들과 함께 기업을 경영하기 위해서도 더 폭넓은 지혜로 무장을 해야 한다. 경영자의 지혜는 훌륭한 인재를 보는 탁월한 안목과 이들을 적재적소에 배치해서 능력을 최대한 발휘할 수 있도록 시스템을 만들어주는 일, 또한 최종 결정에서 흔들림 없고 단호하며 신속한 결단을 내리는 형태로 나타난다. 높은 정상에서 느긋이 내려다보면서 곳곳의 상황과 문제를 합리적이고 효율적으로 진행할 수 있도록 앞길을 제시하는 통찰력도 보여주어야 한다. 남다른 지혜와 안목을 갖추는 것도 경영자의 과제라고 할 수 있다.

"일은 찾아서 하는 것이다. 자신이 만들어내는 것이다. 주어진 일만 하는 사람은 잡병이다."

일본의 무장 오다 노부나가의 말이다.

사람은 저마다 가진 능력이 있고, 그것을 발휘할 곳이 따로 있다. 아직 기회가 오지 않았다며 웅크려 있거나 자신은 운이 나쁘다는 핑계를 대고만 있으면 설 곳이 없어진다. 사람이 가진 한계는 주변의 사람이나 상황 때문이라기보다는 스스로 만든 한계인 경우가 많다. 의지만 있다면 극복할 수 있는 문제인데도 남 탓, 상황 탓을 하기 쉽다. 극복할 수 없는 한계라고 생각하는 순간 그것은 정말 불가능한 일이 되고 만다. 나를 위해 자리를 준비하고 기다리는 곳은 없고, 내 능력을 발휘할 기회를 주려고 기다려주는 사람도 없다.

한편 경영자는 직원들에게 정당하고 공평한 기회를 주는 일에도 힘을 쏟아야 한다. 저마다 가진 능력을 잘 발휘할 수 있는 분야가 반드시 있게 마련이다. 그런 기회조차 마련해주지 못하고 개인의 능력과 열정이 부족하다고 탓해서는 안 된다.

> 나를 위해 자리를 준비하고 기다리는 곳은 없고, 내 능력을 발휘할 기회를 주려고 기다려주는 사람도 없다.

## 긍정적인 사고로 최선을 다하라

원로 연극배우 박정자 씨의 인터뷰 기사를 읽은 적이 있다. "배우가 배역에 욕심을 부리지 않는 것은 직무유기다. 하지만 무대에 서지 않으면 배우가 아니다. 어떤 역할이든 일단 무대에서 연기할 수 있어야 배우다"라는 말이 기억에 남아 있다.

우리는 저마다 인생이라는 무대에서 주인공으로 살아가고 있다. 아무도 나를 위해 무대를 준비해두고 있지 않다. 내가 지금 서 있는 곳이 바로 내 삶의 무대이고, 이 무대에서 최선을 다해야 한다. 무대가 좁다고, 지금은 주인공이 아니니 주인공이 될 때까지 기다겠다고 해서는 안 된다. 조연의 역할도, 때로는 엑스트라의 역할도 할 수 있어야 진짜 주인공의 역할이 주어졌을 때 최고의 기량을 발휘할 수 있다.

다양성의 시대다. 모두가 스펙으로만 승부하려고 할 때 자신만의 독특한 무기로 승부해서 성공하는 사람들이 많아졌다. 그 무기도 다양하다. 기술인 경우도 있고, 프레젠테이션 능력인 경우도 있고, 뛰어난 소통 능력인 경우도 있다. 고학력만이 무기가 되었던 시대에서 개인의 다양성을 발휘할 수 있는 곳이 많아진 시대가 되었다.

나보다 더 잘난 사람, 나보다 더 조건이 좋은 사람, 부유한 가정에서 태어난 사람 등을 보면서 자신의 상황과 어려움을 핑계로 지금 있는 곳에서 최선을 다하지 않고 기회나 운만 기다리고 있어서는 안 된다. 좋은 기회나 운은 저절로 오는 게 아니다. "기회는 준비된 사람에게만 찾아온다"는 말도 있지 않은가.

어느 잡지에서 읽은 이야기다.

미국의 어느 철도 회사 사장이 철도 건설 현장을 순찰하고 있었다. 예전에 같이 일했던 동료가 다가와 사장에게 말을 걸었다.

"오랜만이네, 자네 사장이 되었더군. 축하하네."

"어 그래! 자네는 아직 여기서 일하고 있는가?"

그러자 예전의 동료가 말했다.

"그러고 보니 우리 함께 일할 때는 주급 50달러를 벌기 위해 일했었지?"

이 말을 들은 사장이 대답했다.

"자네는 그렇게 생각했나? 나는 그때나 지금이나 내가 일을 잘해서 기차가 안전하게 달리고, 그 덕분에 기차를 타는 수많은 승객들이 즐겁고 편안하게 여행하는 모습을 상상하면서 기쁜 마음으로 일했다네."

50달러를 벌기 위해 일하는 사람과 승객들이 즐겁고 편안한 여행을 할 수 있도록 하기 위해 일하는 사람의 미래는 다를 수밖에 없다. 빵을 얻기 위해 하는 일이라면 노동시간만 채우면 일정한 보수를 받을 수 있다. 다른 사람의 행복까지 생각하면서 일하는 것과는 결과가 다르다. 세상에 어느 누가 받으려고만 하는 사람에게 중요한 일을 맡기겠는가? 일한 만큼 받는 것으로 만족하는 사람은 영원히 그 자리에 머물 수밖에 없다.

　지금 내가 하는 일은 무엇인가? 어떤 생각으로, 어떤 자세로 일하고 있는가? 자긍심을 가지고 당당하게 열정을 다해 일하고 있다면, 그런 당신을 지켜보며 함께 일하고 싶어하는 사람이 반드시 있게 마련이다. 인재는 타고나는 것이 아니라 스스로 만들어가는 것이다.

# 멀리 가려면
# 함께 가야 한다

"함께 일하는 사람의 의견에 귀 기울이고, 조금 뒤처지는 사람의 손을 잡아주는 마음의 여유를 가진 사람이 많을 때 조직은 지속적으로 성장하고 발전한다."

## 함께 일하고 싶은
## 인재는 따로 있다

낙타는 3000근이나 되는
무거운 짐을 등에 질 수 있지만
개미는 겨우 부스러기 하나밖에 지지 못한다.
그래도 낙타나 개미 모두
전력을 기울인다는 점에서는 다를 바가 없다.
한편 코끼리는 엄청난 양의 물을 마시고
쥐는 고작해야 한 모금의 물밖에 마시지 못하지만
둘 다 배를 가득 채운다는 사실에는 다름이 없다.

사람을 쓸 때에도 이처럼 모두로부터
똑같은 성과를 기대해서는 안 된다.
각자가 저마다의 장점을 발휘할 수 있도록
그들을 이끌고 격려하는 것이 중요하다.

─뤼신우(1536~1619, 중국 명나라의 정치가 · 학자), 《세상을 보는 지혜》 중에서

　기업은 사람들이 모여 일하는 곳이다. 기업이라는 조직을 움직이려면 결국 사람을 움직여야 한다. 다른 사람들을 움직여서 기업이 이루고자 하는 목표를 달성하는 것이 경영자의 일이다.
　과거에는 인재의 우열을 가릴 때 학벌, 학력 등을 중시했다. 대부분 명문대 출신을 선호했고 실제로 그런 인재들이 기업과 사회에서 중추적인 역할을 맡았다. 이는 학력 경쟁 사회인 학교에서 이미 경쟁을 경험했고, 그 경쟁에서 성실함과 노력이 출신 학교와 성적으로 증명되었다고 판단했기 때문이다.
　하지만 사회가 빠르게 변하고 모든 분야에서 다양성이 확대되다 보니 학벌이나 학력만으로는 가늠할 수 없는 것이 많아졌다. 어려운 취업문을 통과하고도 자신과는 맞지 않는다며 몇 달 만에 회사를 그만두는 사람도 의외로 많다. 그런가 하면 학력이나 학벌은 대단하지 않지만 곳

> 기업이라는 조직을 움직이려면 결국 사람을 움직여야 한다. 다른 사람들을 움직여서 기업이 이루고자 하는 목표를 달성하는 것이 경영자의 일이다.

곳에서 놀라운 아이디어와 성과를 보여주는 사람도 많아졌다.

오랫동안 직장생활과 사회생활을 하다 보면 다양한 사람들을 만나게 된다. 그중에는 오랜 시간 지속적으로 교류를 하는 사람들도 있고, 한두 번 만남에 그치거나 그냥 인사만 하고 스쳐 지나가는 사람들도 있었다. 이렇게 사람들과의 관계 속에서 꾸준히 사회생활을 한 사람이라면 어느 정도 사람을 보는 눈이나 기준이 생긴다.

경영자도 경영자로서 사람을 보는 기준이 있다. 자라온 환경에 따라, 자신이 처한 상황에 따라, 만난 사람들의 유형에 따라 그 기준은 조금씩 다르지만 사회 통념을 크게 벗어나진 않는다. 다만 무엇을 가장 먼저 보느냐가 다를 뿐이다.

어떤 사람이 인재일까? 그보다는 함께 일하고 싶은 사람은 어떤 사람일까를 이야기하고 싶다.

첫째, 정직한 사람과 같이 일하고 싶다. 정직이란 무슨 일에든 거짓이 없음을 말한다. 정직함은 단 몇 분만 이야기를 나누어봐도 알 수 있다. 정직한 사람은 말솜씨가 세련되지 않아도 당당하게 상대를 보면서 이야기할 줄 안다. 물론 당당하게 상대의 눈을 보면서 이야기하는 사람 중에도 거짓을 감춘 사람이 있다. 하지만 정직함은 오랫동안 몸에 밴 자세이기 때문에 어떤 식으로든 드러난다.

둘째, 성실한 사람과 일하고 싶다. 자기소개서에 자신의 장점을 성실함이라고 쓰는 사람도 있다. 하지만 성실함이 말 한마디로 쉽게 표현되는 것은 아니라고 본다. 이력서와 자기소개서에 쓰여 있는 것이 아니라 그 사람의 행동과 가치관을 통해 자연스럽게 드러나는 것이 성실함이다. 그런 성실함은 그냥 열심히 일하는 것과는 다르다. 어떤 일을 맡든 최선을 다하고 열정을 다하는 사람들이 있다. 이들은 대부분 어릴 적부터 성실함이 몸에 밴 사람들이다. 관리자나 경영자에게는 성실한 사람들이 꾸준히 해내는 성과가 큰 힘이 된다. 그리고 이런 사람들이 관리자가 되면 부하직원들이 열정을 가지고 일할 수 있도록 뒷받침을 잘해준다.

> 정직함은 오랫동안 몸에 밴 자세이기 때문에 어떤 식으로든 드러난다.

셋째, 타인에 대한 배려를 항상 염두에 두는 사람과 일하고 싶다. 기업은 여러 사람이 함께 공동의 목표를 가지고 행동하는 조직이다. 너무 앞서가도 너무 뒤처져서도 안 된다. 군대처럼 발걸음을 획일적으로 맞추는 것이 좋다는 의미가 아니다. 적어도 앞과 뒤, 옆을 보면서 함께 일하는 사람의 의견에 귀 기울이고, 조금 뒤처지는 사람의 손을 잡아주는 마음의 여유를 가진 사람이 많을 때 조직은 지속적으로 성장하고 발전한다.

조선시대 임진왜란을 승리로 이끈 이순신 장군을 큰 인물로 알아보고 발탁하고 등용한 것은 유성룡이었다. 어릴 적 같은 동네에 살았고, 이순신의 형과도 친구였던 유성룡은 이순신의 남다름을 일찍이 간파하고 있었다. 이순신은 병과에 급제하고도 변방을 맴돌기만 했고, 모함을 당해 좌천당하거나 귀양을 가기도 했다. 그때마다 유성룡은 이순신을 도와주거나 요직에 배치하는 등 과감한 지원을 아끼지 않았다. 이순신은 그런 유성룡의 신뢰와 지원에 힘입어 임진왜란을 승리로 이끌었다.

이순신은 비교적 늦은 나이인 32세에 병과에 급제했고, 처음에는 능력을 발휘할 기회를 좀처럼 갖지 못했다. 하지만 이순신을 알아본 유성룡이 있었기에 이순신은 역사에 길이 남는 위대한 장군이 되었다.

## 타인과 사회를 위해 일해야 자신이 발전한다

사람을 알아보려면 당장 눈앞의 목표나 이익만을 생각해서는 안 된다. 기업에서 함께 일하고 싶어하는 사람이 되려면 개인도 남다른 노력을 해야 한다. 필요할 때 급하게 활용할 만한 수준의 인재로만 머물면 자신의 능력을 펼쳐보기도 전에 토사구팽(兎死狗烹) 당할 수 있다.

경영자는 함께 일할 사람을 선택했다면 그 사람을 믿고 기다릴 줄 알아야 한다. '의인물용 용인무의(疑人勿用 用人無疑)'라는 말이 있다. "의심스러운 사람은 기용하지 않고, 일단 기용하면 의심하지 않는다"는 뜻이다. 함께 일할 사람을 선택할 때 '이 사람이 일을 잘 못하면 어쩌나? 성실하지 않으면 어쩌나? 정직하지 않으면 어쩌나?' 하는 의심이 조금이라도 든다면 그 사람을 선택해서는 안 된다. 그것은 그 사람에게도 조직에도 결코 도움이 되지 않는다.

직장인의 출발은 누구나 비슷하지만 어떠한 마음가짐으로 생활했느냐에 따라 훗날 경영자가 될 수도 있고 사원으로 끝날 수도 있다. 조직은 조직대로 목표가 있고 사명이 있는 만큼 개인의 이익을 위해서만 일하는 사람에게는 중요한 일을 맡기지 않는다.

작은 일에도 최선을 다하는 자세가 중요하다. 그것은 커피를 타는 일일 수도, 전화를 받는 일일 수도, 청소를 하는 일일 수도 있다. 작은 일을 최고로 잘하는 사람이 어떤 일이든 최선을 다해 최고로 만든다.

> 함께 일할 사람으로 선택했다면 그 사람이 일을 잘해낼 수 있을 때까지 믿고 지원해 주면서 기다리는 자세가 필요하다.

텔레비전의 예능 프로그램에서 어느 중견 배우가 이런 말을 했다. "촬영장에서 보면 인사를 아주 잘하는 배우들이 있어요. 그런데 그렇게 인사를 잘하는 배우들이 실제 연기도 잘합니다"라고. 선후배를 가리지 않고 반가운 얼굴로 밝게 인사할 줄 아는 사람이 연기에도 최선을 다하고, 최선을 다한 만큼 연기를 잘한다는 말이다. 조급해하지 않으면서 지금 주어진 일에 최선을 다한다면 분명 훌륭하게 능력을 발휘할 길이 반드시 열린다.

그리고 자기가 하는 일에 대해 자긍심을 가져야 한다. 작은 일에도 자긍심을 갖지 않으면 열심히 할 수가 없다. 내가 하는 일이 지금 나에게, 미래의 나에게 그리고 다른 사람들에게, 사회에 얼마나 가치 있는 일인지 자긍심을 가지고 의미를 부여해야 한다.

제3장

# 경영의 중심은 언제나 사람이다

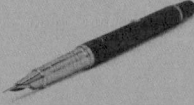

# 인문학 공부는
# 나와 타인을 이해하는 출발점

"기업의 발전도, 개인의 삶의 풍요로움도 인문학을 통해 접근할 때
비로소 질적인 비약을 할 수 있는 시대다."

## 자기 일에 대한
## 자부심부터 가져야

조직의 리더는 조직이 크든 작든 조직원 한 사람 한 사람이 생산적이고 자부심을 가지고 일할 수 있도록 힘써야 한다. 특히 서비스업에 종사하는 사람은 자기 일에 대한 자부심이 없으면 쉽게 지칠 수 있다.

미국의 사회학자 앨리 러셀 혹실드는 1983년, 델타 여객기 승무원의 웃음과 친절을 분석한 책 《감정노동; 노동은 우리의 감정을 어떻게 상품으로 만드는가》에서 감정노동자(emotional labor)라는 개념을 처음으로 제시했다. 그의 정의에 따르면 감정노동(emotion work)이란 자기 기분을 다스려 겉으로 드러나는 감정을 관리하는 일인데, 이 같

은 감정노동은 직무의 40퍼센트 이상을 차지한다. 감정노동자의 범위를 어디까지로 볼 것인가에 대해서는 논란이 있다. 하지만 서비스업 관련자, 즉 간호사, 비행기 승무원, 전화 상담원, 할인점이나 백화점 판매사원 등 대인 서비스를 주된 업무로 하는 사람으로 보는 것이 일반적이다. 게다가 산업구조가 제조업 중심에서 서비스업 중심으로 이동하고 있고 여성의 사회 진출이 늘어남에 따라 감정노동자의 수는 갈수록 증가하고 있다. 고객을 직접 대하는 서비스업에서는 감정노동의 강도가 매우 세기 때문에 고도의 자기 절제 능력이 요구된다.

그래서 일을 하는 모든 사람들은 물론이고, 특히 감정노동을 하는 경우에는 자신의 일에 대한 자부심과 뚜렷한 인생 철학을 가지는 일이 무엇보다 중요하다. '나는 왜 일하고 있는가', '나는 이 일을 통해 무엇을 얻고자 하는가', '내가 이 일을 함으로써 회사와 조직에 어떤 도움이 될 것인가'를 스스로 묻고 답할 수 있어야 한다. 그래야 일을 하는 의미도, 인생의 의미도 쉽게 흔들리지 않는다.

명사들을 초청해서 직원들과 함께 강의를 듣는 자리를 마련한 적이 있다. 박동규 교수의 '직업인의 사명', 김데레사 수녀의 '인생특강' 등 유익한 강의가 많았다. 이런 시간을 통해 직원들에게 일에 대한 자부심을 심어주고, 회사와 고객에 대해서도 다시 생각해볼 수 있는 소중한 기회를

> '나는 왜 일하고 있는가', '나는 이 일을 통해 무엇을 얻고자 하는가', '내가 이 일을 함으로써 회사와 조직에 어떤 도움이 될 것인가'를 스스로 묻고 답할 수 있어야 한다. 그래야 일을 하는 의미도, 인생의 의미도 쉽게 흔들리지 않는다.

가졌다. 가끔 직원뿐만 아니라 가족까지 초청해서 강의를 듣는 시간도 마련하여 남편이나 아내, 아들딸이 어떤 마음으로 일을 하는지, 어떤 점이 어려운지 등을 함께 공유하는 시간을 갖기도 했다.

## 사람에 대한 관심에서 인문학 공부를 시작하다

서비스의 본질은 사람에 대한 이해와 고객에 대한 집중에 있다. 이런 본질을 이해하려면 먼저 사람에 대한 이해를 해야 한다. 이런 점에서 인문학 공부는 직원들에게 존재감을 갖게 해주고 스트레스를 줄여줄 뿐만 아니라 고객들의 감성을 이해하고 서비스 마인드를 재정비하는 데 도움이 된다.

몇 년 전 서울대학교 인문학 최고위과정인 AFP(아드폰테스: 라틴어로 '원천으로'의 의미) 프로그램을 수료한 후 임원 및 팀장들에게도 권했다. 인문학이 상상력, 통찰력을 키우고 조직을 이끌어가는 밑거름이 된다고 생각했기 때문이다.

인문학은 말 그대로 사람을 대상으로 하는 학문이다. 사람이란 무엇이고, 왜 태어났으며, 어떻게 살아왔는지 그리고 어떻게 살아야 사람답게 사는 것인지 등을 공부하는 학문이라고 할 수 있다. 자연과학이나 사회과학은 경험적인 접근을 주로 사용하는데, 인문학은 분석적이고 비판적이며 사변적인 방법을 폭넓게 사용한다. 인문학의 분야로는 철학과 문학, 역사학, 고고학, 언어학, 종교학, 여성학, 미학, 예술, 음악, 신학 등이 있다. 크게 문학, 역사, 철학으로 나누기도 한다.

> 인문학 공부는 직원들에게 존재감을 갖게 해주고 스트레스를 줄여줄 뿐만 아니라 고객들의 감성을 이해하고 서비스 마인드를 재정비하는 데 도움을 준다.

2011년 2월 삼성경제연구소에서 SERICEO 경영자 회원을 대상으로 실시한 설문 조사에서 한국 경영자들도 인문학의 중요성을 인식하고 있는 것으로 나타났다. "인문학적 소양이 경영에 도움이 된다"고 답한 응답자가 97.8퍼센트에 달했고, "인문학적 소양이 풍부하면 채용하겠다"고 답한 응답자가 82.7퍼센트였다. 하지만 "기업 경영과 인문학의 접목을 특별히 시도하고 있지 않다"고 한 응답자는 35.7퍼센트였다.

경영자가 인문학의 중요성을 강조하는 것은 자연스러운 일이다. 세계 기업들의 움직임을 자세히 살펴보면 기술 발달이 비약적으로 이루어지고, 산업 전체가 글로벌화될수록 인문학적인 접근을 통해 글로벌 기업으로 성장하는 사례를 많이 볼 수 있기 때문이다. 하지만 이를 기업 내에서 교육하고 효과를 얻기까지가 문제다.

인문학을 기업 경영에 도입했을 때 기업은 어떻게 달라지는가?
롯데유통전략연구소의 자료에서는 다음과 같이 소개하고 있다.
첫째, 인문학을 통해 조직의 창의성을 높이고 기업 경쟁력을 키우는 기업들이 늘고 있으며, 기업문화를 진단하고, 변화 방향을 설정할 때도 인문학의 방법론을 활용한다고 한다.

영화 제작사인 픽사의 경우, 사내 교육기관인 '픽사대학'에 경영자와 임직원의 인문학적 소양의 증진을 위해 글쓰기, 문학, 철학 등 100여 개의 인문학 과정을 개설했다고 한다. 애니메이션 〈카〉(2006년) 제작 당시 역사학자의 도움을 받아 시나리오를 완성한 것과 같이 영화의 완성도를 높이는 데도 인문학이 기여하고 있다고 한다.

둘째, 인문학은 인간의 본성을 탐구하고 역사적 안목을 중시하기 때문에 미래 경영 환경을 예측하는 데 효과적이어서, IBM, 엑슨모빌, GE, 인텔 등 선진 기업은 담당 부서를 설립하거나 미래 예측가를 영입하여 미래 예측 분야를 중장기 전략 수립에 활용한다고 한다.

일례로 HP의 전 CEO 칼리 피오리나는 중세사를 전공하여 거시적 트렌드를 읽는 데 탁월한 능력을 발휘했는데, 디지털 신기술 등장을 르네상스와 같은 '역사적 신기원'의 관점으로 파악하여 선제적 대응에 성공한 경우라고 할 수 있다. 또한 인텔에는 문화인류학 박사 제네비브 벨의 주도로 '상호작용 및 경험 연구소'를 2010년에 설립하고, 2020년까지 컴퓨터와의 경험 방식 재창조를 목표로 엔지니어, 소프트웨어 및 하드웨어 전문가, 디자이너, 인류학자, 심리학자, SF소설가 등 여러 분야의 인재들이 다양한 관점과 지식의 융합을 도모하고 있다고 한다.

셋째, 인간의 본질적 행동 패턴과 직관에 대한 인문학적 이해를 제품과 서비스 디자인에 반영하고 있다고 한다. 이는 스마트폰처럼 사용자의 조작이 빈번한 IT제품의 유저 인터페이스가 대표적이라고 할 수 있다.

## 인간의 본질을 이해하려는 노력은
## 기업 경영에도 매우 유용해졌다

구글의 엔지니어링 담당 이사인 데이먼 호로비츠는 "유저 인터페이스 개발에는 기술 못지않게 사람을 관찰하고 이해하는 능력이 필수적인데, 인류학자와 심리학자가 가장 뛰어난 결과를 만든다"며 인문학의 활용 가치를 언급하기도 했다. 삼성전자 디자인 경영센터에도 인문사회과학 전공자가 전체 인원의 13퍼센트에 달하는데 이는 다양한 지식을 융합해 창의적인 아이디어를 제공하는 허브 역할을 수행하고자 하는 의지가 반영된 것이라고 한다.

이처럼 인문학은 이미 기업 성장과 발전의 중요한 흐름으로 경영자들이 반드시 숙지해야 할 요소가 되었다. 인문학을 경영에 효과적으로 접목하기 위해서 기업은 어떻게 해야 할까? 우선 인문학의 가치와 인간의 본질을 이해하려는 노력이 있어야 한다. 유행에 편승한 인문학적 기법의 도입이나 일회성 교육 이벤트는 단기적인 방법일 뿐이라는 사실도 염두에 두어야 한다. 또한 조직 내에서 경영과 인문학의 접점에서 소통을 담당할 사람이 필요한데, 경영자가 기업문화 및 제도의 변화를 주도하는 것이 매우 중요하다고 본다.

하버드대학의 에드워드 오스본 윌슨 박사가 쓰고, 이화여대 석좌교수인 최재천 교수가 번역한 《통섭》이라는 책이 화제가 된 적이 있다. 이 책의 원제인 *Consilience*는 추론 결과의 부합, 일치 또는 두 학문 방법의 합일을 의미한다. "지식의 통합을 통해 모든 것을 다스린다"는 저자의 주장을 좀 더 명확하고 강하게 전달하기 위해서 최재천 교수는 의도적으로 여러 한문학자의 자문을 받은 후 '통섭(統攝)'이라는 조어(造語)로 번역했다고 한다.

책에 대한 기사를 읽은 후 최재천 교수가 통섭의 한자를 '統攝'으로 쓴 이유가 궁금했다. 사전에 없는 단어인 데다가 전반적인 흐름으로 본다면 오히려 '通涉'이 맞지 않을까 하는 생각이 들었기 때문이다. 있는 단어를 놔두고 굳이 조어를 사용한 이유가 무엇인지 직접 물어봤다. 그러자 최 교수는 나의 질문에 매우 친절하게 설명을 보내 주었다.

최 교수의 답변에 따르면 자신이 쓰기 전에 이미 통섭(統攝)이라는 한자가 사용된 적이 있었다고 한다. 신라의 원효대사가 동일한 한자어를 사용한 기록이 있고, 조선 성종 때도 같은 단어가 쓰인 기록이 남아 있다고 한다. 원효대사는 화엄종을 설명한 그의 저서 중에서 '모든 것을 다스린다'는 뜻으로 통섭을 처음으로 사용했다고 한다. 《성종실록》기사에는 통섭이라는 말이 다음과 같이 나온다. "이세광이 또 아뢰기를 '요즈음 대사헌 김유를 명하여 도화를 감독하도록 하셨는데, 대사헌의 조정은 기강을 통섭하지 않는 것이 없으므로, 몸소 자질구레한 일까지 나가 보게 할 수는 없습니다.'"

다소 생소하고 이해하기 어려운 단어를 우리말로 이해할 수 있도록 단어를 찾아내려고 애쓴 학자의 정신과 자세에 존경을 표할 수밖에 없는 대목이다.

미래학자 다니엘 핑크는 《새로운 미래가 온다》라는 책에서 "현재와 같은 지식근로자 주도의 정보화 시대는 가고 조만간 예술과 감정까지 아우를 수 있는 융합 능력을 갖춘 창조근로자 주도의 하이콘셉트(high concept) 시대가 도래할 것"이라고 말했다. 하이콘셉트는 서로 무관해 보이는 아이디어의 결합을 통해 남들이 전혀 생각지 못했던 새로운 아이디어를 창조하는 역량을 포괄적으로 지칭하는 개념이다.

2009년 3월에 문을 연 서울대학교 융합과학기술대학원은 "자유로운 마인드와 창의성으로 무장된 차세대 연구 인력을 양성한다"라는 목적으로 설립되었다. 공학, 자연과학, 인문학, 사회과학, 경영학 사이의 융합 연구를 목적으로 하며, 다양한 학문의 융합으로 획기적인 신지식과 신산업이 탄생하고 있는 현재의 환경에서 새로운 변화와 개혁을 주도하며 창조와 혁신의 터전이 되고자 하는 뜻이다.

실제로 인문학 공부와 서울대 AFP 과정을 임직원들에게 수료하게 한 후 어떤 성과가 있었을까? 구체적으로 눈에 띈 것은 마케팅 계획이나 각종 이벤트 등의 제안에서 이전까지는 상상하지 못했던 신선하고 발랄한 아이디어들이 많이 등장했다는 사실이다. 예를 들면

'세계 우주여행 이벤트' 같은 것이 그렇다. 인문학 공부로 얻은 상상력의 확장과 창의력의 개발은 어쩌면 오랜 시간 몸에 배어 습관이 되었을 때 더욱 빛을 발할 것이라 생각한다. 회사가 직접 기획해서 공부를 하도록 독려하긴 했지만 그 덕분에 인문학에 대한 관심, 그리고 자기 자신은 물론이고 고객을 비롯한 주변 사람들을 이해하는 시각도 많이 달라졌을 것이라고 믿는다.

우리는 그동안 자본주의 경제가 급격히 발달하는 과정에서 정신적, 문화적 여유를 누리지도 못하고, 그것의 가치를 소중히 하지 못한 채 앞만 보고 달려왔다. 하지만 이제는 기업의 발전도, 개인의 삶도 인문학을 통해 접근할 때 비로소 질적인 비약을 할 수 있는 시대가 되었다. 인문학은 학문의 범위가 너무 넓어 일반인들이 깊이 파고들기는 쉽지 않을 것이다. 하지만 요즘은 각계의 전문가들이 일반인들도 이해할 수 있도록 쉽게 책을 쓰고 있고, 다양한 강연과 강의들을 마련하고 있다.

> 기업의 발전도, 개인의 삶도 인문학을 통해 접근할 때 비로소 질적인 비약을 할 수 있는 시대가 되었다.

다만 인문학을 어떻게 듣고 어떻게 받아들이느냐에 따라 기업의 질적 성장과 개인 삶의 변화도 다를 것이다. 그 변화 또한 인문학을 가까이 할 때 누릴 수 있는 즐거움이 되지 않을까?

# 역사 지식이
# 경쟁의 무기가 되다

"우리 역사를 공부한다는 것은 과거에 대한 올바른 이해와 이를 통해 배운 지혜를 토대로, 우리 스스로에 대한 자신감을 얻을 수 있다는 점에서 그 중요성이 매우 크다."

## 역사 공부는
## 자신감을 키우는 지름길

"안녕하신가? 최초의 서양 귀화인 박연이라고 하네. 내가 누군지 잘 모르겠다고? 그렇다면 자네들에게 내 소개를 먼저 해야겠군……."

제2회 역사 편지 쓰기 공모전에서 대학부 대상을 받은 정제헌의 글은 이렇게 시작된다. 박연이 지금의 젊은이들에게 들려주듯 이야기를 풀어나가고 있다.

인조 5년(1627) 얀 얀세 벨테브레(Jan Janse Weltevree)를 비롯한 16명의 네덜란드인이 타이완으로 항해하던 중 역풍을 만나 제주도 부근에 정박하게 되었다. 이듬해 이들은 서울로 이송되었고 조선에서 여생을 보냈다. 그들은 서양의 군사 기술 등을 조선에 전수했으며, 병자호란 때 활약을 하기도 한다. 이들 중 박연은 조선 여성과 결혼해서 원산 박씨의 시조가 되었다.

박연 하면 우리는 어떤 생각을 할까? 갑자기 낯선 나라에서 살게 된 그의 혼란과 어려움을 떠올릴 수 있다. 하지만 역사 편지 쓰기를 한 학생은 한걸음 더 나아가 현재의 대한민국과 다문화 가정을 함께 생각할 수 있도록 이야기를 전개했다.

그러고 보면 외국인들이 우리나라에 와서 살기 시작한 지도 400여 년이 넘었다. 우리나라 사람들이 외국에 나가 이방인으로 살면서 온갖 고통과 어려움을 겪었다는 이야기에는 깊이 공감하면서도 우리나라에서 살고 있는 이방인에게는 혹시 벽을 쌓고 있었던 것은 아닐까? 글로벌 시대를 살아가는 요즘의 젊은이가 다문화 사회, 다문화 가정을 바라보는 시선을 조선에서 살게 된 외국인 박연이라는 인물을 통해 풀어낸 신선하고 의미 있는 글이었다.

'역사 편지 쓰기'는 국사편찬위원회와 함께 기획해서 두 번의 공모전을 가졌다. 초등학생에서 중고생, 대학생, 일반인까지를 아우르는 세대들이 역사의 인물이 되어보거나 혹은 역사 속의 인물에게 편지를 쓰는 형식이었다. 2회 대회에서는 유투브 동영상으로 만든 작품도 있어서 보는 재미까지 더해주었다.

첫 번째 역사 편지 쓰기에서 공모자들이 다룬 역사적 인물들은 이름만 대도 알 수 있는 위인들이 주를 이루었다. 그런데 두 번째 공모전에서는 우리가 미처 생각하지 못했지만 역사 속의 중요한 역할을 한 인물을 찾아낸 것을 보고 감탄이 절로 나왔다.

역사와 문화는 그 민족이 지닌 저력의 상징이자, 미래의 트렌드를 비추는 거울이요, 교훈이다. 특히 우리 역사를 공부한다는 것은 과거에 대한 올바른 이해와 이를 통해 배운 지혜를 토대로, 우리 스스로에 대한 자신감을 얻을 수 있다는 점에서 그 중요성이 매우 크다. 자신의 뿌리를 알고, 이를 통해 자기정체성을 확고히 함으로써 앞으로 나아가야 할 방향을 세울 수 있다고 생각한다. 우리 역사를 배울수록 역사의 소중함도 알게 되며, 내 것을 제대로 알아야 진정한 세계화를 말할 수 있게 된다. 유구한 역사를 통해 축적해온 우리 민족의 저력을 바로 알고 이해한다면, 경쟁이 치열한 글로벌 무대에서 한층 더 자신감을 갖고 도약할 수 있을 것이다.

## 미래를 보는 혜안, 선비 정신에서 배울 수 있다

십수 년 전 아내와 함께 성균관대학교 유학원의 동양문화 과정을 수강한 적이 있었다. 유학(儒學)에 대한 기초 지식과 사서(四書), 삼경(三經), 한시(漢詩) 등을 배웠는데, 자세한 부분까지 다 기억하지는 못하지만 그때 배웠던 것들이 살아가는 데 큰 도움이 되었다. 특히 가슴에 와닿았던 단어는 '선비'라는 두 글자였다.

　선비는 계급을 지칭하는 양반이라는 단어와 구분해서 사용할 필요가 있다. 양반이 모두 선비인 것은 아니며, 선비라고 해서 가만히 앉아 글만 읽는 사람들은 아니었기 때문이다. 선비들은 자신의 말과 행동을 일치시키고자 노력했고, 때로는 목숨을 아끼지 않았다. 학식이 깊어도 남 앞에서 내세우지 않았고, 화려하지 않았으며, 자연과 사람 앞에 겸손했던 이들이 선비였다.

　그런 선비 정신을 다시 생각해보게 된 것은 파주 명품아울렛 매장을 준비할 때였다. 2011년 12월에 롯데백화점 파주 명품아울렛 매장이 드디어 문을 열었다. 매장의 중앙을 가로지르는 문발천은 원래 파주 시유지였는데, 파주시와 협의하여 온 가족이 자연을 접할 수 있는 공간으로 만들었다. A동과 C동, B동과 D동이 문발천을 사이에 두고 마주 보게 되었고, 문발천을 2개의 다리로 이어 자연을 즐기면서 쇼핑하는 공간으로 만들었다. 다리를 만들면서 이름을 붙이면 좋겠다고 생각했다. 파주시를 찾는 고객이 파주의 역사와 문화를 느낄 수 있는 이름으로 짓고 싶었다.

　그래서 정해진 이름이 두루미 다리와 삼현교다.

　파주 아울렛 근처에는 심학산(尋鶴山)이라는 유명한 산이 있다. 파주 아울렛은 파주 출판단지와 심학산을 잇는 곳에 위치하고 있어, 심학산과의 친근함을 더해 찾을 심(尋), 두루미 학(鶴) 자가 들어가는 이름이면 좋겠다고 생각했다. 두루미가 찾아오는 산이라니, 상상만 해도 멋진 이름이 아닌가. 그런데 심학산 입구에 작은 다리가 있는데, 그 이름이 심학교였다. 그래서 순우리말로 '두루미 다리'를 제안했다. 또 하나의 다리 이름을 정하면서는 파주의 오랜 역사를 생각해보는 시간을 가질 수 있었다. 그때 떠오른 선비가 세 분 있다.

파주는 율곡 이이의 선대가 살아온 본향으로, 이이의 학문과 덕행을 기리기 위해 세운 자운서원(紫雲書院)이 있다. 고려 중기의 문관이자 명장으로 알려진 윤관 장군(파평 윤씨)의 묘소 또한 파주에 있었다. 또 한 분의 현인, 조선시대 최고의 선비 황희 정승의 묘도 파주에 있다. 이 세 분의 성현을 생각하는 의미로 또 하나의 다리는 '삼현교(三賢橋)'로 이름 지었다. 다리 이름의 유래를 설명하는 글도 새겼다. 가족과 함께 방문한 고객들이 파주시의 역사뿐만 아니라 옛 성현들의 발자취를 느낄 수 있는 공간이 되기를 바랐다.

> 최근 들어 많은 경영자들이 언행일치, 솔선수범, 소박하고 겸손함 등 선비의 정신을 리더십 철학으로 발전시키고 있다.

최근 많은 경영자들이 언행일치, 솔선수범, 소박하고 겸손함 등 선비 정신을 리더십 철학으로 발전시키고 있다. 서양의 리더십 이론이 해결하지 못하는 문제를 동양의 정신에서 해법을 찾는 경우도 많이 있다.

선비 정신은 단순히 시대를 앞서 살아간 성현들의 지혜와 삶의 자세로만 남아 있는 것이 아니라 글로벌 시대의 중요한 경쟁력으로도 작용하고 있다.

경영자에게 가장 큰 압박은 실적이다. 실적이 좋지 않으면 새로운 기획과 계획을 세우기 어려우며 설령 좋은 계획을 세웠다고 하더라도 주춤하게 되는 게 현실이다. 하지만 당장 눈앞의 매출에만 신경을 쓰면 기업은 지속경영을 할 수 없게 된다. 경영자가 5년 후, 10년 후를 바라보면서 투자하고 준비하지 않으면 기업은 작은 바람에도 흔들리고, 큰 변화에는 속수무책으로 힘을 잃게 된다.

다산이나 율곡 같은 최고의 선비이자 성현들은 멀리 미래를 내다보고 결정한 후 실행에 옮겼다. 의견이나 주장이 받아들여지지 않아 정치적 탄압을 받을 때도 있었고, 유배를 당하기도 했다. 하지만 오로지 국가와 미래를 위해 자신이 무엇을 해야 하는지 연구하고 행동으로 옮긴 분들이다.

경영자에게도 유혹이 많다. 당장 회사 이미지를 좋게 하기 위해 일회성 이벤트도 마련하고, 쉽게 빨리 갈 수 있는 길을 찾게 된다. 하지만 그 유혹에 한두 번 흔들리기 시작하면 경영이 중심을 잃고 만다. 경영자가 경영의 중심을 잃고 단기적인 이익에만 집착하면 오래 살아남는 기업을 만들 수 없다. 경영자는 기업 경영의 현장에서 사라질 수 있지만 기업은 사라져서는 안 되기 때문이다.

> 경영자는 기업 경영의 현장에서 사라질 수 있지만 기업은 사라져서는 안 된다.

성현들이 먼 미래를 보고, 국가의 장래와 후손들의 삶을 생각하면서 연구하고 실천한 것처럼 경영자도 오랫동안 존속하며 사랑받는 기업으로 만들기 위해 성현들의 지혜를 본받아 미래를 보는 혜안을 가져야 한다. 역사를 공부하고, 성현들의 문헌을 읽고, 역사 유적을 돌아보는 일은 그런 면에서 매우 유익한 경영 수업이라고 생각한다.

## 글로벌 인재들의 또 하나의 무기, 역사 지식

역사 공부를 하는 목적이 국가관과 애국심을 기르고, 국가에 대한 자긍심을 함양시키는 데만 있는 것은 아니다. 글로벌 인재가 되기 위해서도 우리의 것을 아는 것이 매우 중요하다.

비즈니스 현장에서 세계의 인재들을 많이 만났다. 그 인재들은 한결같이 자기 나라에 대한 자부심이 강했고, 자국 역사에 대한 지식이 풍부했다. 자국의 역사를 공부하다 보면 애국심이 생기고, 자연스럽게 다른 나라의 역사와 문화에도 관심을 갖게 된다. 그렇게 조금씩 영역을 넓혀가다 보면 세상을 보는 통찰력도 생기고 상대를 이해하는 포용력도 생긴다. 세계 비즈니스 현장에서 사람들을 만나서 이야기하게 되면 내내 업무 이야기만 하다가 돌아설까? 그렇지 않다. 세상 살아가는 이야기도 하고, 각국의 역사와 문화, 세계의 다양한 이슈에 대해 대화하게 된다. 자신이 가진 지식과 교양이 드러날 수밖에 없다. 어떤 경우는 자기 나라 자랑에 열을 올리기도 한다. 그런데 만일 자기 나라에 대해 아는 게 없다면 그 대화에 낄 수 있을까? 그래서 나는 직원들에게 평소 역사 관련 서적을 많이 읽을 것을 권했다.

예를 들면 베트남 사람들은 자기 나라에 대한 자부심이 매우 강하다. 오랜 세월 강대국에 맞서 나라를 지켜냈고, 미국과의 전쟁에서 이긴 나라이기도 하다. 그런 베트남 사람들과 대화를 나눌 때 호찌민 선생의 업적과 위대함을 화두로 꺼내보면 어떨까? 좀 더 쉽게 마음을 열고 대화하려고 할 것이다.

우리는 21세기 대한민국에서 살고 있다. 우리는 선조들이 위기가 닥쳤을 때 어떤 판단과 결정을 내렸으며 어떻게 행동했는지를 배웠다. 그리고 그런 선조들의 삶을 통해 현재를 살아가는 우리의 삶을 되돌아보게 된다.

역사 편지 쓰기 공모전의 응모 작품 중에는 간혹 우리가 잘 모르는, 예를 들면 4·19혁명 당시 거리로 달려나갔던 어느 여고생의 용기에 놀라움과 반성이 담긴 편지, 봉사활동 가서 만난 위안부 할머니에게 전하는 따뜻한 편지 등 역사 속에 기록된 인물은 아니지만 역사 현장에 있었던 어느 개인의 이야기를 풀어낸 글도 있었다.

역사 속의 수많은 사건에는 이름 모를, 또는 이름이 알려지지 않은 수많은 사람들이 있다. 나폴레옹을 따르는 수많은 병사들이 있었고, 천재 과학자 아인슈타인과 에디슨도 연구와 실험을 함께한 과학자들이 있었다. 우리는 이순신 장군이 거북선을 만들었다고 역사책에서 배웠다. 하지만 거북선을 만드는 과정에 함께 참여하고, 이순신 장군을 따라 전장에서 목숨을 바친 사람들이 얼마나 많은가? 그런데 우리는 위인들의 삶만 배우려고 할 뿐 그 속에 함께했던 사람들은 알려고도 하지 않는다. 이순신 장군은 전쟁을 치를 때마다 조정에 장수들의 활약상을 일일이 보고하는 수고를 마다하지 않았고, 이를 《난중일기》에 기록했다. 그들은 그렇게 역사 속에 살아 있다.

얼마 전 한국전쟁 이후 북한 땅에 묻힌 국군 전사자로서는 처음으로 12명의 유해가 귀환했다. 1950년 함경남도 장진호 협곡 전투에서 중공군에게 포위된 채 영하 30도가 넘는 추위 속에서 싸우다 전사한 분들이었다. 그 12명의 유해가 62년 만에 가족의 품으로 돌아온 것이다. 텔레비전 뉴스로 그 광경을 지켜보는데 눈시울이 뜨거워졌다. 국가가 당연히 해야 할 일이었다.

'비목'이라는 노래가 생각났다. "초연이 쓸고 간 깊은 계곡 깊은 계곡 양지녘에 비바람 긴 세월로 이름 모를 이름 모를 비목이여~"로 시작하는 노래. 전쟁 속에 죽어갔기에 변변한 무덤도 없이 산속에 묻혀 있는 이름 모를 전사들을 생각하며 작사한 곡이라고 한다. 국가가 나서서 이들의 유해를 찾아내고 가족의 품으로 돌아가게 하는 일은 분명 국가의 역사 속에서 개인의 역사를 살아 있게 하는 일일 것이다. 국방부가 주관하는 '6·25전사자 유해 발굴 사업'에 적게나마 지원을 하고, 매년 6월 25일이 다가오면 백화점 광고에 한국전쟁 참전국과 지원국의 국명을 표기하는 돌출 광고를 했던 것은 기업이 그런 일에도 관심을 갖고 있음을 알리기 위해서였다. 앞으로도 더 많은 기업들이 관심을 가지고 지원했으면 하는 바람이다.

21세기 대한민국에 사는 우리도 먼 훗날 후손들에게 역사로 기억될 것이다. 기록에 이름이 남을 사람도 있을 것이고 그렇지 않은 사람도 있을 것이다. 하지만 지금 우리가 무엇을 위해 어떻게 살아가는가 하는 것이 후손들에게는 또 다른 삶의 지침이 될 수 있다.

선조들이 우리에게 남겨준 것은 무엇인가. 전 세계가 그 우수성을 인정한 한글, 수많은 문화유산, 지칠 줄 모르는 불굴의 의지와 개척 정신, 어떤 위기에도 당당히 맞설 수 있는 강인함 등 물질적·정신적·문화적 유산들이 많다. 그 바탕이 있었기에 동양의 작은 나라가 세계 곳곳으로 뻗어나가는 글로벌 국가가 되지 않았겠는가.

후손늘에게 우리는 무엇을 남겨줄 것인가. 지금 내가 있는 곳, 내가 하는 일, 내가 이루어야 할 일에서 그것이 무엇인지 깊이 생각하고 행동하는 자세가 필요하다.

> 지금 우리가 무엇을 위해 어떻게 살아가는가 하는 것이 우리의 후손들에게는 또 다른 삶의 지침이 될 수 있다.

# 가장 한국적인 것으로
# 승부하다

"대한민국을 제대로 알지 못하는데, 우리의 역사를 잘 알지 못하는데,
어떻게 세계와 겨루는 기업이 될 것이며, 어떻게 세계를 향해 나아갈 것인가."

## 한국적인 맛으로
## 승부하다

'우리 것에 자신감을 가진 조직을 만들어야겠다'라고 구체적으로 생각한 것은 롯데리아 대표이사를 맡고 있을 때부터였다. IMF를 겪으면서 국민들이 위축되어 있는 동안 글로벌 기업들이 속속 우리 시장에 들어와 확장을 꾀하고 있었다. 당시 패스트푸드 업계는 맥도날드, 버거킹, KFC 등 미국 브랜드가 압도적인 우위를 차지하고 있었다. 롯데리아는 토종 브랜드로 사랑받으면서도, 변해가는 고객들의 소비 취향을 제대로 반영하지 못하고 있었다. 글로벌 기업들과 경쟁하기 위해서는 소비자들의 변화를 재빨리 파악하고 대응하는 능력을 키워

야 할 뿐만 아니라 한국적인 무언가로 승부를 걸 필요가 있었다.

먼저 고객 분석을 통해 우리가 지향해야 할 바를 고민했다. 주요 고객층을 분석해본 결과 맥도날드는 10대 후반, 20대 초반의 비율이 높았고, 롯데리아는 10대 초반, 20대 후반의 비율이 높았다. 여기서 10대 후반, 20대 초반이 향후 소비를 이끌어갈 연령대이므로 이들을 잘 공략해야 시장을 선점할 수 있을 터였다. 하지만 10대 초반 어린이와 20대 후반 연령대를 공략하면 가족 단위의 고객을 유치해서 매장의 객단가를 높일 수 있다는 장점이 있다. 한편 맥도날드의 고객은 학생의 비율이 높았지만 롯데리아는 회사원과 기혼자의 비율이 높았다. 이를 토대로 롯데리아는 아이들을 데리고 온 어른들도 함께 햄버거를 즐길 수 있는 매장으로 리모델링을 실시했다. 즉 어린이와 청소년이 즐기는 브랜드에서 온 가족이 즐기는 외식 장소라는 이미지를 만들기 위해 전국 점주들과 협의하여 매장 분위기를 새롭게 바꿨다. 더불어 아이들뿐만 아니라 어른들도 좋아할 만한 메뉴를 개발할 필요성을 절감했다.

미국 브랜드가 압도적으로 시장을 점유하고 있는 상황에서 경쟁사를 이기려면 어떻게 해야 할까? 먼저 경쟁자를 알아야 한다.

"과장급 이상의 간부들은 미국 역사에 관한 리포트를 작성해 제출하기 바랍니다." 《손자병법(孫子兵法)》에 "지피지기(知彼知己)면 백전불태(百戰不殆)"라는 말이 있다. 적을 알고 나를 알면 백 번 싸워도 위태롭지 않다는 말이다. 추천도서를 선정하여 읽기를 권했고 감상 리포트를 제출하도록 했다.

또한 햄버거가 탄생한 유래도 알아두어야 한다. 햄버거의 역사는 매우 오래되었다. 13~14세기경 몽골의 타타르족이 양고기를 말안장 아래에 넣고 타고 다니다가 적당히 눌리면 파와 소금으로 양념을 해서 먹곤 했는데, 이것이 상인들에 의해 유럽으로 건너갔다고 한다. 또한 독일의 어떤 상인에 의해 함부르크 스테이크로 바뀌었고 다시 신대륙 발견 후 이민자들에 의해 미국으로 건너간 것이다. 1904년 미국 세인트루이스에서 열린 세계박람회 때 한 요리사가 식당 일이 너무 바빠 정작 자신은 제대로 된 식사를 할 수 없게 되자 둥근 빵에 햄을 끼워 케첩, 머스터드 등과 함께 먹은 것이 현재 우리가 먹는 햄버거의 시초가 되었다. 이를 상품화한 것이 맥도날드 형제였다. 우리나라에는 한국전쟁 이후 미군과 함께 들어온 것으로 알려져 있다. 1979년 소공동에 롯데리아가 처음으로 문을 열면서 햄버거를 팔기 시작했고, 맥도날드는 1988년에 들어왔다. 햄버거의 유래를 거슬러 올라가다 보면 중세의 몽골에서 유럽, 신대륙으로 건너간 이민자의 역사까지 다양한 역사적 배경을 접할 수 있다.

이렇게 음식 하나를 가지고도 각국의 역사를 알고 나면 음식에 대한 새로운 인식을 갖게 되고, 이를 다루고 판매하는 일에서 또 다른 자부심이 생길 수 있다. 그래서 자신이 다루고 있는 상품이나 경쟁국의 역사와 문화를 아는 일이 매우 중요하다는 생각을 하게 되었다. 특히 롯데리아의 가장 큰 경쟁 상대는 맥도날드였기에 맥도날드가 탄생한 미국의 역사를 아는 것이 필요하다고 판단했고, 과장급 이상 간부들에게 미국 역사를 공부해 리포트를 써내게 했다. 한걸음 더 나아가 주변국인 일본과 중국의 역사까지 공부하도록 했다. 두 나라 역사의 전반적인 흐름을 파악하게 하기 위해서였다.

그러다가 다시 우리나라로 눈을 돌리게 됐다.

순서가 뒤바뀐 면도 있지만 경쟁국의 역사를 어느 정도 알았다면 우리 역사의 흐름을 알아야 함은 너무나 당연한 일이다. 나 자신을 제대로 알아야 상대를 알 수 있게 된다. 역사 공부는 나를 제대로 인식하고 나의 정체성을 이해하는 것이 가장 근본이라고 할 수 있다. 하지만 현실은 역사 전공자가 아닌 이상 고등학교 국사 시간에 배운 것이 거의 전부였고, 그나마도 거의 다 잊어버리고 텔레비전 사극에 나온 인물이나 역사적 사건을 기억하는 게 대부분이었다.

> 우리 역사를 모르고, 우리의 것을 모른다면 어떻게 우리 소비자를 이해하고, 더 나아가 세계 시장에서 경쟁하겠는가.

우리 역사를 모르고, 우리의 것을 모른다면 어떻게 우리 소비자를 이해하고, 더 나아가 세계 시장에서 경쟁하겠는가. 이렇게 우리 역사를 공부하는 과정에서 결실로 나타난 것이 '라이스버거', '김치버거', '불갈비버거'였다. 우리만의 식습관을 공략한 것이었다. 물론 라이스버거를 만들기까지는 엄청난 연구와 노력, 시행착오가 있었다. 김치버거도 마찬가지였다. 맥도날드가 롯데리아를 흉내내서 출시한 적이 있지만 결국은 롯데리아의 승리였다. 라이스버거와 김치버거는 공전의 히트 메뉴가 되었다. 라이스버거는 지금도 여전히 사랑받는 메뉴다.

## 우리 것이 소중하면
## 다른 나라의 역사도 소중하다

이렇듯 역사 공부는 임직원들의 의식을 바꾸고 발상을 전환하는 계기가 되었다. 그 후 롯데마트 대표이사였던 2004년 초 어느 날, 출근길에 서울대학교 인문대학 국사학과를 찾아갔다. 마침 연구실에 있던 노태돈 교수를 만났다. 역사에 대한 생각을 나눈 후 "롯데 직원을 위한 한국사 시험문제를 만들어주시고 평가해주십시오"라고 부탁했다. 초면임에도 나의 진지함과 당당함이 통했는지 노 교수는 흔쾌히 수락해주었다. 그때부터 3년간 롯데마트 직원들은 매년 한국사 시험을 보게 되었다. 이후 2007년 2월 롯데백화점으로 옮긴 후에도 임직원이 모두 역사 공부를 했으면 좋겠다는 생각은 변함없었다. 그러던 차에 2006년 11월부터 '한국사능력검정시험'이 생긴 것을 알고 2007년부터는 한국사능력검정시험을 직원 승진에 반영하는 제도로 만들었다. 간부 사원이 되기 위해서는 대학 교양과목 수준인 '한국사능력시험 2급'을, 계장과 주임 진급 희망자는 고등학교 국사 수준인 '한국사능력시험 3급'에 합격해야 했다.

 사람도 자꾸 보면 정이 든다. 역사도 마찬가지다. 역사 공부를 하다 보면 과거를 알게 되고, 자신의 뿌리를 알게 된다. 생각해보면 지난 5000년이 넘는 세월 동안 생겼다가 사라진 국가나 민족이 얼마나 많은가. 우리 민족은 수많은 외세의 침략을 받았지만 굴하지 않고 반

만년의 역사를 이어오고 있다. 얼마나 대단한가.

대한민국을 제대로 알지 못하는데, 우리의 역사를 잘 알지 못하는데 어떻게 세계와 겨루는 기업이 될 것이며, 어떻게 세계를 향해 나아갈 수 있겠는가. 내 나라의 역사를 알수록 다른 나라의 역사도 존중하게 된다. 세계로 나아갔을 때 그 나라 역사를 이해하고 시장에 들어가야 한다. 역사를 알면 현지 사정과 소비자를 이해할 수 있을 뿐만 아니라 현재와 미래의 문제를 풀 열쇠를 발견할 수 있다. 그전에 먼저 내 것을 제대로 아는 게 진정한 세계화가 아닐까 생각한다. 자신의 뿌리를 확실히 알고, 이를 통해 자기정체성을 확고히 함으로써 미래에 나아가야 할 방향도 세울 수 있다.

"역사를 기억하지 않는 자들의 과거는 반복된다." 유대인 학살의 상징인 아우슈비츠 수용소에 걸려 있는 글귀다. 전 세계 인구의 0.25퍼센트에 불과한 유대인들이 부와 권력을 장악하고 아인슈타인, 빌 게이츠 등 수많은 세계적인 지도자들을 배출한 힘은 역사 교육에 있다고 해도 과언이 아니다. 유대 민족은 과거의 역사적 치욕을 되풀이하지 않고 바른 역사관과 정체성을 심어주기 위해 가정과 학교에서 철저하게 민족의 역사와 정체성에 대한 교육을 한다. 이를 통해 유대 민족은 민족의 뿌리를 바로 세울 뿐만 아니라 유대인으로서의 긍지와 사명감을 갖고 자신이 해야 할 일과 가고자 하는 목표와 방향을 찾게 되는 것이다.

> 자신의 뿌리를 확실히 알고, 이를 통해 자기정체성을 확고히 함으로써 미래에 나아가야 할 방향도 세울 수 있다.

## 국가가 있기에
## 기업이 있고 개인이 있다

나의 집무실에는 태극기(太極旗)를 들고 둥근 지구 위에 서 있는 내 모습을 그린 그림이 있다. 허영만 화백이 그려준 것이다. 기자들은 "이철우 사장은 태극기 사랑이 특별하다"는 말을 하기도 한다.

　태극기가 무엇인가. 대한민국의 상징 아닌가. 태극기에는 우리 민족 특유의 감성이 녹아 있다. 태극기의 흰색 바탕은 밝음과 순수, 평화를 사랑하는 민족성을 상징하고, 가운데의 태극 문양은 음(陰, 파랑)과 양(陽, 빨강)의 조화를 상징한다. 또한 태극 문양을 둘러싼 모서리의 4괘는 '건곤감리(乾坤坎離)'라고 부르는데, '건'은 하늘을, '곤'은 땅을, '감'은 물을, '리'는 불을 상징한다.

　미국 사람들은 성조기를 티셔츠나 속옷의 문양 등에 다양하게 활용한다. 그런데 우리나라는 국경일이나 공식 행사가 있을 때 거리에 내거는 게 대부분이었다. 가정에서 태극기를 거는 일도 점차 줄어드는 추세다. 2002년 한일 월드컵 당시 수많은 젊은이들이 빨간 티셔츠를 입고 태극기를 가지고 거리 응원을 하러 나왔을 때 솔직히 좀 놀랐다. 태극기를 몸에 두르고 옷에 붙이는 것은 이전에는 볼 수 없었던 진풍경이었기 때문이다. 태극기를 신성하게만 생각했던 세대에게는 젊은이들의 방식이 낯설기도 하고 신선하기도 했던 게 사실이다.

　IMF 시절 롯데리아를 경영할 때 라이스버거, 김치버거 등을 만든 것은 한국인의 입맛에 맞는 차별화된 버거를 만든다는 사명감이 있었기에 가능한 일이었다. 더불어 롯데리아가 토종 한국 기업임을 알리는 일도 필요했다. 글로벌 기업들이 대거 한국으로 진출하면서 외국 기업에 대한 호기심과 더불어 거부감까지 있는 상황에서 한국 기업에 대한 관심과 격려가 필요하다고 판단했기 때문이다. 그때 생각해낸 것이 우리나라의 상징인 태극기였고, 대형 태극기를 매장 벽면에 걸어 "우리는 지금 이 땅에서 함께 살아가는 대한민국 국민이고, 우리는 대한민국 국민의 기업입니다"라고 호소하고 싶었다. 롯데리아 매장에서 사용하는 컵과 포장지에 태극기 도안을 넣었고, 고객들에게 작은 태극기를 나누어주기도 했다. 태극기 스티커를 만들고 롯데리아 직원들이 거리로 나가 차량 운전자들과 택시 기사들에게 나누어주는 캠페인을 하기도 했다. 롯데마트 시절에는 점포 앞에 항상 태극기를 내걸었고, 초대형 태극기를 제작해 화제가 된 적도 있다.

태극기가 국경일이나 공식 행사 때만 볼 수 있는 것이 되어서는 안 된다. 초등학생 때는 태극기를 그릴 줄 알았던 사람들이 성인이 돼서는 태극기를 거는 방법조차 몰라 종종 거꾸로 걸어놓기도 한다. 그런 모습을 볼 때마다 안타까웠다. '더 많은 사람들이 태극기를 기억하고 태극기와 더 친근해지면 대한민국 국민이라는 공동체 의식이 상기되지 않을까' 하는 생각에서 대형 태극기를 만들었다. 국경일마다 롯데백화점 홈페이지와 태극기 UCC 경연대회나 퀴즈대회, 차량용 태극기 증정, 이상봉 디자이너의 태극기 티셔츠 판매 등 다양한 국기 사랑

마케팅을 진행했다. 3·1절에는 태극기 애드벌룬을 제작해 띄우기도 했다. 토종 기업인 롯데리아를 알리고, IMF로 어려움을 겪은 국민들과 국가의 소중함을 함께 생각하자는 취지로 시작한 태극기 캠페인으로 대통령상을 수상하기도 했다.

오늘날은 국경이나 장벽이 없는 무한경쟁의 시대다. 더 이상 애국심에 호소하거나 보호무역주의로는 경쟁력을 확보할 수 없다. 이러한 경영 환경에서 글로벌 기업으로 도약하기 위해서는 무엇보다 자신의 정체성을 확고히 해야 한다.

세계화는 자기정체성 확립에서 출발한다. 한국인으로서의 뿌리, 회사 조직원으로서 내가 하는 일에 대한 자부심과 애사심, 그리고 뚜렷한 국가관과 역사의식을 갖춰야 한다. 교양을 갖추기 위해 인문학을, 투철한 국가관을 갖추기 위해 그 나라의 궤적이라 할 수 있는 역사를 공부해야 한다. 역사 시험, 한자 시험, 태극기 사랑 캠페인은 바로 이러한 취지에서 추진했다.

정체성을 확립했다면 나아가 상대에 대한 지식과 바른 이해가 필요하다. 국제관계는 호혜평등에 입각해야 한다고 생각한다. 한국인의 정체성을 확립하고 나아가 상대국에 대해 제대로 알 때 세계화의 성공 가능성이 높아진다. 상대의 문화와 관습, 역사를 알 때 진정한 이해가 싹트고, 우리는 보다 당당하고 자신 있게 협상에 나설 수 있으며, 더 나아가 주도권을 확보할 수 있다. 물론 이는 하루아침에 결실을 얻을 수 있는 것은 아니다. 중장기적으로 지속되어야 할 사항이다.

나는 전쟁을 겪은 세대다. 초등학교 2학년, 여덟 살의 어린 나이에 겪어야 했던 3년 동안의 전쟁은 너무나 힘든 고통의 시간이었다. 서울에서 태어나고 자랐던 나는 서울 밖의 친척집 등으로 피난을 다녀야 했고, 길가 곳곳에 나뒹구는 어린아이들의 시체를 수없이 봤으며, 친구들과 지인들이 눈앞에서 죽어가는 광경을 지켜봐야 했다. 그 기억은 어른이 되어서도 오래도록 남아 있다.

전쟁을 겪은 세대의 공통점은 무엇일까? 나라가 있어야 내가 살 수 있다는 생각일 것이다. 일제 강점기를 겪은 세대도 마찬가지다. 나도 광복이 되기 전에 태어났지만 워낙 어린 시절의 일이라 기억나는 게 없다. 하지만 부모님으로부터 나라 잃은 설움과 고통을 전해 들었다. 일제 강점기와 전쟁을 기억하는 세대들은 누구보다 나라의 소중함을 뼛속 깊이 느낄 것이다. 그러기에 나라의 소중함을 잘 알고 있다. 그렇다고 그 세대만이 애국심이 있다는 말은 아니다.

IMF라는 어려운 환경에 처했을 때도 우리 국민은 금 모으기 등으로 전 세계가 놀랄 정도로 빠른 시간에 IMF 체제를 벗어날 만큼 단합 정신을 보여주었다. 또한 국가적인 일에는 모두가 발벗고 나서는 데 주저하지 않는다.

애국심이라는 거창한 단어로 표현하기 이전에 나는 태극기를 보면서 대한민국에서 태어나고 대한민국에서 살 수 있음을 감사하게 생각한다. 그래서 태극기를 국경일에나 볼 수 있는 것이 아니라 언제나 우리 곁에 있는 국가의 소중함을 상징하는 존재라고 여기고 태극기 캠페인을 전개한 것이다.

글로벌 경영도 우리 것을 먼저 알아야 성공할 수 있다. 대한민국도 제대로 모르는데 어떻게 글로벌 경영이 가능하겠는가. 태극기 사랑은 다시 국사 공부로, 국사 공부는 다시 세계 각국의 역사와 문화 공부로, 그리고 토종 기업이 글로벌 기업으로 성장할 수 있는 토대가 되는 것이 아닐까.

이런 마음으로 나는 집 대문에 365일 태극기를 걸어놓는다. 집 앞을 지나는 사람들이 "저 집은 왜 매일 태극기를 걸어두는 거야?" 하고 묻는다면 '태극기는 항상 우리와 함께 있는 정신적 상징'이라고 대답하고 싶다.

# 여성의 활약이
# 세상을 바꾼다

"국제화 시대에 여성의 재능을 적극 활용하는 것은
경쟁력을 높이는 한 방편이 될 것이다."

## 여성 인재에
## 주목하다

"분위기가 너무 경직되지 않을까요?"

"서비스 직종에 어울릴까요?"

백화점에서 처음으로 여성 장교 출신을 채용하자고 제안했을 때 몇 명의 임직원들이 한 말이었다. 서비스업인 백화점은 전체 인원의 80퍼센트 이상이 여성 직원으로 구성되어 있다. 하지만 백화점 본사의 상품 기획이나 주요 기획 업무에서는 남성 직원의 비율이 월등히 높았다.

백화점 고객의 80퍼센트는 여성이다. 그런데도 백화점 상품 본부의 핵심이라 할 수 있는 머천다이저(MD)는 물론 팀장도 대부분 남성이 차지했다. 여성복과 남성복, 속옷, 유아용품, 식품에 이르기까지 일상생활에 필요한 모든 상품을 취급하는 백화점에서, 가장 큰 소비 주체인 여성의 감성을 너무 소홀히 하고 있는 것은 아닌가 하는 생각을 종종 했다.

나의 장교 생활 경험으로 볼 때 여성 장교는 일반 여성에 비해 조직 생활에 잘 단련되어 있고, 리더십에서도 강한 면모를 발휘할 거라 짐작했다. 그럼에도 여성 장교는 남성 장교와 동등한 교육과 군생활을 하고도 사회에 나와서는 일할 곳이 많지 않았다. 그들의 장점을 활용하고 싶었다. 지금은 사관학교에서도 여성 생도가 배출되고, 여자대학교에도 ROTC 제도가 있을 정도로 금녀(禁女)의 영역이 거의 없어졌다. 과거에는 채용이나 진급 시에 군생활을 마친 남성을 우대하는 제도가 있었으나 지금은 그리 크게 반영하지 않는다. 2~3년 군생활을 한 남성들은 억울할 수도 있을 것이다. 하지만 그동안 많은 기업들이 남성 위주의 인력관리를 했던 만큼 여성도 선의의 피해를 입었다고 생각한다.

여성 장교 출신을 채용하고 모든 부서, 즉 상품 기획 및 매장 기획, 머천다이저 등에 배치하자, 남성 직원들이 달라지기 시작했다. 남성들끼리만 경쟁하다가 강력한 경쟁자를 만난 듯 긴장했고, 여성의 꼼꼼함과 치밀함을 배우려는 직원들도 생겨나기 시작했다.

여성과 남성의 특징은 분명 다르다. 사물이나 사건, 상황을 보는 방법도 다르고 이를 처리하는 방법도 다르다. 남성은 크고 넓게 보는 반면 섬세하지 않은 면이 있지만, 여성은 작은 곳에 주목하고 꼼꼼하게 일을 처리하는 경향이 있다. 서로의 장점을 개발해주고, 단점을 보완해주는 일은 조직관리에서 매우 중요하다. 관리자의 경우도 남성은 결과와 성과에 초점을 맞춰 움직이지만, 여성은 모든 과정에서 도덕적이고 윤리적으로 처리하는 데 강한 면모를 보인다. 물론 사람마다 다르겠지만 남성은 사내 정치와 줄서기에 민감한 편이지만, 여성은 자신에게 주어진 일에 대한 책임의식이 먼저인 경우가 많았다. 여성이 남성보다 상하관계나 주변의 눈치도 훨씬 덜 보는 경향이 있었다. "남녀의 차이는 인성하되 차별을 해서는 안 된다"는 말을 긍정적으로 생각하고 곱씹어야 할 것 같았.

> 여성이 소비의 중심으로, 한 가정에서 지출의 결정자로 확고하게 자리하면서 여성 소비자를 설득하고 감동시키는 게 중요해졌기 때문이다.

여성 인력의 활용은 유통업계에서 중요한 이슈가 될 수 있다. 여성이 소비의 중심으로, 한 가정에서 지출의 결정자로 확고하게 자리하면서 여성 소비자를 설득하고 감동시키는 게 중요해졌기 때문이다. 일례로 식품코너나 패션코너 등은 주부 모니터들의 활약으로 고객 밀착형 마케팅을 더욱 활발하게 할 수 있게 된 경우다.

# 지속적인 투자가 필요한
## 여성 인력 지원

롯데마트 시절에 처음으로 여성 점장을 발탁했다. 백화점에서는 청주 영플라자에서 여성 점장 1호가 나왔다. 두 사람 모두 외부에서 스카우트해온 것이 아니라 롯데마트와 롯데백화점에 입사한 후 성장해서 점장이 된 경우였다. 이들은 다른 여성 직원들에게도 비전과 희망이 될 것이다. 앞으로도 더 많은 여성 점장들이 나오고, 임원의 자리에 오르는 여성 직원들이 더 많아질 것이라고 전망하고 있다. 실제로 입사를 같이 했어도 여성이 더 빨리 진급하는 경우도 많아지고 있다. 여성들의 약진과 활동이 기대된다.

선진국에서는 여성의 사회 진출이 우리보다 훨씬 앞서 있어 여성이 일할 수 있는 제도적 지원도 잘되어 있다. 삼성그룹은 비교적 일찍 여성 인력에 관심을 가지고 많은 지원을 한 경우다. 그래서 이제는 이사급 이상 중역이 되는 공채 출신 여성들이 빠른 추세로 늘어가고 있다. 이것 또한 삼성이 세계적인 경쟁력을 갖게 된 원동력의 하나라고 생각한다.

롯데그룹은 삼성그룹보다 늦은 편이지만 과장급 이상의 중견 직원들 중에서 여성 직원의 비율이 점차 높아지고 있다. 머지않아 여성 중역이 많이 나올 것이다.

여성 인력을 잘 활용하고 있는 기업들은 여성에게도 기회를 고루

주고, 성과에 대한 보상에서 차별을 두지 않는다. 기회를 동등하게 부여한다는 것은 핵심 업무나 주요 업무에서 여성 인력들이 배제되지 않도록 많은 주의를 기울인다는 것을 의미한다. 또한 도전적이고 성취감 높은 업무에도 여성들을 배치해 남성 못지않은 뛰어난 성과를 올릴 기회를 제공하기도 한다.

무엇보다 시급한 것은 가정과 일에 모두 충실하고자 하는 여성들이 회사에서 일하는 동안은 육아에 대한 걱정을 하지 않도록 지원하는 일이다. 일하고 싶어하고 또 그만한 능력이 충분히 있는데도 육아의 짐을 지고 가정으로 돌아가는 여성 인력에 대한 손실은 결국 기업과 사회가 부담하게 될 것이기 때문이다.

롯데백화점은 2009년 국내 기업 최초로 보건복지부와 '아이 낳기 좋은 세상 만들기' 업무협약(MOU)을 의결하고, 출산 장려를 위한 캠페인을 전개했다. 보건복지부와 롯데백화점 미혼 남녀 직원 30명의 만남을 주선하는 행사를 열기도 했다. 2010년에는 서울 종로구 재동에 임직원과 동료 사원 자녀를 위한 '롯데백화점 어린이집 1호점'을 열었다. 현재는 서울과 대구, 부산 지역에 있지만 앞으로는 다른 지역에도 설립할 계획이다. 여성은 물론이고 남성들도 일과 육아가 조화를 이룰 수 있는 근무 환경을 만들고자 노력하는 과정이라 할 수 있다.

미국의 존슨앤존슨(Johnsons & Johnsons)은 주요 보육 서비스 업체와 용역 계약을 체결하여 직원들이 활용하도록 하고, 비용까지 상당

부분 지원한다고 한다. 이를 통해 여성 인력의 업무에 대한 집중도와 조직에 대한 충성심을 높일 수 있었다고 한다.

한편 여성 인력에 대한 기업의 교육 지원도 빼놓을 수 없다. 직업 훈련이나 직무 전환 교육을 통해 자신이 원하는 업무를 찾아내고 그 일에 대한 만족도를 높일 수 있도록 각종 교육제도를 만드는 방법이다. 이러한 제도나 시스템이 안정적으로 도입되고 운영되기 위해서는 기업이 여성 인력을 활용하려는 적극적인 의지가 필요하지만, 그와 동시에 다른 구성원들의 동의와 이해도 필요하다. 여성과 남성의 구분이 아닌 함께 일하는 동료라는 의식과 회사에 대한 애정 및 충성심을 함께 공유할 수 있는 문화가 만들어지도록 지속적인 교육도 필요하다. 좋은 시스템과 제도가 뒷받침되더라도 구성원 모두의 이해와 동의가 없으면 여성 인력이 적극적으로 일하기 어렵고 높은 성과를 내기도 힘들기 때문이다.

여성 스스로도 생각을 바꿀 필요가 있다. 회사를 잠시 머무르는 곳 또는 자신이 가진 지식과 능력을 단기간에 발휘하고 끝나는 곳으로 여겨서는 안 된다. 물론 요즘에는 그런 여성은 거의 없는 것 같다. 기업과 사회에서 능력을 인정받으려는 여성들이 많아졌다. 남성적인 조직 분위기에서 여성 특유의 강점을 발휘해 성공한 여성들이 한결같이 하는 말이 있다. 소극적인 자세, 자신이 주체가 아니라는 생각을 버리고, 기업과 사회에 기여하면서 성공하겠다는 장기적인 비전을 가져야 한다는 것이다. 금방 그만둘 것 같은 사람에게 조직은 절대 투자하지 않을뿐더러 배려하지도, 기대하지도 않는다. 그뿐만 아니라 자신이 생각한 것보다 더 빨리 그만두게 되는 상황이 올 수도 있다. 일하는 사람이 일을 잘할 자세를 갖추는 것은 기본 중의 기본임을 명심해야 한다.

> 기업과 사회에 기여하면서 성공하겠다는 장기적인 비전을 가져야 한다.

## 여성의 시대는 반드시 온다

"사장님, 근래 2~3년간 직원들의 출산율이 약간 상승했습니다."

무척 반가운 소식이었다. 유통업, 서비스업의 특성상 여성 직원이 많은 백화점에서 출산율이 늘어났다는 보고를 받으니 '아! 이제 우리 회사가 여성들이 일할 만한 직장으로 바뀌고 있다'는 느낌이 들었다.

21세기는 '감성의 시대'라고 한다. 여성의 감성과 섬세함이 두각을 나타내는 일이 많아졌다. 여성은 언어 능력과 공감 능력이 뛰어나기 때문에 소통에서도 남성보다 원활하게 일 처리를 하는 경향이 있다. 여성들의 활약은 글로벌 기업에서도 두각을 나타내고 있다. 미국의 대표적인 청량 음료·스낵 제조업체인 펩시코와 세계적인 석유화학업체인 듀폰을 비롯해 최근에는 글로벌 IT기업인 HP와 IBM까지 여성 CEO를 등용하는 등 2000년대 이후 글로벌 기업의 여성 CEO

는 계속 증가하고 있다.

우리나라 여성들의 활약상은 새삼 언급할 필요가 없을 정도로 대단하다. LPGA는 우리나라 선수가 우승한 것만 100번이 넘는다. 남성의 영역이라 불리던 축구에서도 세계 정상에 서 있다. 비단 운동선수들만 두각을 보이는 것은 아니다. 다양한 영역에서 여성들의 활약상을 다룬 기사가 넘쳐나고, '최초', '최대'라는 말도 여성들의 활약상을 다룰 때 많이 붙는 수식어다. 초·중·고등학교나 대학에서도 여학생이 학생회장을 맡고 있는 학교가 절반을 넘는다고 한다. 2012년 변호사 시험에서도 여성의 합격률이 41퍼센트였고, 사법연수원 수료자 중 여성 검사 임용 비율이 60퍼센트를 넘었다고 한다. 서울중앙지검은 개청 이래 최초로 남성의 성역이었던 공안 1부와 강력부에 여성 검사를 배치했고, 특수 1부에도 여성 검사를 배치했다고 한다. 문화예술계도 마찬가지다. 국립중앙박물관, 국립현대미술관, 서울시립미술관의 수장도 모두 여성이 맡고 있다.

하지만 다음의 기사를 보면 현실은 아직 여성 인력의 활용이 부족한 것 같아 안타까움이 앞선다. 2012년 6월 8일자 《조선일보》에는 다음과 같은 기사가 실렸다.

> 경제협력기구(OECD)가 최근 '양성(兩性) 평등' 보고서에서 "한국 여성이 남성 못지않게 교육을 많이 받고 있지만 경제활동 참가율은 20년 전 수준"이라며 "한국 노동시장이 급격한 여성 학력 변화를 따라가지 못하고 있다"

고 지적했다. 한국 여성의 대학 진학률은 1990년 31.9%에서 2010년 80.5%로 급증해 세계 최고 수준이다. 선진국의 여성 대학 진학률은 미국 73%, 스웨덴 70%, 영국 60%, 프랑스 54% 등이다. 그러나 같은 기간 한국 여성의 경제활동 참가율은 49.9%에서 54.5%로 늘어나는 데 그쳐 OECD 30개 회원국 중 꼴찌에서 셋째다. 덴마크 77%, 스웨덴 76%, 영국 70%, 미국 69% 등 선진국은 대부분 70%를 넘는다. 한국 여성은 세계 어느 나라 여성보다 더 많은 교육을 받으면서도 지식과 능력을 활용하지 못하고 있다……

남성 중심의 사회에서 여성이 두각을 나타내는 일은 불과 얼마 전까지만 해도 쉬운 일이 아니었다. 교육 혜택도 적었고, 여성 인력을 활용하려는 사회적 시스템도 갖추지 못했기 때문이다. 하지만 시대가 변하고 세상이 필요로 하는 능력이 많이 달라지면서 고학력 여성 인재가 늘어났을 뿐 아니라 여성의 섬세함과 창의력이 사회 곳곳에서 놀라운 업적을 보여주고 있다.

> 여성의 섬세함과 창의력이 사회 곳곳에서 놀라운 업적을 보여주고 있다.

취업 포털사이트 '사람인'에서 기업의 인사 담당자 207명을 대상으로 채용 시장에서 여성 강세 현상을 묻는 질문에 70퍼센트가 "체감한다"고 답한 것으로 조사됐다. "우수한 지원자가 남성과 여성 중 어느 쪽이 많은가?"라는 질문에는 "여성"이라는 대답이 55.2퍼센트였다고 한다. 이는 인사 담당자들만의 생각은 아닐 것이다. 실력과 능력을 겸비한 인재도 여성이 많지만 실제 업무에서도 여성 직원들의 활약이 대단하다.

## 기회를 많이 만들고 제공해야

여성이 마음 놓고 능력을 발휘하는 사회가 되기 위해서는 결혼과 출산으로 일이 단절되거나 중지될 수 있다는 불안과 걱정을 덜어줄 수 있어야 한다. 특히 육아에 대한 걱정과 부담을 기업이 다양한 지원 활동으로 뒷받침해준다면 저출산 문제도 조금씩 개선되지 않을까 한다.

솔직히 기업 입장에서는 상당히 많은 투자가 필요한 부분이다. 기업의 부담이 매우 크다. 그럼에도 기업은 멀리 보고 투자해야 한다. 기업의 모든 비즈니스는 결국 사람에 달려 있기 때문이다. 고객이 많아야 하고 일을 하는 사람이 많아야 한다. 예를 들어 인구가 1000만 명인 곳에서 기업을 하는 것과 1억 명인 곳에서 기업을 하는 것은 다르다. 시장의 크기가 다르고 고객의 규모가 다르다. 기업들이 세계 시장으로 나가고 글로벌 경쟁에 뛰어드는 것은 고객이 더 많은 시장을 찾기 때문이다. 그런데 출산율이 떨어지고 인구가 줄어들면 고객의 수가 줄어든다. 그러면 일할 사람도 적어지고 일자리도 줄어들 수밖에 없다. 수요가 줄어들면 공급도 줄어드는 게 경제 원리다. 정부와 기업이 앞장서서 출산 장려 정책을 쓰는 것은 그런 위기감 때문이다. 하지만 출산율이 떨어지는 원인도 간과해서는 안 된다. 여성이 아이를 낳고 기르면서도 마음 놓고 일할 수 있는 제도적 뒷받침과 경제적 지원, 사회적 배려가 따라주어야 한다. 무조건 아이를 낳으라고 하는 것은 여성들에게 많은 부담을 주는 일이 된다.

백화점에서 일하는 엄마들을 위한 다양한 지원과 제도를 만들어주고, 이를 적극적으로 활용할 수 있도록 장려했더니 실제로 사내 출산율이 상승했다는 사실은 매우 고무적이다.

자원이 부족한 우리나라는 인적 자원이 최고의 자원이다. 수많은 인재들의 활약이 있었기에 단기간에 빠른 성장을 할 수 있었다. 앞으로는 인적 자원을 어떻게 활용하느냐가 기업의 경쟁력은 물론 국가 경쟁력을 높이는 데 매우 중요한 사안이 될 것이다. 특히 여성 인력은 기업 고용 시장에서 약 30퍼센트를 차지할 정도로 급격히 증가하고 있는 추세다.

사회와 기업이 출산과 육아에 대한 고민을 안고 있는 수많은 기혼 여성들에게 제도적 시스템을 만들어 지원하는 한편, 그런 여성들이 마음껏 능력을 발휘할 수 있는 문화와 분위기를 조성하는 일도 필요하다.

다른 기업에서도 "사내 출산율이 국내 기업 중에서 최고랍니다"라는 이야기가 오갈 수 있기를 기대해본다.

# 지식과 지혜가
# 조화를 이루는 시대

"사람과 세상을 바라보는 폭넓은 혜안과 지혜를 갖춘다면
그 어떤 일이 있더라도 헤쳐 나가는 데 어려움이 없을 것이다."

## 지식 무장은 기업의 생존과
## 경쟁력을 갖추기 위한 필요 조건

세계 경영학계의 구루라 불리는 피터 드러커 박사는 1999년에 '지식경영'이라는 화두를 던졌다. 우리나라에도 《21세기 지식경영》이라는 책으로 소개되었는데, 실제로 국내 기업들이 본격적으로 지식경영에 관심을 갖게 된 것은 2000년이 되면서부터일 것이다. 우리나라는 일본 기업의 영향을 많이 받다가 1990년대 이후에는 미국 기업과 경영학계의 영향을 많이 받기 시작했다. 미국에서 경영학을 전공하고 박사 학위를 받은 인재들이 국내에서 활동하기 시작한 시기와 맞물린다. 1990년대 미국에서 시작된 기업의 생존을 위한 경영혁신은 리엔

지니어링이나 리스트럭처링 같은 기업의 전면적 구조를 바꾸는 개념들이 나오면서 본격적으로 이루어지기 시작했다. 우리나라는 1990년대 후반 IMF를 겪으면서 경영혁신이 주는 효과에 대한 관심이 고조되기도 했다. 하지만 새로운 경영혁신 기법은 수많은 실업자들을 양산할 수 있다는 우려가 있었고, 실제로 경영혁신을 주도한 기업에 다니던 많은 사람들이 길거리로 내몰리기도 했다.

지식경영은 기업의 생존력과 경쟁력을 갖추기 위해 가장 필요한 도구였다. 여기서 지식은 기술과 정보, 그리고 아이디어와 그 아이디어를 실현하는 모든 도구를 말한다. 구체적으로는 정보 기술에 의한 데이터 및 정보의 가공 능력과 인간의 창조적이고 혁신적인 능력을 통합해 가치 창조의 극대화를 추구하는 기업의 프로세스라고도 정의한다. 지식경영에서 가장 강조한 것은 '인간의 창조적 능력이 지식사회에서 경쟁력의 핵심'이라는 것이다.

> 지식경영에서 가장 강조한 것은 '인간의 창조적 능력이 지식사회에서 경쟁력의 핵심'이라는 것이다.

피터 드러커 박사는 지식이란 일하는 방법을 개선하거나 새롭게 개발하여 기존의 틀을 바꾸는 혁신을 통해 부가가치를 높이는 것이라고 정의했다. 기업이 살아남기 위해서는 경쟁력을 확보해야 하는데, 이때 기업이 가진 인적 자원들의 지식이 경쟁 기업보다 우위에 있어야 함을 강조했다. 기업의 경쟁력은 조직 구성원들이 축적한 지식에 근거해 판단되고, 나아가 이러한 지식들이 얼마나 효과적으로 관리되고 재사용되며 회사의 자산으로 남느냐에 달려 있다고 했다.

지식경영의 결과 기업의 지식에 대한 교육, 정보에 대한 독점과 공유 등이 활발하게 이루어졌다고 할 수 있다. 그리고 그만큼 이런 경영을 가능하게 하는 주체인 인재 양성에도 심혈을 기울이며 경쟁력을 확보해왔다고 하겠다.

다른 나라의 역사에 관한 책을 읽고 리포트를 쓰는 일이나 역사 시험 보는 일을 임직원들이 처음부터 좋아했다고는 생각하지 않는다. 업무도 많은데 따로 시간을 내서 책을 읽거나 시험 준비를 하는 일이 결코 쉽지 않았을 것이다. 하지만 역사 공부와 역사 시험을 통해서 새삼스럽게 우리나라의 역사를 생각하는 시간을 가졌고, 역사 드라마를 보는 재미도 생겼고, 자녀들과 역사를 주제로 대화를 할 수 있어 좋았다는 이야기도 많이 듣게 되었다.

지식을 습득하고 쌓는 일은 단기간에 결과가 나타나지 않는다. 시간이 흐르면서 꾸준히 쌓인 지식이 뜻하지 않은 상황에서 경쟁력의 무기로 재탄생하는 것이다.

## 21세기는
## 지혜경영으로 가야 한다

지혜경영이란 지혜롭게 경영한다는 말로 설명할 수 있겠다. 지식경영이 개인과 기업의 경쟁력을 높이는 데 기여했다면 이제는 각기 다른 지식이 만나면서 새로운 시너지 효과를 내도록 패러다임의 전환이 필요할 때다. 예를 들어 기술과 인문학을 접목시키고자 노력한 애플은 전 세계 고객들의 사랑을 받는 제품을 개발했고, 아이튠스라는 콘텐츠 플랫폼을 만들어냈다. 스티브 잡스는 "애플의 창의적인 제품은, 애플이 기술과 인문학의 교차점에 서 있기 때문에 가능하다"고 강조해왔다. 이는 기술로만 접근했던 IT산업에 인간의 영역을 탐구하는 학문인 인문학을 접목시킨 발상이었기 때문에 일반인들뿐만 아니라 많은 기업들의 주목을 받았다.

IMF 이후 학문이 실용 위주로만 부각되고 인문학이 푸대접을 받고 있었던 우리나라 대학에서도 근래에는 인문·사회 분야 교양 강좌가 인기를 끌고 있다고 한다. 대학이 인문학에 관심을 가지고 학생들이 인문학 강좌에 몰리는 것은 매우 고무적인 현상이다. 이런 현상은 근래 기업이 원하는 인재가 전문 지식은 물론이고 풍부한 교양을 두루 갖춘 사람이라는 사회적 요구에서 출발했다고 할 수 있다. 자신의 전문 분야뿐 아니라 모든 부문에서 고루 교양을 갖춘 인재가 훨씬 더 일을 잘하고, 다른 사람과 조화를 이루며 성과를 낸다는 점에서 높이 평가받고 있다.

지금도 여전히 지식경영은 기업 경영의 중요한 화두다. 하지만 이제는 지식과 정보를 기업의 부가가치를 높이는 모든 활동에 이용하는 것 이상의 지혜로운 경영 활동이 필요해졌다. 지식경영은 창조경영으로 확장되었고, 지식과 정보와 창조적 아이디어는 새로운 시장을 만들어내고 새로운 성과를 만들어냈다. 하지만 재화든 서비스든 그것을 사용하는 고객, 즉 사람의 감정에 직접 호소하는 제품을 만들기에는 부족했다. 이러한 점에서 인문학은 사람에 대한 이해에서 출발하는 학문이기 때문에 새로운 변화에 큰 도움이 되는 학문이라고 할 수 있다.

'사람에 대한 이해'라는 의미에서 인문학을 강조했다. 중요한 것은 지식을 활용하는 데 그치지 않고 깊은 관찰과 성찰을 통해 지혜를 갖는 것이다. 역사 속의 사건과 인물의 행적, 문학 작품, 철학의 탄생 배경과 철학자들의 사상 그리고 예술 작품이나 예술가의 생애 등을 통해서 자신의 삶과 일에 지혜롭게 대처할 수 있게 된다. 또한 고객, 협력사 그리고 기타 이해관계자와의 관계 등에서 지혜로움이 어느 때보다 중요하게 부각될 것이다. 더불어 미래에 대한 통찰력을 키우는 데도 인문학은 많은 도움이 된다. 이는 조직 구성원뿐만 아니라 경영자에게도 해당하는 말이다. 수많은 역사서와 고전이 오늘날에도 많은 사람들의 관심을 끄는 이유는 거기에서 우리가 더불어 잘 살아갈 수 있는 지혜를 얻을 수 있기 때문이리라.

제4장

# 끊임없는 변화와 개혁만이 살 길이다

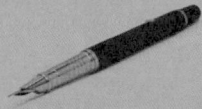

# 생각을 바꾸면 보인다

"마인드를 바꾼다는 것은
단순히 자세와 행동을 바꾸는 일과는 차원이 다르다."

## 우리는 어떤 사업을 하는 회사인가

유통업계에서, 그리고 백화점에서만 계속 일하다가 1998년 전무이사로 승진하면서 롯데리아 대표이사로 취임했다. 처음에는 대표이사로 승진했다는 기쁨보다는 다소 생소한 분야인 패스트푸드 업계에 대한 걱정과 두려움이 앞섰다. 물론 경영자로서의 능력과 자질을 개발하고 검증할 기회였지만, 잘 모르는 분야에서 성장과 발전을 도모해야 하는 시험대이기도 했다. 더구나 당시는 IMF 직후라 국내 경제 상황이 매우 좋지 않았다. 큰 부침 없이 성장과 발전을 해오고 있었고, 안정적인 매출을 이어가고 있었던 롯데리아도 바짝 긴장을 해야 할 시기였다.

경영자는 한 분야의 전문가이기 때문에 주어지는 자리가 아니다. 경영자가 해당 사업 분야에 대한 전문 지식을 가지고 있으면 물론 좋겠지만 그렇지 않다고 해도 경영자는 기존의 전문 지식을 가진 직원들을 움직여 회사를 성장시키고 발전시켜야 한다. 경영자는 전문 분야의 지식을 갖추는 것뿐만 아니라 조직 구성원들을 잘 관리하고 성과를 내도록 이끄는 것이 더 중요하다. 그리고 경제 상황은 끊임없이 변한다. 경제 상황이 좋을 때도 좋지 않을 때도 회사를 성장시키고 발전시키는 게 경영자의 사명이자 책임이다.

> 경영자는 전문 분야의 지식을 갖추는 것뿐만 아니라 조직 구성원들을 잘 관리하고 성과를 내도록 이끄는 것이 더 중요하다.

나는 롯데리아 경영자로서 우선 패스트푸드 업계를 알아야 했다. 3개월 동안 패스트푸드 업계의 특징과 구조, 국내 패스트푸드 업계의 시장 현황을 치밀하게 공부했다. 물론 롯데리아의 현황을 파악하는 일과 매장을 수시로 둘러보는 일도 게을리 하지 않았다. 전국의 매장을 다 둘러볼 수는 없었지만 대표적인 직영점과 가맹점을 둘러봤다. 그리고 앞으로 롯데리아를 어떻게 이끌어갈지 고민하고 전략을 구상했다. 그런데 공부를 하면서 주목하게 된 것이 있는데, 패스트푸드이면서 프랜차이즈 체제로 운영하는 롯데리아의 정체성이었다.

롯데리아는 당시 직영점과 가맹점이 약 370여 곳 있었다. 본사는 직영점과 가맹점에 모든 식재료는 물론 기타 부자재(포장지, 냅킨 등)를 공급하는 일과 전반적인 마케팅과 판촉 활동을 주로 하고 있었다. 롯데리아가 하는 일과 현황을 파악하고 나서 가장 먼저 떠오른 질문은 "과연 롯데리아는 무엇을 파는 회사인가"라는 것이었다.

직영점과 가맹점으로 나누는 운영 방식을 택하고 있으면서도 브랜드 관리와 마케팅, 판촉 활동 등은 본사가 일괄적으로 진행하는 시스템이었다. 글로벌 프랜차이즈와도 운영 방식이 조금 달랐고, 국내의 다른 프랜차이즈 업계와는 차이가 있었다. 군이 업종의 영역에서 구분한다면, 롯데리아 본사는 기본 식재료를 만들고 공급하기 때문에 제조업이라고 할 수 있다. 또한 식자재와 부자재를 각지의 롯데리아에 공급하고 그에 대한 이익을 가져오기 때문에 식자재 유통업이라고도 할 수 있다. 더불어 고객들에게 식음료를 판매하기 때문에 요식업이라고도 할 수 있다. 어느 하나 소홀히 해서는 안 되는 일이었다. 하지만 그중에서 가장 중요한 일은 무엇일까? 나는 결국에는 최종 소비자인 고객에게 맛있는 식사를 제공하는 일이 가장 중요하다고 생각했다. 그렇다면 롯데리아는 요식업으로서의 역할을 가장 철저하게 지켜야 하며, 요식업에서 가장 중요한 것은 고객에게 질 좋은 음식과 서비스를 제공하는 것이기에 서비스업이라는 판단을 내렸다. 그렇게 생각하니 롯데리아를 어떻게 경영할 것인지가 보였다. 고객 서비스에 대해서는 백화점에서 실무와 현장을 많이 경험했기 때문에 누구에게도 지지 않을 자신이 있었다.

## 차별화는
## 결국 서비스에 있다

나는 취임사에서 경영의 중점 목표를 세 가지로 이야기했다.

첫째, 세계 속의 롯데리아가 되어야 한다. 이미 전임 대표이사가 중국 진출의 교두보를 마련했고 중국 시장에서 글로벌 기업들과 경쟁하고 있었다. 이제는 중국만이 아닌 동남아시아, 아시아 전체, 그리고 세계를 향해 도약할 때라고 생각했다.

둘째, 건강하고 새로운 식생활 문화를 선도하는 롯데리아로 한 단계 더 발전해야 한다. 롯데리아는 일본에서 시작해서 한국에 진출한 후 한국인의 입맛에 맞으면서 저렴하고 맛좋은 패스트푸드로 꾸준히 성장하고 있었다. 이를 한층 더 업그레이드해 패스트푸드의 질과 서비스를 높일 때라고 생각했다.

셋째, 즐겁고 편안한 롯데리아를 만들자. 패스트푸드점은 잠시 머물러 식사를 하는 공간으로 인식되었다. 비록 패스트푸드지만 천천히 즐기면서 식사할 수 있는 공간으로 만들어야 한다고 생각했다.

당시 롯데리아는 글로벌 기업인 맥도날드, 버거킹, KFC, 파파이스, 하디스 등과 치열한 경쟁을 벌이고 있었다.

패스트푸드 업계의 현황과 프랜차이즈 시스템의 구조를 파악한 후에는 본사 임직원들과 함께 롯데리아의 현황을 파악했다. 그런데 임직원들과 만나는 시간을 마련하면서 느낀 점이 있었는데, 롯데리아에는 유난히 제조업 출신 임직원이 많다는 사실이었다. 제조업의 특성상 그들은 좋은 상품을 만들면 된다는 생각이 강했다. 롯데리아라는 브랜드 명성에서 좋은 상품은 가장 기본적인 요소다. 하지만 좋은 식자재 공급은 본사의 필수 역할이고, 직영점이나 가맹점 모두 고객이 즐겁게 식사할 수 있는 공간으로서의 역할에 대해서는 해당 점포의 가맹점주나 점포 책임자의 소관이라고 여기는 분위기였다. 즉 롯데리아 본사는 모든 과정을 잘 관리만 하면 된다는 관리 마인드가 강했다. 관리 면에서 롯데리아는 타 프랜차이즈 본사가 따라올 수 없을 정도로 훌륭한 시스템을 갖추고 있었다.

맛에서는 어떤 경쟁업체에도 결코 뒤지지 않지만 서비스에 대한 인식은 그리 높지 않은 것 같았다. 특히 매장에서 고객에게 순발력 있게 대응하지 못하는 일이 많았다. 물론 서비스 교육도 충실했고 서비스 매뉴얼도 잘 만들어져 있었다. 하지만 매장에서는 예상치 못한 상황이 수시로 발생하게 마련인데, 그런 상황에서 융통성 있게 대처하지 못한다는 고객들의 불만이 있었다.

원칙이 있다면 지키는 게 맞다. 예외를 많이 두거나 현장의 융통성이 지나치게 강조되어서도 안 된다. 하지만 원칙의 중심에는 항상 고객이 있어야 한다. 고객이 원하는 것이 무엇인지 정확하게 파악한 후, 회사의 방침이나 원칙에서 크게 벗어나지 않는다면 현장에서 바로 고객에게 편의를 제공할 수 있어야 한다. 이는 매장뿐만 아니라 각 매장을 지원하는 본사 직원들도 마찬가지다.

롯데리아를 찾은 고객이 원하는 것이 무엇인지, 고객의 입장에서 노력하는 자세가 매우 중요하다. 꾸준히 찾는 고객들이 있으니 이를 잘 관리만 하면 된다는 생각도 서비스 마인드를 잘 갖추지 못하는 요인 중의 하나다. 고객이 더 만족할 수 있도록 연구하고 노력하기보다는 프랜차이즈로 매장을 늘리고 가맹점에 식재료를 공급하는 데 만족하는 것처럼 보였다. 프랜차이즈 본사로서의 역할에는 최선과 최고를 자랑할 수 있었지만 가맹점에 대한, 고객에 대한 서비스 정신은 많이 부족했었다. 하지만 롯데리아는 서비스업으로서의 역할을 강화해야 한다고 판단했기에 이 문제는 매우 중요한 숙제가 되었다.

> 원칙이 있다면 지키는 게 맞다. 예외를 많이 두거나 현장의 융통성이 지나치게 강조되어서도 안 된다. 하지만 원칙의 중심에는 항상 고객이 있어야 한다.

관리 마인드는 모든 프로세스가 원활하게 돌아가는 데 일의 중점을 두면 된다. 그러한 관리 마인드로 롯데리아의 명성을 유지할 수 있었고, 큰 문제 없이 국내 패스트푸드 프랜차이즈 1위를 할 수 있었다. 하지만 치열한 경쟁에서 경쟁우위를 확보하고, 글로벌 시장을 내다보면서 사업을 전개해나간다고 했을 때 최종 소비자, 즉 롯데리아를 직접 방문해 롯데리아의 음식을 먹는 고객을 어떻게 만족시키는가에 따라 사업의 성장과 성패가 좌우된다고 믿었다. 이는 본사 임직원뿐 아니라 가맹점주나 점포 관리자에게도 해당하는 사항이었다.

## 생각을 바꾸는 일이
## 가장 어렵다

마인드를 바꾼다는 것은 단순히 자세와 행동을 바꾸는 일과는 차원이 다르다. 자세나 행동은 단기간의 교육으로 충분히 바꿀 수 있지만 마인드를 바꾸는 일은 근본적인 것까지 고민하고 생각해야 하는 과정이 필요하기 때문이다. 즉 롯데리아는 제조업체가 아니라 서비스 업체라는 인식의 전환이 절실히 필요했다. 하지만 오랫동안 업계 1위를 하고 있는 기업이라면 지금도 잘되고 있는데 왜 바꿔야 하는지 공감을 끌어내기 쉽지 않다. 브랜드 명성으로 가맹점을 열고자 하는 사업가들은 늘 있었고, 본사가 원자재를 모두 공급하는 구조이기 때문에 원자재 공급만으로도 충분한 매출을 확보하고 있었기 때문이다.

패스트푸드점의 성공 요소는 무엇일까. 함께 고민하고 이야기할 시간이 필요했다. 고객에게 더 나은 서비스를 제공하기 위해 우리는 무엇을 해야 하는가. 조리 기술이 점점 발전하고 있어서 브랜드별 맛의 차이는 크지 않다. 그럼에도 고객의 입맛을 제대로 사로잡지 못하는 회사는 도태될 수밖에 없다. 타사에는 없는 독특한 메뉴를 개발해도 얼마 지나지 않아 경쟁사의 모방 상품이 나오는 게 현실이다. 물론 모방 상품이 성공하기는 쉽지 않지만 모방 상품과 일정 기간 동안 경쟁해야 한다. 결국 고객에게 사랑받는 메뉴, 그리고 고객이 만족하고 언제든 다시 찾을 수 있는 서비스로 차별화할 필요가 있었다.

글로벌 기업들과 경쟁하려면 서비스도 롯데리아만의, 우리나라 고객의 감성과 정서까지 고려한 서비스 매뉴얼과 교육이 필요했다. 매장에서 주문을 받고, 계산을 하고, 햄버거를 제공하고, 청소하고 테이블을 정리하는 일, 그리고 들어오고 나가는 고객에게 인사하는 일이 서비스의 전부라고 생각하는 것도 문제였다.

패스트푸드 업계에서 서비스는 음식의 재료를 준비하고 만드는 과정, 제공하는 과정, 고객이 돌아가서 다시 매장을 찾기까지의 모든 과정에서 고객의 입장은 어떠한지를 생각하는 것이다. 그래서 본사 사장과 임직원들, 그리고 가맹점 사장들이 전부 참여하는 교육을 1년에 2번씩 정기적으로 실시했다. 이 교육에서는 아침에 매장을 열고 저녁에 문을 닫을 때까지 매장 안에서 이루어지는 모든 상황을 직접 체험했다. 메뉴별로 조리 방법을 익혔고, 위생관리를 어떻게 할 것인가를 배웠다. 또한 가맹점별 직원 교육도 별도로 이루어졌다. 본사 임직원들에게는 대학원이나 특수 과정 등을 통해 서비스에 대해서 공부할 수 있도록 독려하고 지원했다.

그때 처음으로 역사 공부를 제안했다. 세계적인 경쟁력을 갖추는데 꼭 필요한 일이라고 여겼기 때문이다.

역사 공부, 글로벌 기업에 대한 공부, 서비스에 대한 근본적인 생각의 전환 등은 교육 훈련을 통해서 계속되었다. 앞서 말했듯 마인드를 하루 아침에 바꾸는 일은 쉽지 않고, 하나씩 서서히 생각 속에 스며들어 자연스럽게 몸으로 표현되는 것이기 때문이다.

# 멈춘 자동차는
# 다시 달리게 해야 한다

"개혁과 변화에 대한 방향을 잡았다면
경영자는 흔들림이 없어야 한다."

## 온몸으로
## 솔선수범해야

"사장님도 가시게요?"

"왜? 뭐 문제 있나?"

"아니요. 사장님 연세에는 너무 힘든 훈련인 것 같습니다. 아니면 사장님이 훈련에 참여하실 때는 훈련 내용을 조금 약하게 수정하면 어떨까요?"

내가 해병대 훈련에 참여하겠다고 하자 담당 임원이 난색을 표했다. 환갑을 넘긴 나이에 훈련을 받다가 쓰러지기라도 하면 어쩌나 걱정이 앞서는 모양이었다.

"그대로 진행해요! 직원들에게 부담되지 않게 잘 따라갈 테니까."

알겠다고 하고 사장실을 나서는 임원의 뒷모습에 걱정이 가득 묻어 있었다. 해병대 훈련은 롯데마트 시절부터 시작했는데, 롯데백화점으로 온 후에도 대리 이상 승진자들을 대상으로 실시해왔다.

내가 부임했을 당시 롯데마트는 할인점 업계에서는 후발 주자였기 때문에 직원들은 타 유통사나 그룹 내에서 각 분야의 전문가를 영입해온 경우가 많았다. 그러다 보니 이렇다 할 조직 문화도 없었고, 이전 조직에서 일하던 방식을 그대로 적용하는 경우가 많아 업무의 일관성도 없고 고객 대처 능력도 떨어졌다. 마치 모래알처럼 섞이지 못하고 따로따로 흩어져 있다는 느낌이 강했다.

'롯데마트인'이라는 의식은 찾아볼 수 없었다. 같은 목표를 향해 함께 일하는 사람들이라는 공동체 의식이 상당히 희박했다. 심지어는 중역회의 때도 사장 앞에서 저마다 자기주장만 내세우기 바빴다. 그 주장의 근거는 대부분 이전 회사의 경험에서 나온 것이었다. 새로운 시도나 발전 방안을 모색하지 않고 과거 사례를 다시 반복하려고 했다.

직원들의 공동체 의식을 함양할 수 있는 방법을 고민했다. 회의나 워크숍 등으로 직원들이 함께하는 자리를 자주 만들었지만 형식적인 행사에 그치곤 했다. 그래서 생각해낸 것이 해병대 훈련 캠프였다. 2003년 3월에 부임한 후 3개월 동안 회사의 현황을 파악하는 데 시간을 보냈으니 이제는 구체적인 개혁을 실행에 옮겨야 할 시점이었다.

해병대에서 일반인들을 대상으로 캠프를 열었는데, 짧게는 1박 2일에서 길게는 일주일 정도 해병대 캠프에 지원하는 사람들이 많다는 기사를 읽은 적이 있었다. 사람마다 해병대 캠프에 참여하는 사연은 달랐지만 한결같이 힘든 훈련을 통해 삶의 용기를 얻었다는 이야기였다.

롯데마트 직원들의 해병대 극기 훈련은 7월에 이루어졌다. 팀별로 나누어 2박 3일간의 해병대 훈련 캠프에 참가 신청을 했다. 한 주에 1기씩 약 120여 명의 직원들이 참가했고, 5기까지 참여함으로써 주요 임직원 약 700여 명이 훈련을 마칠 수 있었다. 나는 1기로 가장 먼저 훈련에 참여해 직원들과 함께 구보를 하고, 통나무를 함께 졌으며, 진흙탕을 기어가며 훈련을 받았다.

> 몸은 힘들었지만 훈련 과정을 거치고 나니 직원들의 눈빛이 달라지기 시작했다. '우리도 할 수 있다', '우리는 공동체다'라는 생각이 생긴 것 같았다.

몸은 힘들었지만 훈련 과정을 거치고 나니 직원들의 눈빛이 달라지기 시작했다. '우리도 할 수 있다', '우리는 공동체다'라는 생각이 생긴 것 같았다. 수료식에서는 훈련에 참여한 사람들이 한자리에 모여 훈련에서 느낀 점을 이야기하는 시간을 가졌다. 같은 공간에서, 같은 시간에, 같은 훈련을 받으며 느낀 것은 각자 조금씩 달랐다. 하지만 모두 한결같이 이야기하는 것은 "혼자라면 절대 견뎌내지 못했을 것이다"였다. 함께하는 동료가 있었기에 2박 3일의 힘든 훈련에서 낙오하지 않고 이겨낼 수 있었다고 했다.

새로 부임한 내가 아무리 "우리는 변해야 한다"고 이야기해도 잘 흡수되지 않는다고 생각했는데, 해병대 훈련에 참가한 후 변화의 필요성 정도는 인식하게 되었구나 하는 느낌을 받았다. 그 후 수료식에는 열 일을 제쳐두고 해병대 캠프가 있는 영종도로 향했다.

## 변화는 멈춘 자동차를 다시 달리게 하는 일

직원들은 롯데마트가 유통업계의 선두주자인 롯데가 시작한 사업이니 당연히 잘될 거라는 막연한 믿음을 가지고 있었다. 그것이 의외로 발목을 잡는 요인이 되었다. 시장은 냉혹했고, 이미 한참 앞서 있던 경쟁사에 밀리고 있었음에도 현실을 인정하려 하지 않았다.

과거의 성공 경험을 믿고 시장 변화에 소극적으로 대응해 소비자의 요구를 따라가지 못하면 아무리 일류기업이라고 해도 성공함정(success trap)에 빠질 수밖에 없다. 그만큼 변화하는 시장 환경에 맞게 기업이 변화하는 것은 매우 중요한 일이다. 하지만 기업이 변화와 혁신을 시도해서 성공할 확률은 20~25퍼센트에 불과하다는 연구 결과가 있다. 75~80퍼센트에 해당하는 기업들은 변화의 필요성을 인지하고 변화를 시도했지만 실패했다는 얘기다. 그만큼 기업의 변화는 그 중요성만큼이나 쉽지 않은 문제다.

변화의 필요를 절감한 경영자가 아무리 소리 높여 외쳐도 직원들이 공감하고 움직여주지 않으면 변화는 불가능하다. 지금 20킬로미터를 달리고 있는 자동차를 50킬로미터, 100킬로미터로 속도를 높이는 일과는 다른 차원이다. 변화나 개혁은 멈춰 서 있는 자동차의 시동을 다시 걸고 출발하는 일이다. 출발한다고 해서 끝나는 게 아니다. 속도를 내고 그 속도를 유지할 수 있어야 한다. 경영자 혼자만의 의지로는 불가능하다. 그러기에 경영자는 끊임없이 구성원들에게 변화의 필요성을 설득해야 한다. 그리고 그 변화가 주는 가능성, 우리가 함께 이룰 수 있는 비전도 제시해야 한다. 무엇보다 경영자는 변화로 인해 혼란을 겪는 직원들의 불안을 해소시켜줄 수 있어야 한다.

당연히 저항도 있을 것이다. 변화란 본래 사람의 마음을 불안하고 불편하게 만들기 때문이다. 경영자로 일하면서 해병대 훈련을 제안했을 때도, 역사 시험을 도입했을 때도, 인문학 과정을 듣도록 권했을 때도 임직원들의 저항이 있었다. "도대체 이런 일이 우리가 돈을 버는 것과 무슨 상관이 있다는 겁니까?" 하며 노골적으로 불평하는 직원들도 있었다. "사장은 왜 이런 결정을 했을까?", "사장의 생각은 무엇일까?"를 묻기 전에 막연한 거부감을 보이기도 했다.

변화에 대해 저항이 일어나는 것은 조직 구성원들이 자신이 가치 있다고 여기는 것을 잃지 않으려는 욕망과 변화에 대한 낮은 인식 때문이기도 하지만 변화와 그 의미에 대한 오해, 즉 변화가 우리 조직에 필요하지 않다는 믿음이 크기 때문이다. 따라서 모두가 위기를 절감하고 공감할 때 저항은 생기지 않는다. 지금까지 잘해왔고, 지금까지 해온 방식으로 성공한 경험이 있는 사람들일수록 저항하기 쉽다. 특히 새롭게 변화를 도모하면 번거로운 일이 얼마나 많이 생기는지 잘 알고 있는 사람들이 심적 저항을 많이 한다.

겉으로는 보이지 않는다. 경영자의 생각에 대놓고 반발하지는 않지만 능동적으로 행동해주지 않는 것도 저항의 한 형태다. 눈에 보이는 저항뿐만 아니라 눈에 보이지 않는 저항까지도 경영자는 파악하고 있어야 한다. 특히 어느 정도 경력이 쌓인 중상층부의 직급자들과 현장의 책임 관리자들이 변화를 두려워한다. 최상층부의 임직원들은 사회 곳곳에서 변화의 필요성을 절감할 기회가 많고, 현장의 실무자들은 직접 고객의 소리를 듣고 협력업체들과의 관계에서 여러 가지 어려움을 겪기 때문에 변화에 대한 저항이 적고, 변화의 필요성과 경영자의 비전을 공감하고 빨리 움직인다. 그렇기 때문에 중간에 있는 직원들을 설득하고 움직이게 해야만 경영 개혁이 성공할 수 있다.

무엇보다 경영자는 개혁과 변화에 대한 방향을 잡았다면 흔들림이 없어야 한다. 기업 경영의 현장에서 변화와 개혁을 추진할 때에는 경영자는 물론이고 직원 모두가 상당한 에너지를 쓰게 된다. 현장 실무자들은 스트레스를 많이 받을 수밖에 없다. 그럴 때 경영자가 흔들리는 모습을 보이거나 결단이 필요한 시기에 우유부단한 모습을 보이

> 저항도 있을 것이다. 변화란 본래 사람의 마음을 불안하고 불편하게 만들기 때문이다.

면 직원들은 쉽게 지쳐버린다. 경영자의 말 한마디가 현장에서는 엄청난 무게로 다가가듯, 경영자의 흔들림 역시 현장에는 커다란 파도가 될 수 있기 때문이다.

피터 드러커의《경영 바이블》에 이런 구절이 있다.

"우리가 살고 있는 대변혁의 시기에 변화는 하나의 규범이다. 확실히 변화는 고통스럽고 위험 부담이 따르며 무엇보다도 엄청난 양의 일을 요구한다. 그러나 변화를 이끌어나가는 것을 조직의 일로 보지 않으면 그 조직은 살아남을 수 없다."

시장의 변화를 빨리 감지하고 조직과 구성원이 유연하게 움직이는 기업이 살아남는 시대다. 외부는 물론이고 기업 내부에서도 지속적으로 변화를 요구하고 있다. 경영자는 외부의 변화를 앞서 내다보고 빠르고 합리적이며 효율적인 결단으로 내부의 변화를 이끌어내는 지혜와 리더십을 발휘해야 한다.

## 공감은
## 몸과 마음이 동시에

경영자가 해야 하는 가장 중요한 일 중의 하나가 판단하고 결정을 내리는 일이다. 조직 구성원들이 현장 곳곳에서 일어나는 상황을 보고 만든 기획안은 다양한 경로를 통해 경영자에게 전달된다. 회사의 커다란 정책 방향과 비전을 설정할 때는 경영자가 직접 기획을 하는 경우도 있다.

경영자는 조직의 상황을 철저히 파악하고 종합적인 판단을 한 후 결정을 한다. 종합적인 판단을 할 때는 조직의 대내외적인 문제를 고려해야 한다. 대내외 이해당사자들의 요구를 수용할 것과 수용할 수 없는 것으로 구분하여 조직과 구성원의 이익을 우선으로 해야 하는 경우가 많다. 만일 경영자의 결정이 잘못되면 조직과 구성원이 방향을 잃고 헤매게 된다. 또한 경영자의 결정이 늦어지거나 주저하게 되면 현장에서 업무를 맡은 사람들은 우왕좌왕하면서 오로지 경영자만 바라보는 일이 발생한다.

그리고 경영자의 결정에는 항상 책임이 따른다. 경영자는 최고 결정권자인 동시에 최고 책임자인 것이다.

프랑스의 작가 생텍쥐페리는 《아라로스의 비행》이라는 책에서 리더의 역할을 다음과 같이 이야기한다. "지도자는 책임을 떠맡는 사람이다. 그는 '내가 패배했다'고 말하지, '내 부하가 패배했다'고 말하지 않는다."

50여 년 전에 나는 ROTC 3기 장교로 군생활을 했다. 그때 처음으로 리더에 대해서 많은 생각을 했는데, 경영자가 되어서도 그때의 생각과 경험을 떠올리곤 한다. 알다시피 ROTC, 즉 학군장교는 학교생활을 하면서 장교가 되기 위한 교육 훈련을 받는다. 당시에는 대학교 3학년이 되면서부터 시작했는데, 3, 4학년 여름방학 중에 한 달씩 훈런을 받았다. 졸업 후 임관하고 초급간부 훈련을 각 병과학교에서 받아야 했다. 당시만 해도 일반 사병은 군 복무 기간이 3년 정도였다. 일반 사병들의 절대적인 훈련 시간에는 미치지 못하지만, 훈련의 강도는 높았다. 다양한 리더십 훈련을 비롯하여 수준 높고 강도 높은 교육과 훈련을 받았다. 훈련 조교들에게 기합도 몹시 고되게 받았던 기억이 난다. 점호할 때는 말도 못할 지적을 당하고 조금이라도 실수를 하면 가차 없이 기합을 받았다. 이는 사병과 똑같은 체험을 함으로써 앞으로 장교가 되었을 때 사병을 이해하고 이끌 수 있는 통솔력을 키우는 동시에 장교로서의 자질을 키우기 위한 훈련이었다.

병과 훈련을 마치면 부대에 배치되는데 보병 소위는 소대장으로서 40여 명의 사병들을 거느리게 된다. 장교는 전쟁터에서 사병들을 지휘하고 이끄는 임무가 있을 뿐만 아니라 사병들의 목숨도 지켜주어야 한다. 장교의 잘못된 판단이나 행동은 사병들을 사지로 내몰 수 있고, 사병들의 고충을 이해하지 못하면 사병들이 장교를 따르지 않을 수도 있다. 전쟁에서, 전투에서 벌어지는 일은 훈련과는 차원이 다르다. 실제 상황에 대비해 장교 훈련은 항상 전시 상황처럼 긴장감 속에서 이루어진다.

훈련을 받고 나면 임관했을 때 훈련중에 일어날 수 있는 일을 미리 대비하고 사병들을 통솔할 수 있게 된다. 예를 들면 어떤 훈련에서는 어디가 다칠 가능성이 많다는 것을 예측할 수 있다. 기합의 강도에 따라 고통의 강도도 경험했기 때문에 사병들을 지도하는 데도 도움이 된다.

아무리 상대의 입장에서 생각하고 행동한다고 하더라도 직접 경험하지 않았다면 솔직히 쉽지 않은 일이다. 몇 년 동안 롯데마트, 롯데백화점에서 해병대 훈련 캠프에 참가할 때 사장인 내가 가장 먼저 1기로 입소한 것은 직원들이 체험하게 될 모든 훈련을 내가 먼저 경험하고 그들이 느낄 육체적, 정신적 고통 및 변화를 나도 함께 느끼고자 했기 때문이다. 만일 내가 참여하지 않고 직원들만 보내고 수료식에서 "수고했다"고 칭찬해서는 아무도 나를 리더로 따르지 않았을 것이다. 경영자는 마음으로 공감하는 일뿐 아니라 몸으로 함께 공감하는 일에도 솔선수범해야 한다. 신뢰는 마음과 몸의 공감이 있을 때 시작된다.

> 경영자는 마음으로 공감하는 일뿐 아니라 몸으로 함께 공감하는 일에도 솔선수범해야 한다.

판단과 결정은 경영자가 할 수 있지만 실제 현장에서는 직원들이 움직여야 한다. 세상에 누가 신뢰하지 않는 사람의 판단과 결정을 믿고 행동으로 옮기겠는가. 직원들이 '믿고 따르자'는 자세로 실무에 임해주어야 비로소 경영자의 결정이 힘을 발휘한다. 직원들의 신뢰는 경영자의 판단과 결정이 항상 공정하고 옳았으며, 직원 모두를 위한 것이라는 믿음에서 나온다. 더불어 경영자는 자주 결정을 번복하지 않고 흔들리지 않아야 직원들이 중심을 잡고 일할 수 있다.

경영자가 어떤 결정을 할 때는 긍정적인 결과를 생각하는 게 당연하지만 더불어 혹시 있을지 모르는 반발이나 부작용 또는 부정적인 결과에 대해서도 예측해야 한다. 경영 상황이 수시로 변하고 혼란스러운 시기에는 경영자의 결정이 조직에 커다란 지침이 되기도 하지만 잘못된 결정을 내릴 경우 조직 전체가 방향을 잃고 헤맬 수도 있기 때문이다.

# 변화와 개혁은
# 기업의 숙명이다

"때로 경영자는 무모할 수도 있는 도전을 한다. 결과를 예측할 수 없음에도 이것만은 반드시 이루겠다는 강한 의지를 가지고 밀어붙인다."

## 충격이 클수록
## 변화도 확실하다

롯데마트에 부임한 지 얼마 되지 않은 2003년 봄 어느 날, 한 경쟁업체 점포에 들렀다가 화장실에 간 적이 있다. 큼지막하게 확대한 '2002년 국가 고객만족도지수(NCSI: National Customer Satisfaction Index)(할인점 부문)'라는 기사가 눈에 띄었다. 조선일보, 생산성본부, 미시간대학이 주관하여 분기에 한 번씩 산업별 고객만족도지수를 발표한 것이었다. 빨간색으로 굵고 크게 표시된 할인마트 순위를 보니 경쟁업체는 2위였다. 롯데마트는 7위, 꼴찌였다. 이 사실을 직원들은 어떻게 받아들이고 있을지 궁금했다. 사무실로 돌아와 간부 사원들을 불러 기사 내용을 들려준 후 그 이유가 무엇인지 생각해본 적 있느냐고 물었다. 돌아온 대답은 "후발 주자이니 어쩔 수 없습니다"였다. 이후 임원이나 직원들을 만날 때마다 "우리가 왜 고객만족도에서 꼴찌일까요?" 하고 질문했다. 대부분의 임직원들이 꼴찌라는 것은 알고 있었다. 하지만 "왜?"라는 질문에는 저마다 이유가 달랐고 핑계가 많았다.

문제는 알고 있지만 원인이 무엇인지, 어떻게 해야 문제를 해결할 수 있는지 다들 속수무책이었다. 결국 문제의 원인을 찾는 일부터 시작했다. '롯데마트가 왜 꼴찌인지' 알아야 했다. 매장 책임자, 중간 관리자, 현장 직원들을 면담했고, 머천다이저와 협력업체, 고객들의 반응까지 일일이 조사했다. 설문 조사를 하고, 실상을 파악하고, 통계를 내는 작업은 3개월이 걸렸다. 그런 작업을 통해 우리가 얻은 문제는 세 가지였다. '비싸다', '살 게 없다' 그리고 '서비스가 좋지 않다'. 마트가 가장 기본적으로 갖춰야 하는 세 가지, 즉 가격, 상품 구색, 서비스에 문제가 있었던 것이다. 고객이 할인마트를 찾는 이유는 무엇일까? 싼 가격, 다양한 상품, 친절한 서비스를 기대하기 때문이다. 그런데 그중 하나도 제대로 만족시키지 못하고 있다면 과연 할인마트라고 할 수 있을까?

조사 결과를 바탕으로 우리가 꼴찌인 이유를 임직원들에게 설명하면서 빨리 변화하지 않으면 고객이 만족하지 못하는 정도가 아니라 고객에게 외면당할 것임을, 이대로는 경쟁에서 살아남기 어려운 상황임을 강조했다. 그럼에도 여전히 이유와 핑계를 대기에 바빴다. 이유도 각양각색이었고, 나름 고충도 이해가 되었다. 하지만 이대로라면 꼴찌 정도가 아니라 고객들에게 외면을 당할지도 모른다는데도, 살아남을 수 없다는데도 현실을 진지하게 받아들이지 않았다. 당시 임직원들의 표정에서 '현 상황을 잘 모른다', '알고 싶어하지 않는다', '알면서도 인정하지 않는다'는 분위기를 읽었다. 어떻게 하면 직원들이 사태의 심각성을 깨닫고 진지하게 고민하게 될까?

고민이 다시 시작되었다. 후발주자이다 보니 다른 곳에서 일하다 온 직원들이 많았다. 화합과 직원들 간의 이해도가 낮은 편이었다. 그래서 해병대 극기 훈련이라는 방법을 선택했던 것이다. 다행히 결과는 성공적이었다. 직원들은 서로 존중하고 배려하는 자세, 우리도 할 수 있다는 자신감을 갖게 되었다. 이제는 그 이상의 무엇이 필요했다. 롯데마트에 대한 고객들의 인식을 바꾸는 일과 롯데마트 직원들의 고객에 대한 인식을 바꾸는 일을 동시에 이룰 수 있는 획기적인 대안이 절실했다. 직원들과 계속되는 아이디어 회의에서 나온 것이 '최저가 10배 보상제'였다. 가격이라는 핵심에 먼저 집중한다는 좋은 아이디어였다. 그때도 이미 최저가 2배 보상제가 있었다. 우리는 5배로 확대하자는 얘기도 나왔다. 하지만 그 정도로는 경쟁업체와 큰 차별점이 없었다. 그래서 다른 업체가 흉내낼 수 없을 만큼 파격적인 10배 보상을 내세우기로 했다.

이 행사의 목적은 두 가지였다. 첫째는 롯데마트가 노력하고 있다는 사실을 고객들에게 빨리 알리자는 것이었고, 둘째는 롯데마트의 상품 가격이 비싸다는 사실을 임직원들 스스로 깨닫도록 한다는 것이었다. 처음에는 반응이 미미했지만 입소문이 나기 시작하면서 10배 보상제에 대한 반응은 가히 폭발적이었다.

## 개혁에 주저함이 있어서는 안 된다

루 거스너는 심각한 경영난에 빠졌던 IBM을 구한 CEO로 유명하다. 그는 맥킨지를 거쳐, 아메리칸 익스프레스 카드, RJR 나비스코를 경영하면서 빠르고 단호한 결단력과 추진력을 인정받아 1993년 IBM의 CEO가 되었다. IBM은 1985년까지 세계 최고의 기업이었다. 회사는 점점 성장했고, 직원들은 자부심이 넘쳤다. 하지만 이후 추락하기 시작하여 루 거스너가 IBM의 CEO가 되었을 때는 더 이상 떨어질 곳이 없을 만큼 매출이 심각했고, 회사의 이미지도 좋지 않았다. 직원들은 자부심이 지나쳐 자신들이 최고라는 자만에 빠져 있었다.

CEO가 된 거스너는 고객들과 업계의 전문가, 현장의 실무자들까지 다양한 사람들을 만나 회사의 문제점을 파악하고자 노력했다. 무너져가는 회사를 살리고자 구조조정을 단행했고, 자금의 흐름을 다시 점검했다. 원활한 운영이 어려운 공장은 문을 닫았고, 적자로 허덕

이는 사업 부문은 과감하게 정리했다. IBM을 살리는 개혁을 실행한 것이었다. 그러던 어느 날 인텔 펜티엄 칩을 장착한 PC에 문제가 생겨 고객들의 불만이 많다는 사실을 알게 되었다. 하지만 이를 귀담아 듣고 진지하게 대응한 직원이 없었다. 그들은 어떻게든 해결되겠지 하는 안일한 생각으로 시간을 보내고 있었다. 매출이 하락하고 심각한 위기에 처해 있음에도 직원들이 무사안일주의에 빠져 있음을 루 거스너는 절실히 깨달았다. 고객들이 더 피해를 입지 않도록 루 거스너는 특단의 발표를 하게 된다. "IBM은 고객들에게 실수를 저질렀습니다. 그동안 판매했던 PC들을 전량 회수하고, 결함의 원인을 밝혀 모두 해결되기 전까지는 단 1대의 PC도 만들지 않겠습니다."

당장 엄청난 손실이 예상되는 일이었기 때문에 회사는 발칵 뒤집혔다. 하지만 거스너는 지금 수억 달러의 손해를 보는 것보다 고객에게 가장 좋은 품질의 제품을 제공하고자 하는 회사의 이미지를 전달하는 게 더 중요하다고 판단했다. 이를 계기로 회사 안팎의 이미지는 좋아지고 직원들도 달라지기 시작했다. 루 거스너가 부임한 지 5년 만에 IBM의 매출은 크게 늘었다.

개혁에 나선 루 거스너는 마치 외과의사와 같았다고 생각한다. 환부를 과감히 도려내는 수술을 집도한 의사 말이다. 하지만 병에 걸렸다고 해서 반드시 수술이 필요한 것은 아니다. 지속적인 관리와 검사, 생활습관을 개선하는 것만으로도 병을 고치고, 더 악화되지 않도록 할 수 있다.

경영자는 필요한 경우 외과의사가 되어 과감하게 환부를 도려내야 하고, 시스템을 지속적으로 관리하고 고쳐나가면서 기업 스스로 강한 체질을 만들 수 있도록 해야 한다. 그것이 바로 경영자가 단행하는 개혁과 변화라고 할 수 있다.

IBM의 경우처럼 매출이 심각하게 떨어지고 고객 불만이 극에 달했을 때는 소극적인 조치로는 경영 개선과 매출 상승을 기대하기 어렵다. 루 거스너는 판매 중단이라는 극단적인 조치를 취하면서까지 직원들의 생각을 바꾸려고 했고, 결국 변화와 개혁에 성공했다.

## 위기관리는 일상적으로

때로 경영자는 무모할 수도 있는 도전을 한다. 결과를 예측할 수 없음에도 이것만은 반드시 이루겠다는 강한 의지를 가지고 밀어붙인다. '최저가 10배 보상제'는 경영자의 자리를 걸고 한, 경영자로서는 절체절명의 도전이었다. 변화의 필요성에 공감하는 직원들조차 말릴 정도였다. 하지만 반드시 성과가 있을 것이라 믿었고, 무엇보다 직원들의 생각과 행동을 바꾸려면 이 정도로 충격적인 것이어야 한다는 확신이 있었다. 만일 그때 시장점유율을 높이기 위해 무조건 싸게 매입해서 많이 팔아야 한다고 강조했다면 어땠을까? MD들은 경쟁업체에 한창 뒤처진 상태에서 제조협력사로부터 싸게 매입할 수 있었을까? 경쟁업체보다 비싼 상품을 고객들이 거들떠보기나 했을까? 경영자의 자리를 건 도전과 엄청난 영업 손실을 감수하는 의지를 보여주자 직원들은 생각과 행동을 바꾸었다. 또한 이것은 고객과 협력사, 경쟁업체가 그동안 우리 회사에 대해서 가지고 있던 부정적인 인식을 바꾸는 데 결정적인 계기가 되었다.

오랫동안 몸과 마음에 밴 습관은 타고난 성격이나 성품까지 바꿔버릴 만큼 강력하기 때문에 한 번에 바꾸기가 쉽지 않다. 어느 날 몸에 이상을 발견하고 위궤양이나 위염, 심하게는 위암 판정을 받은 사람은 바로 식습관을 바꾸기 시작한다. 폐암 등이 발견되었다고 하면 수십 년간 피우던 담배를 쉽게 끊는다. 몸에 이상이 나타나기 전까지는 아무런 대비도 하지 않던 사람들도 극단적인 상황이 닥치면 식습관은 물론이고 모든 생활습관을 바꾸는 게 가능해진다. 이런 경우가 아니면 사람은 근본적으로 변화하기가 참 어려운 존재다. 살아야겠다는 간절함이 있어야 생활습관을 바꾼다.

기업도 마찬가지다. 경기가 호황이고 모든 것이 순조롭게 흘러갈 때는 위기감을 느끼지 못한다. 특히 실적이 오르고 승승장구하고 있을 때는 기업 내 분위기가 느슨해지고 곳곳에서 예기치 않은 실수가 생긴다. 작은 실수 하나가 큰 사건으로 확대되지 않는 한 아무도 위기를 감지하지 못한다. 조직 전체가 위기를 느낄 때는 어디부터 손을 대야 할지 모를 만큼 위태로운 상황에 처해 있다. 현명한 경영자들이 기업 경영이 순조로울 때 위기에 대비하려는 것은 이 때문이다.

경영자는 기업이 위기에 빠질 때를 대비해야 하고, 때로는 위기에 빠진 기업에 구원투수로 투입되기도 한다. 물론 경영이 순조로울 때도 끊임없이 변화하는 시장 환경과 글로벌 경제의 흐름을 주시하고 지속적인 변화와 개혁에 힘쓰는 일 또한 경영자의 몫이다.

> 조직 전체가 위기를 느낄 때는 어디부터 손을 대야 할지 모를 만큼 조직이 위태로운 상황에 처해 있다.

# 일석이조,
# 일석삼조를 생각하는 경영

"경영자는 한 가지 일을 추진해서
한 가지 이익을 얻겠다고 생각해서는 안 된다."

## 숲을 가꾸고
## 나무를 보살피고

경영자는 숲을 보고 움직이는 사람이다. 숲에는 수많은 나무들이 자라고 있다. 햇볕이 잘 들어 기운 좋게 뻗어나가는 나무도 있고, 예쁘게 꽃을 피우거나 과실을 맺는 나무도 있다. 나무 한 그루 한 그루가 건강하게 자라주어야 숲은 생기가 넘치고 울창해진다.

경영자는 숲을 보면서도 나무 하나하나에 신경을 써야 한다. 예를 들어 기업에는 제품 개발을 담당하는 부서, 마케팅을 담당하는 부서, 홍보와 광고를 담당하는 부서, 인사를 담당하는 부서, 재무관리를 담당하는 부서 등이 있다. 업무가 세분화되어 각 직원들이 분담하지만 이들의 업무가 전체적으로 잘 굴러가기 위해서는 경영자가 제도적으로 뒷받침해주어야 한다. 또한 경영자는 직원뿐만 아니라 주주, 고객, 협력업체의 이해관계까지 고려해야 한다. 때로는 공공기관이나 정부기관, 심지어는 법률의 한계까지 파악하면서 경영전략을 세워야 한다.

그래서 경영자는 한 가지 일을 추진해서 한 가지 이익을 얻겠다고 생각해서는 안 된다. 어떤 일을 계획하고 추진할 때에는 그 일에 관련된 부서와 이해관계자들까지 염두에 두어야 할뿐더러, 그 일을 추진하여 나타나는 성과가 고루 미치도록 해야 한다.

롯데마트가 '최저가 10배 보상제'를 실시했을 때, 첫 번째 목적은 직원들의 인식을 바꾸는 것이었다. "우리는 지금 할인마트로서 기본적으로 갖추어야 할 것들을 제대로 갖추고 있지 않다. 경쟁에서 살아남기 위해서는 변해야 한다"라는 사실을 절감하게 하는 일이었다. 우리가 부담해야 할 금액이 만만치 않을 것이라고 예측했다. 하지만 그보다 더 큰 목적을 위해 치러야 할 수업료였다. 반발과 불만, 시행으로 인한 혼란을 예상하고 추진한 일이었다. 하지만 단지 직원들의 인식만 바꾸는 것으로 끝났다면 경영에 큰 부담으로 작용했을 것이다. 모든 요소를 감안했다고 하더라도 예상치 못한 일이 벌어지게 마련이다. 예를 들면 손실을 최소화하기 위해 최저가 10배 보상 품목을 세밀하게 점검했지만 예상치 못한 품목에서도 막대한 손실이

> 경영자는 숲을 보면서도 나무 하나하나에 신경을 써야 한다.

나기도 했다. 고객의 호응이 우리의 예상치를 훨씬 웃돌았기에 벌어진 일이었다.

결국 우리가 얻은 것이 직원들의 인식을 바꾼 것뿐이었을까? 비싸고, 상품이 다양하지 못하고, 서비스가 좋지 않다는 고객들의 평가를 겸허히 받아들이고 "앞으로는 싸고, 상품이 다양하고, 서비스 좋은 회사로 거듭나자"고 직원들이 새롭게 각오를 다진 기회로 만족할 수 있었을까? 아니다. 우리는 그 행사를 통해서 더 큰 것을 얻었다.

첫째는 직원들의 인식이 바뀐 것이다. 둘째는 고객들의 인식이 바뀐 것이다. '롯데마트가 변하고 있다', '롯데마트도 이제 싸고 질 좋고, 살 게 많고, 서비스가 좋은 곳이다'라는 생각을 갖게 된 것이다. 셋째, 경쟁사들의 인식이 바뀐 것이다. "어? 롯데마트가 이제 제대로 하나 보네" 하면서 롯데마트의 모든 행사를 예의주시하게 했다. 넷째, 매스컴의 인식을 바꾼 것이다. 항상 1, 2위 업체만 주목해서 업계 동향을 알리던 매스컴이 롯데마트의 행사나 이벤트도 눈여겨보게 되었다.

'일석이조(一石二鳥)'라는 말이 있지만 이 경우에는 일석삼조, 일석사조였던 셈이다.

롯데리아는 주고객이 어린이와 10대 청소년에 한정되었음을 파악한 후 고객층을 성인으로 확대하기 위해 많은 투자를 했다. 신제품 연구실에서는 밤낮으로 한국 성인의 입맛에 맞는 햄버거를 만들기 위해 노력했고, IMF로 위축된 국민들의 정서에 부합하는 마케팅과 판촉을 위해 각 팀에서 날마다 새로운 아이디어를 내고 판촉물을 만들고 광고를 하느라 동분서주했다. 가맹점주들과 점장들은 더 수준 높은 서비스를 제공하기 위해 교육을 받았고 주방 실습까지 하며 땀을 흘렸다. 판촉물 하나라도 경쟁사와 차별화하기 위해 담당 팀이 중국까지 날아가 공장을 찾아다녔다. 톱니바퀴처럼 각자가 맡은 역할에 최선을 다했다. 그 결과 롯데리아는 신제품으로도, 광고로도, 전국 가맹점 수로도, 매출로도, 고객만족도에서도 1위를 차지할 수 있게 되었다. 애초의 목표는 경쟁사와 차별화하기 위한 전략으로 한국 성인에 맞는 햄버거를 개발하는 것이었다. 하지만 새로운 햄버거를 개발하는 데 그치지 않고, 모든 부서가 멋지게 협력함으로써 프랜차이즈 업계 최고 기업으로 인정받게 된 것이다. 이럴 때 경영자가 느끼는 희열과 보람은 이루 말할 수 없다.

## 성과를 예측하면
## 실행에 주저함이 없다

경영자는 결과를 미리 예측할 수 있는 힘을 길러야 한다. "내가 계획하는 일이, 내가 추진하고자 하는 일이, 내가 실행하고자 하는 일이 어디에서 난관에 부딪힐 수 있으며, 어디에서 문제가 발생할 수 있다. 그리고 결국에는 적어도 이 정도는 이룰 것이다" 하고 예측할 수 있어야 한다. 실제로는 점검하고 또 점검해도 예측과 완전히 일치하지는 않는다.

그래서 예측하는 결과가 나타나지 않을 때를 대비한 복안도 마련해두어야 한다. 그런 복안은 대부분 실무를 담당하고 있는 부서의 책임자들을 통해 들을 수 있다. 경영자가 계획과 전략을 이야기했을 때 책임자들의 입에서 나오는 문제 제기에 귀 기울여야 하는 이유도 여기에 있다. 그들의 이야기에는 매우 중요한 핵심이 들어 있다. 숲을 보고 있는 경영자에게 보이지 않는 나무들의 상태와 관련된 것이기 때문이다. 복안은 그들의 이야기를 통해서 준비할 수 있다. 그러면 경영자가 예측하지 못한 문제가 발생했을 때도 신속하게 대처할 수 있게 된다. 그들의 이야기를 듣고 복안까지 마련해두면 경영자가 계획하고 추진하고자 하는 전략은 당초의 예측보다 훨씬 큰 성과를 낼 수 있게 된다.

비즈니스란 단기 이익과 장기 이익 사이의 아슬아슬한 줄타기와 같다. 경영자가 이 두 가지 이익 사이를 잘 조절하고 줄타기를 한다는 건 여간 어려운 일이 아니다. 단기적으로 치고 빠져야 할 사업이 있는가 하면 꾸준히 성장시켜 한 분야의 맹주로 키워야 할 사업도 있다. 그래서 장기적 시야와 큰 비전이 중요하다. 리더의 선택과 결단에 따라 주주와 직원, 때로는 한 회사의 운명이 바뀔 수도 있기 때문이다. 장기적 이익에 대한 판단력은 결국 자신

> 비즈니스란 단기 이익과 장기 이익 사이의 아슬아슬한 줄타기와 같다.

의 '업(業)'에 대한 경험과 깊은 통찰이 뒷받침되어야만 키울 수 있는 능력이다.

또한 경영자는 수많은 사람들의 이해관계를 고려해야 하는 상황에 부딪친다. 모두에게 이익이 돌아가게 하고자 한 결정이었음에도 어느 한쪽이 불만을 품을 수도 있다. 물론 100퍼센트 만족이란 있을 수 없다. 70퍼센트, 80퍼센트만 만족해도 좋은 결과라고 생각한다.

멀리, 길게 내다보면 큰 것이 보이는 법이다. 하지만 주변에서 단기적 이익에 급급하다 더 큰 이익을 얻을 기회를 놓치는 우를 범하는 경영자를 종종 보게 된다. 그 정도 그릇이라고 생각하면 할 말이 없지만, 사업은 지속 가능해야 하고, 그러자면 먼 미래를 보다 장기적 안목으로 바라보고, 때로는 기다리는 지혜가 필요하다.

## 성과의 혜택은 고루 미치도록

경영자는 목표에 집중해야 한다. 그리고 두루 살피는 포용력도 가져야 한다. 혼자서 목표를 향해 달려간다고 경영이 잘 이루어지는 게 아니다. 두루 살피기만 하다가는 정작 목표를 놓치는 경우가 많다. 비전을 제시하고 전략을 세우는 과정에서 경영자는 항상 자신이 통제할 수 있는 상황과 통제할 수 없는 상황을 치밀하게 고려한 후에 실행하고 추진해야 한다. 자신이 통제할 수 없는 영역을 알고 그에 대한 한계를 파악하고 이를 적절히 활용해나가면서 경영을 해나가야 한다. 자신이 통제할 수 없는 영역이 있다고 하면서 경영을 못하겠다고 하는 것은 말이 안 된다. 예를 들면 마케팅 활동에서는 돈이 많이 들어간다. 얼마나 투자할 것인가, 투자 금액에 따라 어떤 성과가 날 것인가를 염두에 두어야 이해관계자들을 설득할 수 있다. 각 부서의 담당자들도 이를 인지할 수 있도록 준비시켜야 한다. 또한 함께 일을 도모하는 이해관계자와 각종 법률적인 제약, 공공기관과의 협조 사항, 정부의 정책 방향 등과도 마찰이 생기지 않도록 신경 써야 한다. 한 가지만을 염두에 두는 것이 아니라 2개, 3개, 4개가 동시에 이루어질 수 있는 방법을 항상 생각하고 있어야 한다.

직원들은 담당 업무에 따라 제품 개발의 측면에서만 볼 수도 있고, 마케팅 측면에서만 볼 수도 있다. 하지만 경영자는 전체를 보고 있어야 한다. 경영자의 입장에서는 고객과 직원을 위한 일이고, 경쟁에서 우위를 점하기 위한 일이며, 때로는 업계의 관행이나 패러다임을 바꾸는 도전일 수도 있기 때문이다.

경영자는 계획하고 실행하는 단계에서는 여러 가지를 함께 봐야 하고, 결과를 예상할 때는 다수의 효과와 성과를 예측하는 지혜가 필요하다.

경영자는 나무를 일일이 볼 수는 없다. 하지만 숲을 볼 수 있다. 숲에는 큰 나무도 있고 작은 나무도 있다. 잘 자라는 나무도 있지만 시들고 병든 나무도 있게 마련이다. 나무 한 그루 한 그루는 볼 수 없지만 숲을 보면서 문제를 점검해야 한다. 100퍼센트 만족하는 경영은 있을 수 없다. 전체를 보고 전체에게 이득이 되도록, 그 이득이 골고루 미치도록 경영을 해야 한다. 모든 책임을 져야 하기에 가능하면 적은 투자로 큰 성과를 낼 수 있는 일을 실행할 수 있도록 항상 대여섯 가지를 동시에 보고 움직이는 게 경영자의 일이다. 느낌만 가지고 움직여서는 안 된다. 다양한 채널을 통해 확인하고 현장의 이야기도 들어보고 의견을 수렴해야 한다. 그렇게 했을 때 일의 성과는 일석이조, 일석삼조의 결과로 나타난다.

> 100퍼센트 만족하는 경영은 있을 수 없다. 전체를 보고 전체에게 이득이 되도록, 그 이득이 골고루 미치도록 경영을 해야 한다.

# 힘 있는 리더가
# 되려면

"리더는 성과를 가지고 말해야 한다. 그래야
자신의 목소리를 내면서 회사의 모든 이해관계자들을 설득할 수 있다."

## 권한과 책임이 확실할 때
## 강력한 리더십을 발휘한다

롯데리아에서 5년, 롯데마트에서 4년, 그리고 롯데백화점에서 5년, 모두 14년간 대표이사와 최고경영자로 일을 했다. 롯데리아는 IMF 직후라 모두가 움츠러들었던 시기에 부임했고, 롯데마트는 설립 6년째로 제2의 도약을 준비하는 시기에 부임했다. 롯데백화점은 거의 10년 만에 돌아온 친정으로, 한층 업그레이드된 백화점으로서의 위상을 세우고자 노력했다. 시대의 변화와 사업 방향의 변화 등을 고민하면서 열심히 달려왔던 시간이다.

"아! 이 사람들 롯데마트에서 일하는 사람들 맞나?"

롯데마트에 부임한 후 간부 사원들과 여러 번 회의를 하면서 강하게 든 생각이었다. 롯데마트는 1998년 4월에 강변점을 개점하면서 처음으로 영업을 시작했다. 롯데마트 사업 초기에는 경쟁사에서 스카우트되어온 상무이사가 사업본부장을 맡고 있었다. 최종 결재권은 롯데백화점의 대표이사에게 있었다. 주요 간부 이상의 조직 구성원을 보면 35퍼센트 정도가 롯데백화점에서 일하던 직원이었고, 나머지 65퍼센트는 경쟁사 출신이 반 정도, 그리고 여러 유통업계에서 옮겨온 10년 이상의 경력자들이었다. 6년 동안 전국에 20여 개의 매장이 운영되고 있었다. 그런데 선발 업체들을 따라가기에도 벅찬 상황에서 직원들은 각자 딴 목소리를 내고 있었다. 다들 나름대로 유통업계에서 잔뼈가 굵은 사람들이다 보니 자기주장이 강했고, 심지어 사내에서 사용하는 용어조차 서로 달라 혼선을 빚었다.

가장 큰 문제는 강력한 리더십의 부재였다. 백화점 대표이사가 최종 책임자로 겸직하다 보니 아무래도 1등 기업인 백화점에 더 주력할 수밖에 없는 상황이었고, 마트 사업본부장은 백화점과 할인점을 두루 거친 베테랑이었지만 경쟁사에서 온 사람이다 보니 사업 추진의 우선순위에서 밀려나기 일쑤였다. 지휘관 없이 움직이는 군대처럼 질서도 체계도 없이 조직이 우왕좌왕하고 있다는 생각이 들었다.

할인마트 사업은 단순히 한 발을 담그는 선에서, 즉 시장 진입으로 만족해서는 안 될 만큼 시장이 커지고 있었다. 월마트, 까르푸 등 글로벌 기업들이 활발히 진출하던 때였다. 이러한 시장 변화를 볼 때 오로지 마트 입장에서, 마트만을 위한 투자가 필요했다. 그래서 마트가 백화점에 속한 형태 또는 백화점 대표이사가 겸직하는 형태가 아닌 마트 사업본부만의 독립 경영이 절실했다. 마트의 인사권, 자금 사용권, 최종 결재권이 백화점에 속한 상태로는 발전이 더딜 수밖에 없다고 판단했다. 결국 백화점 경영과 마트 경영을 분리하는 일을 먼저 요청했다. 그래서 롯데마트 초대 대표이사로 일하게 된 것이다.


### 능력은 성과가 있어야 인정받는다

제대로 된 경영을 하려면 사장이 모든 권한을 가지고 있어야 한다. 결재권은 물론이고 인사권까지 확실하게 가지고 있어야 조직을 이끌 수 있다. 권한 위임의 문제는 나중이다. 사장이 힘을 가진 사람이라는 것을 모든 직원들이 느낄 수 있어야 경영이 순조로워진다.

 LG경제연구원이 글로벌 기업 경영자(CEO)의 재임 기간을 분석한 결과, 경영자 중 20퍼센트는 만 3년을 채우지 못하고 자리에서 물러났다고 한다. 경영자의 자리는 오랜 시간 역량과 성과를 검증받고, 치열한 경쟁에서 살아남은 내로라하는 인재들이 꿈꾸는 최고의 무대다. 하지만 경영자의 자리에 오르는 것만으로 최고가 되는 것은 아니다. 그 자리에 맞는 역할을 하고, 탁월한 성과를 창출해야만 한다. 경영자는 성과를 가지고 말해야 한다. 그래야 자신의 목소리를 내면서 회사의 모든 이해관계자들을 설득할 수 있다.

> 사장이 힘을 가진 사람이라는 것을 모든 직원들이 느낄 수 있어야 경영이 순조로워진다.

경영자가 5년 후, 10년 후의 화려한 비전을 제시하고 단계별로 구체적인 실행 계획을 발표한다고 하더라도 눈에 띄는 성과나 실적이 미미하다면 경영자 혼자만의 구호가 될 가능성이 높다. 경영자가 제시한 비전을 이루기 위해서는 투자가 더 이루어져야 하고, 비용 지출도 늘어날 수밖에 없으며, 때로는 마이너스 성장도 각오해야 함을 주주들이나 이해관계자들도 알고 있어야 한다. 잘 이해하면서도 현재의 성과와 실적을 최우선 판단 기준으로 삼는 것은 어쩔 수 없는 일이다. 그래서 경영자가 가진 장기적인 비전을 이루기 위해서는 장밋빛 비전 제시 이전에 어떤 상황에서도 매년 좋은 결과를 낼 수 있도록 힘쓰는 일이 중요하다. 그래야 경영자의 주장이 미래 지향적이고 훌륭한 아이디어임이 받아들여진다.

어떤 기업을 맡아도 조직을 변화시키고 성장시키는 일에 자신감이 없으면 경영자로서 오래 머물기 어렵다. 어떤 경영자들은 일을 벌이기만 하다가 감당이 안 돼서 관리를 잘하는 경영자에게 자리를 내주기도 한다. 새로 바뀐 경영자는 전임 경영자가 벌여놓은 일을 추스르면서 조직을 정비하는 일부터 해야 한다.

경영자의 능력과 자질은 큰 차이가 나지 않는다. 경영자의 자리에 오기까지 다양한 경로를 통해 능력을 검증받았기 때문이다. 다만 경영자로 재직하면서 해내는 일은 성과를 통해서 평가받게 된다. 투자를 많이 했다면 투자 이상으로 성과를 내야 하고, 투자가 적었다면 적은 대로 조직의 양적·질적 성장을 이루어낼 수 있어야 한다. 기업이 처한 상황에 따라 변화와 개혁이 필요할 때는 추진력이 강한 경영자를, 조직의 안정과 지속적인 성장이 요구될 때는 부드러운 카리스마로 조직을 끌고 갈 경영자를 원한다.

경영에는 정답이 없다. 어떤 상황에서든 자신의 능력을 발휘하면서 기업의 경쟁력을 키워나가는 게 경영자다. 나의 경우는 세심하게 관리를 잘한다기보다는 기획을 많이 하고, 새로운 시도를 많이 한 편이다. 이런 성향은 직원들에게 변화에 대한 여러 가지 부담을 주었을 수도 있다.

경영자에게는 경영자로서 주어진 숙명이 있다. 1년 열두 달 어떤 일을 추진하든, 그 일이 감당할 수 있는 일이든, 감당하기 벅찬 일이든 상관없이 최고의 성과를 내려고 노력해야 한다. 그 과정에서 엄청난 고민과 시련이 따른다. 하지만 모든 일에 최고의 성과를 내겠다는 다짐을 마음속에 새기면서 일해야 하는 게 경영자다.

## 실무 경험을 살리되
## 과욕을 부리지 않도록

"경영자는 망망대해를 항해하는 배의 '선장'과 같다. 선장이 별을 읽고, 바닷물의 흐름을 읽으며, 사람을 읽고, 결단을 내려야 하듯, 경영자도 시장, 기술, 사회, 자본, 조직, 직원을 읽어야 한다."

미국과 유럽에서도 유명한 일본의 인본주의 경영학자 이타미 히로유키 교수가 《경영자가 된다는 것》이란 책에서 밝힌 경영자에 대한 정의다.

경영자의 역할을 배의 선장에 비유한 그의 글에서 선장의 마음과 자세, 경영자의 마음과 자세의 유사성을 새삼 느낀다.

CEO(Chief Executive Officer)는 기업의 소유와 경영이 분리되면서 기업의 소유주를 대신해 기업을 지배하고 경영 활동을 하는 사람을 말한다.

나는 평사원에서 간부 사원, 임원으로 다양한 위치와 역할을 경험하며, 기획, 총무, 상품개발, 숙녀의류, 잠실 프로젝트 점장, 영등포 점장, 영업본부장 등 백화점에서 다양한 부서를 두루 거쳤다. 한 부서에서 보통 3년에서 5년 정도 머물렀다. 부서 업무의 특성을 속속들이 파악할 수 있는 시간이었다. 그동안 배우고 경험한 것들은 내 머릿속에, 몸속에 그리고 기록으로 남아 있다. 일을 하면서 정리해둔 수첩이 200권이 넘는다. 롯데리아에서 대표이사를 하면서부터는 메모하는 습관이 완전히 몸에 배었다. 평균 한 달에 한두 권 정도의 수첩에 틈날 때마다 메모를 했다. 단순히 일정을 적어두는 수첩이 아닌 그때그때 생각나는 아이디어, 타인에게 들었던 명언, 책 속에서 발견한 보석 같은 문장들 그리고 반드시 실천하거나 실행하고 싶은 내용 등을 수시로 적어둔다. 그리고 자주 들여다본다. 날짜와 함께 적혀 있기에 그때 무슨 생각을 했고, 누구를 만나 자극을 받았으며, 적어놓기만 하고 미처 하지 못했던 일은 무엇인지 점검하는 기회로 삼았다.

점장 시절에 느꼈던 점을 대표이사가 되어 실행한 일 중에는 다음과 같은 일도 있다.

어린이날이나 크리스마스가 되면 직원들에게 선물을 준비한다. 직영 매장의 사원과 협력업체의 동료 사원들의 아이들을 위한 선물이다. 그런데 직영 매장의 사원들은 미혼인 경우가 많고, 동료 사원들은 기혼이 많았다. 선물을 준비하는 예산은 매년 따로 책정되었는데, 직영 사원과 동료 사원의 선물 내용이 달랐다. 직영 사원은 백화점에서 월급을 받는 사람들이고, 동료 사원은 백화점에서 일하고는 있지만 협력업체에서 월급을 받는 입장이니 동료 사원까지 챙기는 것만으로도 상당한 배려라고 할 수 있었다. 하지만 같은 시간에 같은 곳에서 일하는 사원들인데, 백화점에 소속된 직원과 동료 사원의 선물 내용이 다르면 동료 사원은 기분이 안 좋을 수도 있겠다는 생각이 들었다. 백화점 직원도 아닌데 선물이 다른 것은 당연하다고 생각할 수도 있지만, 마음 한구석에서는 차별로 느낄 수도 있었다. 더구나 직영 사원은 미혼이 많아 대부분 조카를 위한 선물이었던 반면, 동료 사원은 거의 기혼자들이어서 선물 내용에 더 민감할 수밖에 없었다. 그래서 이왕이면 같은 선물로 해야겠다는 생각이 들었다. 책정된 예산을 늘릴 수 없다면 직영 사원용 선물 값을 조금 낮추고 동료 사원용 선물 가격을 조금 높이는 방식으로 하면 같은 선물을 줄 수 있을 것 같았다. 하지만 점장 시절에는 그런 결정권이 없었다.

 대표이사가 되면서 어린이날이 되자 그때의 생각이 떠올랐다. 우선 직원들의 동의가 필요했다. 노조에 있는 직원들을 불러 의견을 물었다. 직원들로서는 이전보다 낮은 가격의 선물을 받아야 하는 상황이니 어떻게 생각할지 알 필요가 있었다. 고맙게도 직원들은 내 뜻을 이해하고 동의해주었다. 그래서 같은 가격의 선물을 직영 사원과 동료 사원에게 나눠주게 되었다. 동료 사원은 직영 사원의 마음을 고맙게 받아들였고, 직영 사원과 동료 사원 간의 유대가 더욱 돈독해지는 계기가 되었다. 비록 소속은 다르지만 같은 매장에서 일한다는 동료의식이 작은 계기로 좋아지니 직원들의 표정이 더욱 밝아졌다. 그 덕분에 고객에 대한 서비스도 더욱 좋아지지 않았나 생각한다. 비록 소속은 다르지만 같은 곳에서 같은 고객을 상대로 서비스를 하기에 작은 복리후생을 동등하게 배려하는 일은 긍정적인 결과를 낳았던 것이다.

> 메모는 재창조의 중요한 도구이기도 하다. 100가지를 적는다고 해서 그것이 모두 아이디어가 되지는 않는다. 하지만 그중에서 단 하나만이라도 활용할 아이디어가 있다면 메모는 충분히 가치 있는 일이 된다.

수첩에 남아 있는 메모들은 내 인생의 흔적으로 남을 것이다. 시간이 흐르다 보니 나의 역사가 되고 있었다. 메모는 재창조의 중요한 도구이기도 하다. 100가지를 적는다고 해서 그것이 모두 아이디어가 되지는 않는다. 하지만 그중에서 단 하나만이라도 활용할 아이디어가 있다면 메모는 충분히 가치 있는 일이 된다.

소설 《상도》는 조선시대 의주에서 활동했던 거상 가포 임상옥의 일대기를 다룬 작품이다. 책에 계영배(戒盈盃)라는 잔이 나온다. '넘침을 경계하는 잔'이라는 의미다. 잔에 구멍이 뚫려 있는데 70퍼센트 이상 채우면 그 순간 술이 아래로 쏟아져버린다. 과욕을 경계하는 상징물이라고 할 수 있다. 거상 임상옥은 이 잔을 보면서 70퍼센트 이상의 욕심을 부리면 오히려 모든 것을 잃게 된다는 것을 되새긴다. 공자도 계영배를 항상 곁에 두고 보면서 스스로를 가다듬고 과욕과 지나침을 경계했다고 한다.

경영을 하면서부터는 이전과는 비교도 할 수 없을 정도로 배우고 경험한 것들의 넓이와 깊이가 달라졌다. 특히 당면한 사안을 수시로 판단하고 결정하는 과정에서 생각이 더 많아졌다. '내가 내리는 이 결정이 어떤 결과를 가져다줄 것인가'를 생각하게 되고, '내 결정으로 인해 실무자들이 겪는 혼란은 없을까' 등을 점검하는 일을 반복한다.

아무리 최종 결정자의 생각과 판단이 중요하다고 하더라도 다양한

> 아무리 최종 결정자의 생각과 판단이 중요하다고 하더라도 다양한 이해관계를 가진 조직 내외의 사람들의 생각과 일치하게 경영을 한다는 것은 그리 쉽지 않았다.

이해관계를 가진 조직 내외의 사람들의 생각과 일치하게 경영을 한다는 것은 그리 쉽지 않았다. 사원들의 입장도 고려해야 하고 주주들이 가질 수 있는 생각도 예측해야 하는 데다가 우리의 의도나 계획과는 달리 일어날 수 있는 문제는 없는지 잘 살피고 각 과정마다 어려운 점을 극복하면서 각 구성원이 원하는 성과를 만들어내는 게 경영자가 할 일이기 때문이다.

## 책임감으로 설득하고 공감을 얻어내야

경영자마다 가진 장점이 다르다. 어떤 경영자는 순발력 있고, 두뇌 회전이 빨라 주주나 이해관계자 또는 직원들이 원하는 일을 재빠르게 알아채고 그에 맞게 일을 잘 처리한다. 나는 순발력이 뛰어난 편은 아니다. 다만 실행 가능한 아이디어와 추진력, 그리고 책임감 덕분에 순발력이 부족한 단점을 극복할 수 있었다고 믿는다. 경영자는 순발력도 중요하지만 그보다 더 중요한 것이 있다. 큰 그림을 볼 줄 알고 신중하게 판단하며 확고한 의지를 실천에 옮기는 것이다.

"회사에서는 누군가가 책임을 져야 한다. 그것이 경영자가 있는 이유다."

피터 드러커의 말이다. 그만큼 경영자에게 책임감이란 매우 중요한 덕목이다. 경영자는 자신의 생각과 판단에 대해 항상 자신감과 책임감을 가지고 조직 내외의 이해관계자들을 설득하려고 노력해야 한다.

서로 생각이 다른 경우도 있다. 모두 같은 생각을 가지고 일을 한다는 것 자체가 있을 수 없는 일이다. 자신의 입장과 상황에 따라 다른 생각을 가지는 것은 당연하다. 그럴 때일수록 왜 이 일을 해야 하는지, 어떻게 가능한지를 합리적이고 논리적으로 설득하는 작업이 필요하다. 설득을 통해 공감할 수 있도록 해야 한다. 전적인 지지와 지원을 얻을 수 있다면 더없이 좋은 일이겠지만 설사 그렇지 못하더라도 더 많은 이해관계자들의 공감을 얻어낸다면 일을 추진하는 강력한 엔진을 가진 듯한 힘이 생긴다. 또한 모든 이해관계자들이 성과를 내겠다는 목표가 있기 때문에 성과에 대한 확실한 비전을 가지고 설득을 하면 공감은 물론 지지와 지원을 얻어내는 것도 어렵지 않다. 단지 성과는 눈으로 나타나는 것이기 때문에 경영자 자신도 확신과 자신감이 있어야 한다. 그러면 이해관계자들을 설득할 때 강한 배수진을 치는 것도 가능해진다.

섭공이 정치에 대해 공자에게 물었다. 그러자 공자가 말하기를 "가까운 곳 사람들은 기뻐하고, 먼 곳 사람들은 몰려드는 것이다(葉公問政, 子曰 近者說, 遠者來)"라고 했다. 이 말이 정치에만 해당하는 것일까? 사람들이 함께 모여 일을 도모하는 곳이

> 더 많은 이해관계자들의 공감을 얻어낸다면 일을 추진하는 강력한 엔진을 가진 듯한 힘이 생긴다.

라면 모두 해당하는 말인 듯하다. 정치뿐만 아니라 경영도 이와 같다. 가까운 곳, 즉 위, 아래, 앞, 옆, 뒤에 있는 사람들이 모두 기뻐할 만한 일을 할 수 있어야 먼 곳에서부터 고객이 찾아오는 게 아닐까. 그리고 함께 일을 도모하는 사람들이 우선 기쁘고 만족하는 일을 해야 다른 사람들도 만족시킬 수 있지 않을까.

경영자가 되기 전에는 사원으로, 관리자로, 임원으로 수많은 일을 겪었다. 여러 가지 일을 겪으면서 '이렇게 하면 더 좋은 회사가 될 텐데' 하는 아이디어를 틈틈이 메모하고 정리해두었다. 만약 내가 어떤 일을 결정하고 추진할 수 있는 위치에 오른다면 이런 시도를 해보면 어떨까 하고 생각했다. 지금도 조직에서 일하고 있는 많은 사람들이 그럴 거라고 생각한다. '내가 만일 경영을 하게 된다면', '내가 사장이 된다면', '내가 팀장이나 부서장이라면' 하고 생각하는 순간들이 분명 있을 것이다.

경영자가 되어 일을 하면서 실무자였을 때 메모했던 것들을 보면서, 현재 실무자의 입장과 고민은 무엇일까를 생각하는 데 많은 시간을 보냈다. 그리고 직원들이 생각하고 있는 것, 그들이 생각하는 우리 회사의 장단점, 개선할 점 등을 함께 이야기하고 공감하면서 개선해 나가려고 노력했다. 장점을 더욱 강화할 방법과 개선할 점에 대해 다양한 의견을 나누기도 했다. 하지만 특정인이나 일부 직원들의 이해와 영합하겠다는 생각은 없었다. 그렇다고 해서 모두가 만족하는 좋은 조직으로 만들었다고 자신할 수는 없다. 모두를 만족시킬 수 있다는 생각은 오히려 교만이 될 수도 있다. 단지 조금씩 더 많은 사람이 만족할 수 있는 조직으로 만들어가는 과정에서 최선을 다하는 게 중요하다고 여기고 있다.

제5장

# 일과 경영, 그 본질과 미래

# 맏형의 마음으로
# 리더십을 발휘하다

"오늘 걷는 나의 발자국은
반드시 뒷사람의 이정표가 될 것이다."

## 앞서가는 사람의
## 역할이 중요하다

한 가정에서 부모 다음으로 중요한 역할을 하는 존재가 맏이다. 지금이야 한 가정에 아이가 한두 명에 불과하니 형제나 자매지간이라도 위아래의 구분만 있을 뿐 부모 다음으로 중요한 존재였던 맏이의 역할은 많이 축소되어 있다. 부모 입장에서도 큰애, 작은애라고 구분은 하지만 우리 집 맏아들이, 우리 집 맏딸이 어떻다는 이야기는 거의 하지 않는다. 하지만 예전에는 보통 한 가정에 네다섯 형제는 기본이었고 부모 대신 맏이가 동생들을 돌보는 일이 많았다. 어릴 적 기억을 돌아보면 형제가 많았던 우리 집도 좋은 일이든, 나쁜 일이든, 부모님에게 칭찬을 듣는 일이든 꾸중을 듣는 일이든, 집안에서는 물론이고 밖에서도 큰형이 맨 앞에 서 있었던 기억이 난다. 동대문시장에서 건어물 장사를 하셨던 아버지는 집안에서는 막내였지만 항상 형들을 모시면서 집안 일이며 친척들의 대소사는 물론이고 형편이 넉넉지 못한 조카들의 학비까지 챙기면서 맏이 노릇을 하셨다. 그 영향인지 내가 생각하는 리더의 이미지는 아버지의 모습과 많이 닮아 있다.

눈 내린 들판을 밟아 갈 때에는 모름지기 그 발걸음을 어지러이 하지 마라(踏雪野中去 不須好亂行).
오늘 걷는 나의 발자국은 반드시 뒷사람의 이정표가 될 것이다(今日我行跡 遂作後人程).

이 시는 조선시대의 고승(高僧)이자 승병장이었던 서산대사(西山大師)가 쓴 것으로, 김구(金九) 선생이 《백범일지》에 인용하면서 유명해졌다. 김구 선생은 이 시를 임시정부 활동 시절 하루에 세 번씩 읊을 정도로 좋아했다고 한다. 특히 1948년 남북협상을 위해 38선을 넘으면서 "내가 38선을 넘는 것은 어리석고 무분별하며 쓸데없는 짓이라고 사람들은 말을 하지만 난 나의 행동에 대해서 반드시 책임을 질 줄 안다. 그리고 훗날, 나의 행적을 제대로 평가할 날이 올 것"이라는 말을 남겼다. 절대 부끄럽지 않을 길을 가겠다는 김구 선생의 강한 신념이 느껴지는 대목이다.

나도 이 시를 무척 좋아한다. 한자(漢字)를 한 글자씩 적어가노라면 그 깊은 뜻이 마음에 와닿는다. 앞서 가는 사람의 발자국은 뒤에 오는 사람에게는 이정표가 된다. 그래서 앞에 간 사람이 중심을 잡지 못하고 길을 잘 만들지 못하면 뒤따라가는 사람은 길을 헤매게 된다. 조직을 이끌어가는 리더로서 앞서가는 사람이 어떻게 행동해야 할지 많은 생각을 하게 하는 시다.

집안에서 형제들은 맏형을 보고 자란다. 맏형은 늘 동생들의 본보기가 되어야 한다. 그만큼 책임이 무겁다. 기업에서는 경영자가 맏형의 역할을 한다고 할 수 있다. 모든 직원들이 맏형을 바라보고 있다. 맏형으로서 내가 제일 연장자이고 맨 앞에 있으니 무조건 나를 따르라고 해서는 절대 안 된다. 맏형의 자리는 권력을 누리거나 지배하는 자리가 아니다. 맏형이 되려면 실력을 갖추어야 한다. 실력뿐만 아니라 존경받을 수 있는 품성을 갖도록 노력하고, 항상 솔선수범하는 자세를 가져야 한다. 이는 비단 경영자에게만 해당하는 사항은 아닐 것이다.

> 맏형으로서 내가 제일 연장자이고 맨 앞에 있으니 무조건 나를 따르라고 해서는 안 된다. 맏형의 자리는 권력을 누리거나 지배하는 자리가 아니다.

## 진정한 맏형은
## 모범이 되고 책임을 진다

업계의 선두에 선 기업들도 마찬가지다. 백화점은 유통의 꽃이자 고객과 가장 가까운 접점에 있는 사업 분야다. 롯데의 경우는 백화점이 맏형 역할을 맡고 있다. 유통업계 1위라는 외형적 상징만 있는 게 아니라 롯데가 가장 잘하는 사업이기 때문에 더욱 그렇다. 그룹 내 다른 사업 브랜드에 비해 언론이나 세간에 노출되는 경우도 압도적으로 많다. 백화점 업계에서 오랫동안 선두를 유지하다 보니 보는 눈이 참 많다. 1등이 되었다고 마냥 좋아할 수만은 없는 게 동종업계는 물론이고 정부기관이나 언론, 고객도 모두 1등을 주시하기 때문이다. 조금만 실수를 해도 눈에 띄는 데다가 업계에서 안 좋은 일이 생기면 대표로 지적을 받기도 한다. 맨 앞에 서 있어 비바람과 폭풍우도 제일 먼저, 가장 세게 맞는다. 고객과 함께하는 사업이기에 고객에게 사랑받는 기업으로 1등을 하면 그만큼 보람이 크지만 비난을 받을 때는 집중 타깃이 되는 일도 다반사다. 그래서 1등이 되는 것도 어렵지만 유지하는 것은 더 어렵다. 잘한 일이든, 못한 일이든 항상 대표 사례로 언급되기 때문이다.

맏형은 힘들고 고달플 때가 더 많다. 공부 못하는 사람이 어쩌다 한 번 잘하면 칭찬받지만 항상 잘하던 사람이 한 번 실수하면 크게 혼나는 것과 같은 이치다. 맏형은 업계의 모범이 되어야 함은 물론이고,

다양한 질책도 겸허히 받아들이고 개선점을 선두에서 고민하고 대안을 제시해야 하는 책임도 있다. 참으로 어렵고 무거운 자리다.

롯데백화점이 1등인 이유는 무엇일까? 무엇이 그 자리를 계속 유지하게 하는가? 단순한 쇼핑 공간이 아니라 새로운 유통문화, 온 가족이 함께 즐길 수 있는 공간을 만들겠다는 비전과 의지가 확고하다는 점, 이를 차분히 실현시켜왔고, 그 열정이 계속되고 있다는 점 때문이 아닐까? 롯데백화점은 소공동에 본점을 연 이후 35년 가까이 우리나라 최고, 최대 규모의 자리를 지켜왔다. 그래서 롯데백화점이 움직이면 모든 백화점이 움직인다. 하지만 아무리 잘해도 완벽한 회사는 없다. 업계 1위라고 해서 언제까지나 1위가 보장되지는 않는다. 그리고 국내 1위에 만족한다면 발전이 없다. 아시아를 넘어 세계에 이름을 알리는 백화점이 되어야 진정한 대한민국 맏형 백화점의 역할을 하는 게 아닐까?

경영을 하면서 갖게 된 신념 중에 하나를 꼽으라면 '맏형 경영'이라고 말하고 싶다. 기업이나 가정에서도 맏형이 제 노릇을 잘해야 전체가 잘 돌아간다는 사실을 온몸으로 느꼈기 때문이다.

> 맏형은 업계의 모범이 되어야 함은 물론이고, 다양한 질책도 겸허히 받아들이고 개선점을 선두에서 고민하고 대안을 제시해야 하는 책임도 있다.

제5장 일과 경영, 그 본질과 미래

# 정직한 기업이
# 사랑받는다

롯데리아 대표이사 시절에 '기업의 정직성'에 대해 깊이 생각하게 된 사건이 있었다.

그때나 지금이나 롯데리아의 최고 히트 상품은 역시 불고기버거다. 0.5초에 하나씩 팔리기 때문에 '0.5초 버거'라는 별명이 있을 정도다. 불고기버거는 롯데리아뿐 아니라 외식업계, 패스트푸드 업계의 최고 베스트셀러라고 할 수 있다. 그런데 경쟁사가 불고기버거를 출시했다. 불고기버거는 상표등록을 할 수 없는 제품명이기 때문에 누가 사용해도 큰 문제가 되지 않는다. 롯데리아로서는 안타까운 일이지만 처음 출시할 때는 그런 것까지 염두에 두지 못했을 것이다. 어쨌든 경쟁사의 불고기버거도 초기에는 고객들의 반응이 좋았다. 그런데 문제가 생겼다. 경쟁사 불고기버거의 재료가 쇠고기가 아닌 돼지고기라는 사실이 밝혀지면서 비난의 여론이 들끓기 시작했다. 한국인에게 불고기는 당연히 쇠고기를 의미하는데, 경쟁사는 그 점을 간과한 것이었다. 결국 해당업체가 사과했음에도 불구하고 그 불똥이 업계 전체에 튀었다. 롯데리아도 고객들의 불신을 피해가지 못했다. 1998년 IMF 위기가 전반적인 소비 하락으로 이어져 어려움을 겪던 때였는데, 패스트푸드에 대한 불신까지 겹치면서 더욱 어려워지게 되었다. 롯데리아는 불고기버거의 원료를 처음부터 쇠고기를 사용하고 있었음에도 이를 다시 알려야 했다. 고객의 신뢰를 다시 찾기까지는 각고의 노력이 필요했다. 의도하지 않았다고 하더라도 한 기업의 정직하지 못한 행태가 해당 기업의 이미지와 매출을 하락시키는 것은 물론이고, 업계 전체를 어려움에 빠지게 할 수도 있음을 모두가 깨닫게 된 사건이었다.

기업이 정직하고 바르게 경영을 한다는 것은 단지 재무구조의 투명성을 말하는 것이 아니다. 모든 기업 활동에서 고객에게, 사회에 부끄럽지 않은 정당한 방법을 사용하는 것이라 할 수 있다.

정도경영은 기업인은 오로지 기업 경영에 집중해야 함을 의미한다. 한눈팔지 않고 경영에 집중하는 일, 이것이 정도 경영이다. 정도경영을 지향하는 기업은 바른 문화가 형성되고, 구성원이 모두 바르게 일을 하겠다는 굳은 의지를 갖고 있다.

> 한눈팔지 않고 경영에 집중하는 일, 이것이 정도 경영이다.

기업은 끊임없이 생겨나고 수도 없이 사라진다. 특히 자본주의 역사가 짧은 우리나라는 그 변화가 매우 심하다. 오랜 정치적 불안정은 기업 환경을 어렵게 하기도 했다. 수시로 바뀌는 정책 때문에 기업은 정권의 움직임을 주시해야 했다. 또한 급하게 받아들인 자본주의 경제 발전의 과정을 잘못 이해한 경우도 있고, 눈앞의 이익만을 좇다가 순식간에 무너진 경우도 많았다. 다른 기업보다 앞서 나가기 위해 타협하는 일은 어찌 보면 쉽게 기업을 경영할 수 있는 길일 수 있다. 하지만 그렇게 되면 근본적으로 기업이 추구하고자 했던 목적을 잃게 되고, 더 큰 어려움을 겪게 된다. 정권이 바뀌고 세상이 변해도 한 기업이 꾸준히 성장할 수 있는 길은 바로 창업자나 전문경영자는 물론이고 모든 임직원이 '정도 경영'의 정신을 지키려고 노력하는 자세에 있다.

## 기업은 한눈팔지 말고 경영에 힘써야 한다

"어떻게 직장생활을 하셨습니까?"

"어떤 경영철학을 가지고 계십니까?"

함께 일하는 직원들뿐만 아니라 외부 강연 등에서 만나는 사람들에게 자주 받는 질문이다.

오랫동안 직장생활을 하고 간부와 임원을 거치면서, 그리고 최고경영자로서 십수 년 이상을 일하다 보니 아침에 눈을 뜨고 밤에 잠드는 시간까지 내 머릿속을 떠나지 않는 화두는 "나는 회사를 위해서 무엇을 할 것인가?", "어떻게 하면 잘할 수 있을까?" 하는 것이다.

사람은 살아가는 동안 생계 유지를 위해서, 자아실현을 위해서 일을 한다. 십수 년 동안 학교에서 배운 지식을 써먹는 것도 일을 통해서다. 일하는 곳이 어디든 우리는 일을 통해 사회생활을 하고, 일을 통해 성장해나간다.

40년 이상 직장생활을 해온 사람으로서, 관리자로서, 또한 경영자로서 항상 일에 대해 생각해왔고, 기업의 역할과 좋은 경영에 대해 고민해왔다.

기업의 첫 번째 존재 이유는 이익을 내는 데 있다. 사람으로 따지면 사람이 움직이기 위해서는 일단 먹어야 하는 것과 같은 이치다. 먹을 걱정이 없어야 좋은 옷도 사 입고, 좋은 집에서 살 수 있게 된다. 마찬가지로 기업가가 기업 활동을 할 때 가장 먼저 필요한 것은 이익의 발생이다. 기업을 운영하려면 이익이 발생해야 하는 것이다. 이익이 발생해야 고용도 늘리고, 사회 공헌도 할 수 있다. 하지만 사람이 살아가는 목적이 먹는 일에만 있지 않듯, 기업이 존재하는 목적도 오로지 이익이 되어서는 안 된다.

> 사람이 살아가는 목적이 먹는 일에만 있지 않듯, 기업이 존재하는 목적도 오로지 이익이 되어서는 안 된다.

더구나 근래에는 도덕적, 윤리적 잣대가 기업에도 적용되고 있다. 즉 먹기 위해서 남의 것을 훔쳐서는 안 되는 것처럼 기업이 이익을 내기 위해 부당한 방법을 쓰면 사회적 지탄을 받는다. 부당한 방법으로 이익을 취하거나 사회 질서를 파괴하면서 이익을 얻고자 하는 기업은 법적 제재를 받고, 사회적 입지도 좁아질 수밖에 없다.

기업에 대한 정의나 역할도 새롭게 바뀌고 있다. 기업이 지향해야 할 사명도 폭넓어지고 있다. 그만큼 기업인들의 의무와 책임이 무거워졌다.

과거에는 먹고사는 일이 우선이었으나 이제는 생활의 풍요로움과 육체적·정신적으로 질 높은 삶을 원하는 것처럼 기업도 과거에는 이익을 최우선으로 추구했으나 지금은 사회에 대한 책임과 더 많은 사람들에게 물질적 풍요를 제공해야 한다는 사명을 갖게 된 것이다.

편하게 다른 기업이 만들어온 길을 따라갈 수도 있고, 새로운 시장을 개척할 수도 있는 게 기업 경영이다. 경쟁해야 하고 경쟁에서 살아남아야 한다. 그러다 보니 살아남기 위해서, 더욱더 성장하기 위해서 법을 어기거나 부당한 방법을 사용하기도 한다. 하지만 그렇게 되면 오래 살아남거나 진정한 성장을 이루기 어렵다. 지름길만을 찾아 다니며 비상식적으로 성장한 기업은 작은 파도에도 크게 흔들린다. 정도를 지키려고 노력하고 경영 현장에서 정도를 실현할 때 기업은 커다란 태풍을 만나도 끄떡없다.

피터 드러커는 《경영 바이블》이란 책에서 "경영은 항상 조직을 위해 살고 일하며 실행하는 것이다"라고 했다. 창업주나 경영자를 위해서가 아닌 조직, 즉 조직에서 일하는 모든 구성원, 조직을 둘러싸고 있는 수많은 이해관계자들, 그리고 가장 중요한 고객을 위해 움직이는 일이 경영이다.

이때 필요한 경영이 '바른 경영', 즉 '정도(正導)경영'이다. 경영이 바르게 이루어져야 함께 일하고 함께 살아가는 사람들이 모두 행복해진다. 상식과 원칙을 지키고 사회의 가치관에 부합해야 일하는 사람이나 제품 또는 서비스를 제공받는 사람들이 행복할 수 있다. 기업이 이익을 내고 그 이익으로 기업의 발전과 구성원들의 생활을 책임지면서 동시에 사회에도 공헌하려면 경영을 바르게 해야 한다.

# 섬김경영, 현장경영, 사람경영에 가치를 두다

"현장에서 일어나는
모든 문제에 대한 답은 현장에 있다."

## 기업이 존재하는 이유

"사장님은 누구를 위해서 일하십니까?"

"기업은 누구를 위해서 존재합니까?"

대학생들에게 강연을 할 때 가끔 이런 질문을 받는다. 그러면 먼저 질문한 학생의 생각을 물어본다. 이런 대답이 돌아온다. "물론 저 자신을 위해서죠. 제가 성장하고 성공하기 위해서 일하고 싶습니다." "기업은 사회를 위해서 꼭 필요하다고 생각합니다. 기업이 있어야 경제가 돌아가고 그래야 더 많은 사람들이 일자리를 얻고, 더 많은 사람들을 위한 제품을 만들 수 있다고 생각합니다." 맞는 말이다. 사람이

기업을 만들고, 기업은 사람을 키우고, 또 그 기업과 사람들이 사회 발전에 공헌하게 되니 말이다. 하지만 기업이 왜 생겼는지, 기업이 왜 사회에 꼭 필요한지를 생각할 필요가 있다.

기업이란 무엇일까? 사전에서는 "영리(營利)를 얻기 위하여 재화나 용역을 생산하고 판매하는 조직체"라고 정의한다. 그렇다면 '영리'란 무엇일까? "재산상의 이익을 꾀하거나 그 이익"을 말한다. 그렇기에 기업은 이익을 얻기 위해 기업 활동을 하고 있다는 얘기가 된다. 그렇다고 해서 이익만이 기업의 존재 목적이라고 할 수 있을까? 비즈니스의 가장 중요한 목표가 이익이어야만 하는가? 테오도르 레빗 교수는 《마케팅 상상력》이란 책에서 다른 견해를 제시하고 있다. 비즈니스의 동기가 이익의 창출이라는 말은 마치 "인생의 목표가 먹는 데 있다고 말하는 것만큼이나 천박한 논리"라는 것이다. 사람은 먹는 행위를 통해 생명을 유지하며, 이를 바탕으로 다른 목표를 성취할 수 있다. 이와 마찬가지로 이익도 기업이 다른 목표를 이룰 수 있도록 해주는 비즈니스의 필요조건일 뿐이라는 것이 레빗 교수의 주장이다. 이를 명확히 인식하지 못하면 근시안적인 안목과 도덕적 천박성, 그리고 전략적 방향 착오라는 과오를 범하게 된다는 것이다.

자기 이름을 회사 이름으로 쓰고 세계적인 전자 회사로 키운 일본의 마쓰시타 고노스케 회장도 레빗 교수와 같은 견해를 가지고 있었던 것 같다. 마쓰시타 고노스케는 현재 파나소닉으로 회사명을 바꾼 마쓰시타 전기의 창업자다. 그는 일본에서 '경영의 신'으로 불리며 지금도 많은 사람들의 존경을 받고 있다. 그가 생전에 남긴 경영철학은 지금도 경영자들은 물론이고 직장인들에게도 많은 교훈을 주고 있다. 그는 생전에 기업의 목적은 사회에 이바지하는 데 있다고 강조했다.

그렇다면 경영의 핵심 가치는 무엇일까? 두말할 필요 없이 '고객'이다. 고객이 없으면 아무리 좋은 물건을 만들고, 아무리 훌륭한 서비스를 제공하고자 한들 아무 소용이 없다. 고객은 기업이 경영 활동을 하는 데 있어 가장 중심에 놓고, 최우선순위로 생각해야 하는 존재다. 경영자뿐만 아니라 기업의 구성원이 모두 고객을 생각해야 한다.

> 고객은 기업이 경영 활동을 하는 데 있어 가장 중심에 두고, 최우선순위로 생각해야 하는 존재다.

## 현장에 답이 있다

특히 서비스업의 경우에는 고객의 니즈가 제품 자체에만 있지 않고 제품을 구매하는 모든 행위에 있기 때문에 매우 광범위하게 고객을 생각해야 하는 어려움이 따른다. 근래에는 '고객경험관리(CEM:Customer Experience Manegement)'가 대두되면서 고객에게 보다 차별화된 경험을 제공하려는 기업이 늘어나고 있다. 그 기업에서만 느낄 수 있는 경험을 제공함으로써 고객이 다시 찾도록 하기 위한 것이다.

그렇다면 고객만족, 고객감동을 위해서 기업은 어떤 자세를 가져야 할까?

첫째, 섬김의 자세를 생각할 수 있다. '섬김경영'이라는 표현을 쓰기도 한다. 섬김은 아랫사람이 윗사람을 모시는 단순한 행위가 아니다. 패밀리 레스토랑에서 고객의 눈높이 아래에서 무릎을 꿇고 주문을 받는 상징적인 행동과는 차원이 다르다. 때로는 지나치게 고객을 높이는 행위가 고객에게는 오히려 부담을 줄 수 있음을 염두에 두어야 한다.

섬김은 행동으로만, 눈으로만 보여주는 것이 아니다. 진정한 섬김은 함께 일하는 사람들과 재화와 서비스를 주고받는 관계에 있는 사람들을 마음속 깊이 진심으로 존중하는 자세라고 할 수 있다. 기업이 고객을 섬기는 것은 고객을 존중한다는 의미다.

기업은 또한 직원을 섬겨야 한다. 직원이 섬김을 받는다는 것은 회사에 속한 개개인을 배려하고 존중한다는 의미다. 협력회사를 섬기는 일 또한 중요하다. 일을 주고받는 단순한 거래 관계로, 때로는 일의 주도권을 쥔 '갑'과 이를 따라야 하는 '을'의 관계만으로는 진정한 협력을 얻을 수 없다. 협력회사의 어려움에도 귀 기울이면서 함께 성장하고 발전할 수 있는 길을 도모하려는 자세가 중요하다.

둘째, 현장을 중시하는 것이다. '현장경영'이다. 현장이란 말 그대로 제품이 만들어지는 현장을 말한다. 서비스업에서는 고객과 직접 대면하는 곳이 바로 현장이다. 경영자는 항상 현장의 생생한 소리에 귀를 기울여야 한다. 서비스가 이루어지는 곳은 매장이므로, 경영자가 매장을 자주 둘러보는 것은 고객의 입장이 되어 서비스를 체험한다는 의미도 있지만 현장에서 일하고 있는 직원이나 동료 사원의 고충을 귀 기울여 듣겠다는 의미다.

"사장님 또 내려오셨네?", "아이고 사장님이 직원 식당에 왜 이리 자주 오시는 거야?" 나는 수시로 매장을 둘러보거나 직원 식당에서 점심을 먹는데, 그럴 때마다 그런 소리가 들려왔다. "몇 번 오시다 말겠지, 뭐!" 하는 소리도 들렸다. 하지만 매장을 둘러보는 일, 일주일에 적어도 두세 번은 직원 식당에서 점심을 먹는 일이 멈추지 않고 계속되자 직원들이 반갑게 인사를 하기 시작했다. 처음에는 멀리서 인사만 하던 직원들도 다가와 말을 걸었고, 내가 사장인지 미처 알지 못했던 협력업체의 동료 사원들도 눈빛으로 아는 체를 했다. 물론 식판을 들고 와서 함께 식사하는 경우는 드물었지만 다가가면 반갑게 대해주었고, 식사하는 동안 다양한 이야기를 할 수 있었다.

"내일 오전에는 잠깐 매장을 둘러볼까 합니다" 하고 사장이 말하면 어떨까? 사장이 매장으로 내려온다는 사실이 금세 직원들에게 알려질 것이다. 그러면 완벽하지만 어딘지 어색한 풍경이 연출된다. 직원들이 사장에게 보여주고 싶은 것만 보여주기 때문이다. 나는 그저 '오늘 매장 분위기는 어떨까?', '직원들이나 고객들이 힘든 점은 없을까?', '어떤 이벤트가 고객들의 호응을 얻고 있나?' 하는 생각으로 매장을 수시로 찾는다. 현장의 생생한 분위기를 느껴보는 것도 사장이 할 일이라고 생각하기 때문이다.

사장이 현장을 둘러보고 지적만 한다면 담당자들은 주눅이 들어서, 문제가 발생했을 때 적극적으로 처리하지 못하게 된다. 경영자는 현장의 분위기를 잘 감지하면서도 담당자들이 현장의 고충이나 제도 개선에 대한 의견을 자유롭게 이야기할 수 있는 분위기를 만들어야 한다. 상품 매장을 수시로 들르고, 직원 식당에서 함께 식사를 하며, 협력회사를 방문하거나 협력회사 주요 인사들을 초대하여 대화하는 시간을 마련한 것도 현장경영의 일환으로 매우 중점을 두었던 일이다.

## 원인을 이해해야
## 제대로 된 해결책이 생긴다

백화점은 다양한 이벤트나 명절, 정기 세일 기간에는 한두 시간 연장 영업을 한다. 직영 사원이든 동료 사원이든 연장 업무를 할 수밖에 없는 상황이다. 교대 근무가 있는 경우에는 그리 어렵지 않지만 동료 사원들은 교대 근무를 할 인력이 없어 연장 근무를 해야 한다. 그런 직원들을 위해 간식을 준비한다. 하지만 연장 근무 기간에는 고객도 많고 일도 바쁘기 때문에 직원 식당까지 와서 간식을 먹을 시간조차 거의 없다. 그러다 보니 간단한 간식거리를 매장에 직접 제공하는 경우가 많다. 그런데 어느 날 직원들의 개인 사물함이나 공동 보관함 등에 먹다 남은 음식이나 빵이 곰팡이가 핀 채로 방치되다가 버려진다는 보고를 받았다. 먹을 것이 부족했던 어린 시절을 보낸 나로서는 음식을 함부로 대하는 태도가 이해가 되지 않았다. 그런데 곰곰이 생각해 보니 바쁘게 일하면서 체력을 보충해야 할 직원들이 간식도 못 먹고 버리는 데는 그만한 이유가 있을 것 같았다. 그래서 그 이유를 조사해 보도록 했더니 나름의 이유가 있었다.

첫째는 직원 식당까지 간식을 먹으러 갈 시간이 없을뿐더러 매장으로 보내진 간식도 조금 한가해지면 먹어야지 했다가 잊어버리게 된다는 것이다.

두 번째는 제공되는 간식이 맛도 없고 매번 비슷하다 보니 질려서 먹기 싫다는 것이다. 그럼 어떤 방법이 있을까 하고 물어보니 메뉴를 자주 바꾸고 간식이라도 제대로 된 식사가 되었으면 좋겠다는 의견이 많았다. 그래서 바쁠 때에도 식당에 와서 먹을 수 있고, 질 좋은 한 끼 식사로 충분한 간식을 제공하도록 메뉴를 변경했다. 그러자 사물함이나 공동 보관함에서 썩어서 버려지는 음식이 현저히 줄어들었다.

리더는 현장에서 벌어지는 일을 보고받았을 때 단지 그 현상만 볼 것이 아니라 그 원인을 파악하고 해결책을 마련해야 한다. 해결책을 마련하기 위해서는 구성원들이 원하는 것이 무엇인지를 들어야 한다.

현장에서 벌어지는 모든 상황에는 반드시 원인이 있게 마련이다. 원인을 이해하지 못하고 표면적인 상황만 보고 해결책을 강구해서는 미봉책에 그칠 뿐 언제라도 문제가 불거질 수 있음을 잊지 말아야 한다.

현장에서 일어난 문제에 대한 답은 현장에 있다. 현장에서 일하는 직원들의 생생한 목소리 속에 창의적인 아이디어가 들어 있다. 그들의 의견을 제대로 반영하는 것이 매우 중요하다.

현장경영은 먼저 제도의 변화가 필요하다. 그다음엔 경영자가 행동으로 보여주어야 한다. 경영자가 직원들이 일하는 현장을 알려고 노력하고, 현장의 상황에 항상 관심을 가지고 있다는 것을 말과 행동으로 수시로 보여주어야 한다. 제도가 아무리 좋아도 리더가 먼저 움직이지 않으면 조직은 변하지 않는다. 또 리더 혼자 아무리 열심히 움직여도 조직의 시스템이 받쳐주지 않으면 변화할 수 없다. 중요한 것은 소통의 파이프라인을 현장 조직 곳곳에 설치하는 것이다. 그래야 현장의 창의적인 아이디어와 교훈, 경험이 조직 곳곳에 빠르게 전파될 수 있다. 또 권한을 현장의 책임자에게 위임하는 것도 필요하다.

> 현장에서 일하는 직원들의 생생한 목소리 속에 창의적인 아이디어가 들어 있다.

최고 리더는 현장의 소리를 듣고, 현장의 리더는 책임과 권한을 제대로 현장에 반영할 때 진정한 현장 중심 경영이 시작된다.

## 스스로
## 동기부여할 수 있도록

조직을 경영하는 데 있어 시스템이 중요할까, 사람이 중요할까? 경영자의 입장에서는 두 가지 모두 중요하다. 시스템이 받쳐주지 않는 상태에서 구성원이 일을 잘해주기만을 바라는 것도 좋지 않고, 시스템만으로 조직 운영이 원활할 것이라고 믿어서도 안 된다.

어떤 시스템에서도 일 잘하는 사람들이 분명 있다. 하지만 능력 있는 사람들이 훌륭한 시스템에서 능력을 발휘할 수 있도록 하는 것이 경영자의 몫이다.

그러기 위해서 경영자는 무엇을 해야 할까?

첫째, 직원들에게 비전을 보여주어야 한다. 함께 시스템을 만들고 함께 조직을 발전시켜나가는 데 리더의 비전을 보여주는 것만큼 중요한 일도 없다. 비전은 회사의 비전일 수 있지만 회사와 더불어 성장하는 개인의 비전에도 부응할 수 있어야 한다. 《짐 콜린스의 경영전략》에 따르면 위대한 기업을 위해 공헌하는 사람들은 대부분 월급을 받는 것 이상의 의미 있는 일을 하고자 한다. 의미 있는 일을 하려는 인간의 기본적인 욕망을 자극하면 "어떻게 직원에게 동기를 부여할 것인가"와 같은 전통적인 관리 문제는 사라지게 된다. 의미 있는 일이라고 생각할 경우 사람들은 스스로 동기를 부여하기 때문이다.

리더는 비전을 제시하고 그것을 공유하게 하여 이 같은 동기가 부여될 수 있는 토대를 만들어야 한다. 물론 수익 실현에 반드시 비전이 필요한 것은 아니다. 비전이 없어도 수익성 좋은 사업을 벌일 수는 있다. 하지만 수익 실현 이상의 것을 원한다면, 즉 위대한 기업을 만들고자 한다면 비전이 있어야 한다. 위대한 기업의 핵심 리더들은 기업을 위한 비전을 명료하게 세우고 발전시켰다.

일을 한다는 것은 단순히 급여를 얼마나 받고, 내가 가진 능력을 잘 발휘할 수 있느냐에 그치지 않는다. 학교에서 배운 것을 잘 활용한다고 해서 능력을 평가받는 것도 아니다. 사람들은 조직에서 열심히 하면 자신도 성장하고 더불어 급여도 삶의 질도 높아질 것이라는 기대감을 가진다. 그런 기대감을 회사가 제대로 충족시켜줄 때 직원들의 능력은 더욱더 빛을 발한다. 기업은 성장하고 커가면서 확대 재생산해야 한다. 그리고 그 안에 있는 사람들도 능력 발휘해 더욱 성장할 수 있는 토대를 만들어주어야 한다.

> 수익 실현 이상의 것을 원한다면, 즉 위대한 기업을 만들고자 한다면 비전이 있어야 한다. 위대한 기업의 핵심 리더들은 기업을 위한 비전을 명료하게 세우고 발전시켰다.

둘째, 경영자는 인사 조직 관리를 잘해야 한다. 능력 있는 인재를 채용하고 교육하고 동기부여해야 한다. 직원들이 자신이 이곳에 있고, 이곳에서 일하고 있다는 사실을 자랑스럽게 생각하도록 만들어야 한다. 엘리베이터에서 직원을 만나면 표정만 봐도 그 직원의 기분을 대충 알 수 있다. 자신의 일에 자긍심이 있는지 없는지, 회사와 일이 좋아서 일하고 있는지, 아니면 일이니까 어쩔 수 없이 하고 있는지 느껴진다.

자기 일에 대한 사명감과 자부심은 단순한 보람 이상의 마음 자세다. 그런 자세를 가진 사람은 얼굴 표정부터 다르다. 그들은 지금 있는 곳에서 자긍심을 가지고 열심히 하면 더 좋은 일이 주어지고 더 좋은 기회가 생긴다는 사실을 잘 알고 있기에 표정과 행동에서 활기가 넘친다. 현재 자신의 상황에 불안을 느끼는 직원에게는 그런 모습이 보이지 않는다.

## 신뢰는
## 성과를 만드는 첫걸음

대통령도 국민에게 신뢰를 받으면 수많은 고비를 잘 넘긴다. 경영자도 마찬가지다. 직원들이 회사와 함께 자신도 성장할 수 있다는 비전과 믿음이 있으면 어떤 어려움도 극복해낸다. 경영자가 치열한 경쟁에서 어려움을 극복하고 조직을 발전시키는 최선의 방법이다.

나 역시 부임 초기 나에 대한 직원들의 신뢰가 형성되지 않아 어려운 점이 있었다. 중요한 화두를 던져도 시큰둥한 직원들도 있다. 상대의 눈을 보면 '이 사람은 아직 나를 믿지 못하고 경영자 자격이 있는지 시험하고 있구나' 하는 느낌이 바로 든다. 경영자를 신뢰할 수 있기까지는 소극적으로 행동하고 방관자처럼 군다. 경영자가 초기에 빨리 직원들에게 신뢰를 얻으려면 모든 상황에서 진정성과 성실함을 가지고 몸소 움직이면서 보여주어야 한다. 눈으로 보여주면, 진정성과 성실함이 통하고 신뢰가 쌓이기 시작한다.

인사 조직 관리는 경영자의 성패를 좌우하는 일이다. 인사 조직의 기본은 사람이기 때문이다. 조직은 결국 사람이 움직인다.

경영자가 경영을 잘하기 위해서는 경영자의 생각을 이해하고 신뢰하고 추진할 인력이 반드시 필요하다. 그런 사람들이 어떻게 잘하느냐에 따라 경영의 성패가 좌우되기도 한다. 그 사람들이 일을 잘할 수 있도록 하려면 어떻게 해야 할까? 보상과 동기부여의 중요성은 이미 강조한 바 있다. 여기에다 그들의 판단과 행동에 전적인 신뢰를 보내주어야 한다. 직원들이 경영자에게 무한한 신뢰를 보낼 때 경영자도 신나서 일할 수 있는 것처럼, 직원들도 경영자가 자신을 신뢰할 때 일에서 최고의 성과를 낼 수 있다.

신뢰를 보여주는 방법 중 하나는 권한 위양과 권한 위임이다. 권한 위임은 상사의 권한과 권력을 부하직원에게 내어줌으로써 상사의 힘은 줄이고 부하직원의 힘을 키워주는 것이고, 권한 위양은 상사의 권한과 권력과 함께 책임도 나누어 갖는 것이다. 권한 위양을 함으로써 부하직원이 갖게 되는 힘이 커지지만 그만큼 상사의 힘도 커지게 된다. 하지만 경영 현장에서는 일의 상황이나 중요도에 따라 권한 위임

> 경영자가 초기에 빨리 직원들에게 신뢰를 얻으려면 모든 상황에서 진정성과 성실함을 가지고 몸소 움직이면서 보여주어야 한다.

이 이루어지기도 하고, 권한 위양이 되기도 한다. 또 경영자의 리더십 스타일에 따라 권한 위임과 권한 위양이 다양한 형태로 이루어지기 때문에 어느 쪽이 더 좋다고는 쉽게 단정할 수 없다.

권한 위양(empowerment)이라는 용어를 처음으로 만들어낸 사람은 피터 드러커다. 그는 권한 위양의 진정한 목적은 어떤 일을 떼어내어 다른 사람에게 위임하는 것이 아니라 자기 자신의 과업을 수행하는 것이라고 말했다. 그는 시간 낭비의 원인이 대부분 자신이 안 해도 되는 일들에 시간을 쓰는 것이라고 주장한다. 다른 사람이 할 수 있는 일은 넘겨주고 경영자로서 해야 할 일을 집중해서 하는 것이 바람직하다. 더 중요한 일에 집중할 시간을 확보하기 위한 최적의 방법, 다시 말해 목표를 달성하는 가장 효율적인 방법이 바로 권한 위양이다.

> 중요한 일에 집중할 시간을 확보하기 위한 최적의 방법, 다시 말해 목표를 달성하는 가장 효율적인 방법은 권한 위양이다.

## 믿고 맡기면 잠재능력까지 발휘한다

나는 매우 중요한 사안을 제외한 모든 결재권을 담당 중역이나 부서장들에게 넘겨주었다. 실제로 작은 항목들까지 일일이 사장이 결재할 수도 없지만, 담당 부서장이 결재권을 가질 때 당사자는 물론이고 해당 부서의 직원들이 더욱더 책임감을 가지고 일한다는 사실을 알게 되었다. 결재 권한을 위임한다고 해서 경영자의 책임이 사라지는 것은 아니다. 그보다 더 큰 책임을 떠안는 것일 수도 있다. 부서장의 결재도 경영자가 결재한 것과 같은 효력이 발생하기 때문이다.

경영자가 권한 위양을 어디까지 하느냐를 결정하는 것도 조직의 발전에 큰 영향을 미친다. 현장의 세세한 부분까지 알고 있다고 해서 모든 일을 다 보고받고 결정해줄 수는 없는 노릇이다. 현장 실무자들이 즉각 판단하고 결정할 수 있는 권한을 확실하게 정해주어야 하고, 현장에서 판단하고 결정하기 어려운 문제는 매뉴얼 등으로 지침을 만들어두어야 한다.

경영자가 전격적으로 권한 위양을 실행하면, 해당 부서의 본부장도 그 밑에 있는 중역들도, 다시 그 아래 있는 부장이나 차장들도 권한 위양이 가능해진다. 처음에는 다들 당황하고 갑자기 주어진 책임을 버겁게 느끼기도 했다. 권한 행사는 많이 해봤어도 위양을 하는 것은 낯설었던 게 사실이다. 그리고 위에서 시키는 일은 잘했어도 막상 자신이 책임을 져야 하는 일에는 당황할 수밖에 없는 것이다. 하지만 권한 위양을 통해서 업무의 효율성과 현장 대응이 빨라지면서 일에 대한 전문성도 높아지는 효과를 직원들 스스로 체험할 수 있게 된다. 직원들이 각자 역량을 마음껏 발휘할 수 있는 환경이 만들어지는 것이다. 상대방을 신임하고 그가 가진 잠재능력을 최대한 발휘할 수 있도록 도와주는 것, 그것이 바로 피터 드러커가 말한 권한 위양의 또 다른 의미다.

경영자의 위치와 입장을 이야기할 때 내가 자주 언급하는 것에 '산 이론(mountain theory)'이 있다. 학계에서 말하는 이론이 아니라 내가 경영을 하면서 자연스럽게 터득한 이론이다. 산에는 8부 능선이 있고, 9부 능선이 있고, 정상이 있다. 처음 산에 오를 때는 발 밑을 조심하면서 올라가느라 내가 산 어디쯤에 왔는지 잘 보이지 않고, 정상이 까마득하게 느껴진다. 이윽고 8부 능선, 9부 능선을 지나면서 기술과 지혜가 늘어나 아래를 내려다보게 된다. 그래도 아직은 내가 올라온 곳까지만 보일 뿐이다. 8부 능선에서 보이는 경치와 9부 능선에서 보이는 경치는 많이 다르다. 하지만 정상에 오르면 사방을 둘러볼 수 있게 된다. 8부, 9부 능선에서는 보지 못한 경치가 펼쳐진다.

조직에서 위로 올라가면서 느끼는 것이나 인생에서 성공을 향하는 과정과 등산은 크게 다르지 않다. 정상에 오르기까지 다양한 경험을 통해서 산을 오르는 지혜가 쌓인다. 정상에 서면 전체가 보이기 시작한다. 어느 부분이 어려운지, 어디서 조심을 하고, 어디서 쉬어야 하는지도 보인다. 산을 오르는 일이 이론과 지식으로 될 수 없는 것처럼 경영의 지혜 또한 이론이 아닌 경험으로 쌓아가는 것임을 경영의 현장에서 배웠다.

문제는 언제든지 있다. 두 자리 숫자냐 아니냐의 차이다. 문제가 있으면 직원들과 해결 방법을 함께 논의하면서 개선해나간다. 문제가 있기 때문에 개선할 방법을 찾게 되니 발전에 도움이 된다.

고객 불만과 고객 충성도의 관계를 설명하는 '존 구드만의 법칙'에 따르면 고객이 평소에 아무런 문제를 느끼지 못하는 상황에서는 일반적으로 10퍼센트 정도의 재방문율을 보이지만, 만약 불만 사항을 말하러 온 고객에게 진지하게 대응하여 불만 사항이 만족스럽게 처리되었을 경우에는 고객의 65퍼센트가 다시 그 상점을 찾는다고 한다.

직원들이 고객의 불평과 불만을 중요하게 생각하고, 그런 직원들이 간부 사원이 되고, 간부 사원이 되어서도 고객의 부정적인 의견과 불만을 개선해나가려고 하면 그 회사는 성공한다. 고객의 불평에 대해 변명하려 들면 불신만 더욱 깊어질 뿐이다. 결국에는 고객에게 외면당하는 회사가 되고 만다.

> 고객의 불평에 대해 변명하려 들면 불신만 더욱 깊어질 뿐이다. 결국에는 고객에게 외면당하는 회사가 되고 만다.

커뮤니케이션이 잘될 때도 부정적인 의견이 5~10퍼센트 정도는 반드시 있다. 그러면 고마운 일이다. 오히려 부정적인 의견이 전혀 없고 긍정적인 의견이 100퍼센트일 때 경영자는 위기 상황으로 받아들여야 한다. 부정적인 의견이 전혀 없는 기업은 있을 수 없다. 만일 모든 일이 100퍼센트 긍정적이라면 그것은 부정적인 의견을 말하는 사람도, 부정적인 일을 보고하는 사람도 없다는 의미이므로 경영자에게 문제가 있거나 조직 전체가 심각한 매너리즘에 빠져 있다고 봐야 한다.

경영자는 끊임없이 노력할 수밖에 없다. 현장에 가서 보고, 점검

> 먼저 다가가서 그들이 마음을 열고 무엇이든 이야기할 수 있도록 해야 한다. 그 속에 경영을 잘할 수 있는 해결책이 있다.

하고 가장 아래쪽 직원들의 이야기까지 들어봐야 한다. 먼저 다가가서 그들이 마음을 열고 무엇이든 이야기할 수 있도록 해야 한다. 그 속에 경영을 잘할 수 있는 해결책이 있다.

# 기업의 투자는
# 미래를 봐야 한다

*"기업의 투자는 반드시 성과가 있어야 한다.
투자한 것 이상의 이익이 있어야 한다."*

## 성과를 기대하지 않는 투자는 없다

기업 경영에서는 '이익'을 내는 게 중요하다. 기업의 이익은 무엇에 쓰이는 것일까? 기업의 규모가 커질수록 돈을 어떻게 버느냐도 중요하지만 돈을 어떻게 쓰느냐에 따라 기업 성패가 좌우되기도 한다.

부모가 자녀에게 투자하는 것은 자녀가 성장해서 스스로 자립할 수 있도록 준비를 시켜주는 과정이다. 자녀에 대한 투자에는 부모의 한없는 사랑이 깔려 있다. 그래서 자녀에게 투자한 것이 어떤 결과를 가져올지 계산하지 않는다.

하지만 기업의 투자는 다르다. 기업의 투자는 반드시 성과가 있어야 한다. 투자한 것 이상의 이익이 있어야 한다. 눈에 보이는 이익도 확실해야 하고, 눈에 보이지 않는 이익도 생각해야 한다.

경영자는 어떤 일에, 어떤 상황에, 어떤 사람에 대해 투자할 때 고려해야 할 점이 많다. '돈이 남으니 점포 하나 더 낼까?' '공장을 하나 더 지으면 생산량이 늘어나서 더 많이 팔 수 있겠지?' '어차피 남는 돈인데 직원들에게 인심이나 쓰자' 이런 생각으로 투자를 하는 게 아니다. 앞으로 5년, 10년, 아니 그 이후까지 바라보면서 지금 내가 결정하는 투자가 어떻게 성과로 연결될지를 생각하고 또 생각해야 한다.

남이 하니까 나도 한다고 생각하면 직원들이 회사의 정체성을 잃어버리고 회사가 궁극적으로 추구하는 중장기적 비전이 무엇인지 헷갈리게 된다. 또한 직원 개인이 가진 삶의 비전까지 고민하게 만든다. 경영자는 새로운 투자를 할 때 회사의 중장기 비전을 염두에 두고, 투자로 인해 생기는 성공 요소와 위험 요소를 직원들이 공감하고 따라올 수 있는 분위기도 만들어야 한다.

> 투자를 할 때는 금액의 많고 적음을 숫자로만 판단해서도 안 된다.

투자 금액은 단순히 금액의 크기로 성과를 기대할 수 있는 것이 아니다. 1억을 투자해도 가장 효율적인 방법이 무엇인지를 생각하고 투자해야 하며, 적은 투자로도 더 많은 이익을 낼 수 있는 방법을 고민해야 한다. 많은 금액을 투자할 때는 더욱 신중해야 한다. 어려운 때일수록 과감한 마케팅과 판촉 활동 역시 매우 중요한 투자라 할 수 있다. 경제 상황이 힘들다고 마냥 움츠리고만 있으면 점점 더 어려워질 수 있다. 잘 벌려면 잘 쓸 줄 알아야 한다. 투자를 잘해야 이익도 잘 낼 수 있다.

## 당장의 투자 금액보다 효율을 먼저 점검해야

IMF 직후의 국내 경제 상황은 이루 말할 수 없을 정도로 힘들었다. 패스트푸드 업계도 예외는 아니어서 매출이 하강 곡선을 그리고 있었다. 그때 롯데리아는 어른들을 위한 빅버거를 출시했고, IMF버거를 비롯한 서민 밀착형 제품을 내놓는가 하면, 라이스버거, 김치버거 등의 한국 토종이자 퓨전 햄버거를 내놓으면서 호평을 받기 시작했다. 이에 긴장한 경쟁사들이 불고기버거나 불갈비버거를 흉내낸 햄버거를 내놓고 대대적인 판촉 활동과 광고를 했다. 그런데 일부 경쟁사에서 불고기버거를 돼지고기로 만든 것이 밝혀지면서 혼란이 있었다. 패스트푸드 업계는 직격탄을 맞았고, 롯데리아의 불고기버거도 판매가 급감했다. 우리는 '롯데리아 불고기버거 소캐릭터'를 만들어 광고를 하면서 롯데리아 불고기버거의 원료는 쇠고기이며, 한 번도 이를 어긴 적이 없음을 알렸다. 신제품도 아니고, 당연한 것을 알려야 하는 광고였다. 물론 그 결과 롯데리아의 불고기버거는 예전의 인기를 되찾았다.

또한 IMF 한파로 실직자들이 속출했고, 서민들의 생활이 더욱 어려워지면서 결식 아동이 늘어났다는 기사가 연일 신문을 장식하고 있었다. 먹는 장사를 하는 사람으로서 굶주리는 아이들을 두고 볼 수는 없었다.

먹거리가 해결되지 않으면 다른 일을 할 수 없는데, 더욱이 나라의 일꾼이 될 아이들이 굶는다는 것은 상상할 수도 없는 일이었다. 그래서 롯데리아는 전국 400여 개 매장에서 불고기버거 세트가 1개 판매될 때마다 20원씩 적립하는 방식으로 '결식아동 돕기 캠페인'에 나섰다. 동시에 전국 점포에 '사랑의 빵 저금통'을 설치해 고객들의 자발적인 참여를 호소했다. 고객들의 반응은 뜨거웠다. 엄마아빠의 손을 잡고 온 아이들이 불고기버거 세트를 주문하고, 사랑의 빵 저금통에 동전을 넣었다. 그런 아이들과 부모들의 마음에 롯데리아 전 직원들과 가맹점 가족들은 눈시울이 뜨거워질 정도였다. 처음 결식아동 돕기를 생각했을 때 롯데리아는 결식아동들에게 무료 시식권을 나눠줄 계획이었다. 하지만 감수성이 예민한 어린아이들이 상처를 받을 수도 있다는 생각에 기금 마련으로 전환을 하고, 한국선명회를 통해 교육부로 전달하는 방식을 취했는데 고객들의 호응이 그토록 뜨거울 줄은 예상하지 못했다. 그중 일부는 북한 결식아동들을 위해서도 사용되었다. 금 모으기 운동 등으로도 나라사랑을 전 세계에 알린 한국인이라는 사실이 새삼 뿌듯했던 시간이었다. 또한 순직 경찰 유가족 자녀 학자금 지원, 수해 복구 지원 활동에도 적극적으로 참여하면서 롯데리아가 어려운 국민들과 함께 뛰는 대한민국의 기업임을 널리 알렸다.

애국심에 호소하는 대대적인 마케팅도 실시했다. 광복 50돌을 맞아 "태극기와 함께 뛰자"라는 슬로건 아래 태극기 마케팅을 펼쳤다. 실의에 빠진 국민들의 사기를 앙양하고 자발적인 애국심을 고취시키는 게 목적이었다. 이와 더불어 롯데리아가 글로벌 기업들과 당당히 겨루고 있는 토종 브랜드라는 사실을 알리고 국내 기업을 애용하자고 호소했다.

'98프랑스 월드컵 대회'를 앞두고는 '월드컵 16강 기원 행운 대잔치' 이벤트를 개최하여 축구화, 국가대표 사인볼, 붉은 악마 응원복 등을 경품으로 내걸었으며, 국가대표 격려 편지 이벤트를 실시해 고객이 쓴 편지를 대한축구협회를 통해 해당 선수에게 전달하기도 했다.

수많은 시행착오와 혹독한 훈련을 거쳐 세계적인 선수가 되듯, 돈을 벌려면 돈을 잘 활용하여 더 큰 돈을 벌어들이는 것이 중요하다. 경영 활동은 바로 돈을 잘 쓰는 방법을 익히고 실천하는 과정이 아닐까?

## 투자는 시기를
## 잘 선택해야

경쟁사와 판촉 경쟁을 할 때 차별화해야 하는 것이 또 있었다. 당시 패스트푸드 업계에서는 세트 상품을 구매하면 판촉물 형식으로 장난감이나 캐릭터 상품을 끼워주는 게 유행이었다. 판촉물의 종류는 어린이들의 호응과 세트 판매로 직결되었다. 롯데리아에서는 어린이용 햄버거 세트나 가족 세트에 주로 판촉물을 포함시켰다. 이미 업계의 경쟁이 치열했기 때문에 롯데리아도 다양한 상품을 준비했다. 그런데 여러 경쟁사 매장에서 판촉물을 주다 보니 아이들이 판촉물을 갖기 위해 부모를 졸라 패스트푸드점을 찾는 일이 많아졌고, 다른 업체의 판촉물과 비교하기 시작했다. 특히 롯데리아와 맥도날드의 판촉물은 늘 비교가 되었다. 롯데리아의 판촉물이 맥도날드에 비해 떨어진다는 것이었다. 아이들의 솔직한 표현으로는 "좀 후지다"라는 말이 있다는 것을 고객의 소리에서 확인할 수 있었다. 이유를 분석해보니 애초부터 맥도날드와는 경쟁이 안 되는 상황이었다.

맥도날드는 국내뿐만 아니라 전 세계 맥도날드 매장에서 쓸 판촉물을 대량으로 중국에서 제작했다. 국내 매장만을 생각하고 만든 롯데리아의 판촉물은 양적, 질적으로 떨어질 수밖에 없었다. 질을 높이려면 단가가 올라가는데, 그렇게 되면 수익 구조가 맞지 않았고, 단가를 낮추려면 양이 뒷받침해줘야 했다. 양에서는 글로벌 시장에서 압도적 우위인 맥도날드를 따라갈 수 없었다. 하지만 국내 프랜차이즈 업계의 선두라고 할 수 있는 롯데리아가 경쟁자보다 질이 떨어진다는 평을 계속 듣고 있을 수만은 없었다. 그래서 담당자들과 함께 중국으로 날아가 우수한 디자인과 질 높은 상품을 주문 제작하기에 이르렀다. 물론 단가는 경쟁사보다 약간 높았다. 그렇게 대처를 하자 롯데리아의 판촉물을 받고 자랑하고 싶어하는 어린이들의 마음을 샀고, 어린이 세트는 그야말로 대인기를 누렸다.

이렇게 롯데리아가 공격적인 마케팅과 판촉 활동을 펼치면서 어려운 환경에서도 매출을 계속 늘려가자, 롯데리아 가맹점의 수는 점점 늘었고, 본사에 대한 가맹점들의 신뢰는 더욱 두터워졌다. 마케팅과 판촉 활동에 대한 과감한 투자가 더 큰 이익으로 돌아온 경우다.

보통 기업은 경영 환경이 어려워지면 투자를 꺼리게 된다. 불황이 길어지면 거의 모든 기업들이 움츠러들고 고객의 지갑도 잘 열리지 않는다. 그럴 때는 긴축 경영을 하고 작은 물품까지 아끼자는 말을 많이 한다. 어려울 때는 작은 비용을 줄이는 것도 매우 중요한 경영의 한 방법이다. 시스템을 만들어 낭비되는 요소를 철저히 줄이기만 해도 어려움을 극복하는 데 도움이 될 것이다. 하지만 직원들의 사고와 행동은 비용 절감의 효과보다 훨씬 더 위축되고 제한될 수 있다. 어려움을 함께 나누자고 시도한 일이 직원들의 동의를 얻지 못하면 불평을 부를 수 있다.

기업 경영에서 불필요한 비용을 찾아보면 매우 많다. 종이 한 장을 더 쓰거나 덜 쓰는 문제보다 더 심각한 비용 낭비 요소가 있게 마련이다. 경영자가 미처 파악하지 못하는 요소도 있다. 그런 것부터 직원들의 제안을 받아 실행하는 게 우선이다. 일하는 현장에서 발생하는 문제는 직원들이 더 잘 알고 있고, 개선점 또한 직원들이 만들어낼 것이라는 믿음을 가져야 한다.

> 모두가 불황이라고 할 때 호황을 대비하는 투자가 필요하고, 모두가 호황이라고 할 때 긴축을 검토하고 불황에 대비한 자금을 마련하는 지혜가 필요하다.

경기가 불황이면 긴축하고 호황이면 투자하는 경영으로는 국내 기업과의 경쟁에서는 물론이고 세계 기업들과의 경쟁에서도 뒤처질 수 있다. 불황과 호황을 대하는 생각이 달라져야 하고, 대처하는 방식이 달라져야 한다. 모두가 불황이라고 할 때 호황을 대비하는 투자가 필요하고, 모두가 호황이라고 할 때 긴축을 검토하고 불황에 대비한 자금을 마련하는 지혜가 필요하다. 실제로 불황일수록 활발한 투자를 한 기업이 호황이 왔을 때 더 큰 성과를 내는 경우를 많이 볼 수 있다. 1997년 국가 부도 위기라는 IMF를 맞아 모두가 움츠리고 있던 시기에 투자를 적극적으로 해서 경기가 회복되자마자 바로 투자 효과를 크게 본 경우가 많았다. 물론 롯데리아도 거기에 속했다.

# 정도경영은 계속되어야 한다

> "오랫동안 사람들에게 사랑받는 기업들은 한결같이 철저한 기업가 정신을 원동력으로 삼아 발전해왔다."

## 사업을 열심히 하는 것이 나라와 사회에 공헌하는 길

"기업은 좋은 품질의 제품을 노사 협조 아래 생산하여 지속 성장해야 하는 책임이 있다. 사업을 열심히 하는 것이야말로 나라와 사회에 공헌하는 길이다."

롯데그룹 신격호 총괄 회장이 사업을 시작한 후 지금까지 한결같이 강조하는 '기업보국(企業報國)' 정신이다.

수많은 기업들이 생겨나고 사라진다. 회사를 만들 때 기업가들은 어떤 생각을 할까? 기업가(企業家)는 현재 기업을 이끌어가는 사람이고, 또 다른 의미의 기업가(起業家)는 창업을 직접 주도하는 사람이다.

우리나라에 자본주의 경제가 본격적으로 도입되면서 기업을 일으킨 1세대로 삼성그룹의 이병철 회장, 현대그룹의 정주영 회장, LG그룹의 구인회 회장 등을 꼽을 수 있다. 이분들은 이미 고인이 되었지만, 우리나라 대기업 창업 1세대 중 현재까지 건재하고 있는 사람은 롯데그룹의 신격호 총괄 회장을 꼽을 수 있다.

롯데에서만 37년을 근무한 나는 가까이서 신격호 회장을 보면서 '창업가(創業家) 정신, 기업가(企業家) 정신'에 대해서 생각해볼 기회가 많았다. 그리고 그 정신에 영향을 많이 받았고, 본받고자 노력했다.

1941년, 일제 강점기에 가난한 유학생으로 일본으로 건너간 신 회장은 온갖 시련을 견뎌내며 유학생활을 하다가 일본인 사업가의 투자로 사업을 시작했다. 하지만 한 번은 전쟁의 폭격으로, 또 한 번은 공장이 전소되는 화재로 두 번의 실패를 경험했다. 1945년 일본에서 조국의 해방을 맞았으나 바로 조국으로 돌아오지 못했다. 자신에게 투자한 일본인 기업가에게 빚을 갚아야 한다는 생각 때문이었다. 그리고 와세다고등공업 응용학과(현 와세다대학교 화학과)를 졸업한 후 기초 생활용품을 생산하는 작은 공장을 열었는데, 일본인 사업가에게 부채는 물론 이자까지 갚아줄 정도로 사업이 순항했다. 그 후 새로운 제품을 개발해서 성공한 것이 껌이었다. ㈜롯데가 정식으로 기업 활동을 시작한 것은 1948년이었다. 당시 우리나라는 오랜 식민지 시대를 끝내고 그제야 겨우 경제 발전을 시작하려는 시기였다.

일본에서 성공을 거둔 신 회장은 조국을 위해 무엇을 할 것인가를 오랫동안 고민했으나 당시에는 일본과 국교 정상화가 이루어지지 않았기 때문에 일본에서 자금을 들여올 수 없었다. 1965년 한일국교정상화가 이루어지면서 일본에서 벌어들인 돈으로 모국에 투자할 수 있는 기회를 얻었다. 롯데가 한국으로 본격 진출한 것은 1967년 롯데제과가 들어오면서부터다.

대기업이 처음부터 탄탄했다고 생각하는 사람들이 많다. 하지만 정주영 회장도 처음 쌀가게를 시작했을 때 빈털터리가 될 정도로 망한 경험이 있고, 부잣집 아들로 자라 일본 유학까지 다녀온 이병철 회장도 초기에는 큰 실패를 맛보았다. 하지만 그들에게는 단지 돈을 많이 벌어서 부자가 되겠다는 열망 이상의 원대한 꿈과 지칠 줄 모르는 끈기, 두려움 없는 도전 그리고 목표를 반드시 이루겠다는 강한 열정이 있었다. 그리고 가난한 조국을 하루빨리 부자 국가로 만들고 싶다는 소망이 강했다.

일제 강점기와 전쟁을 겪은 가난한 나라의 서러움을 온몸으로 느끼며 살았기에 그들에게 기업을 일으키는 일은 자신뿐만 아니라 함께 일하는 사람들, 국가가 잘사는 길이었다. 그들의 창업 정신은 단지 해당 그룹의 직원들뿐만 아니라 지금도 창업을 꿈꾸는 젊은이들이나 지속적인 성장 경영을 고민하는 기업가들에게 귀감이 되고 있다.

## 경영에 집중하는 것이
## 기업가의 본분

기업을 세우고 발전시키는 일은 한 사람의 생각과 행동으로는 불가능한 일이다. 많은 사람들이 기업가의 정신을 이어받아 기업을 발전시키고, 성장시킨다. 그리고 무엇보다 기업은 살아남아야 한다. 한때 거침없이 성장하다가 소리 없이 사라진 기업이 얼마나 많은가? 그래서 오랫동안 살아남아 국가 경제를 발전시키고, 국민들의 생활과 삶의 질 향상에 기여하고, 기업의 이름으로 국가를 전 세계에 알리는 기업가들의 정신을 생각해볼 필요가 있다.

　신격호 회장은 가난한 나라의 유학생으로 일본에서 갖은 고생을 했고, 타국에서 실패를 경험하며 눈물을 흘려봤던 사람이다. 국가의 소중함을 잘 알고, 국가가 부강해야 국민이 행복해진다는 사실을 누구보다 간절히 느꼈던 경험이 있다. 그래서 한일 국교정상화가 되자마자 바로 고국에 투자를 결정하고 한국에 진출했다. 당초에는 중화학공업에 투자하기를 원했지만 그게 여의치 않아 롯데제과가 먼저 진출했고, 투자에 대한 과실송금을 단 한 푼도 일본으로 가져가지 않고 모국에 재투자했다. 우리나라 유통, 관광, 레저, 식품 산업의 개척과 현대화에 앞장섰다.

　신격호 회장은 국내 재계 5위인 롯데그룹의 창업자임에도 불구하

> 많은 사람들이 기업가의 정신을 이어받아 기업을 발전시키고, 성장시킨다.

고 알려진 바가 많지 않다. 합리적인 사고방식, 허례허식을 멀리하는 소박한 성품의 소유자로만 알려져 있다. 철저한 자기관리와 치밀하고 신중한 업무 스타일, 한 번 결정한 일에 대해서는 과감한 추진력으로 밀어붙이는 사업가로 평가받지만 언론에는 잘 등장하지 않는다. "기업가는 경영에 집중해야 한다"는 게 평소 지론이기 때문이다.

롯데 일번가를 조성할 당시 바닥에 사용될 타일이 신격호 회장의 강력한 의지로 이탈리아산으로 결정된 적이 있다. 사람들이 얼마나 오갈지 모르고 쉽게 손상되거나 교체하게 될지도 모를 바닥재에 이탈리아산을 쓴다는 것은 당시로서는 상상조차 못할 일이었다. 가격도 만만치 않아서 외화 낭비라는 지적도 있었다. 하지만 신 회장의 생각은 확고했다.

"인간은 환경에 적응하는 동물이다. 청결한 곳에서는 사람들의 마음가짐도 바르게 된다. 또한 비싸다고 비경제적인 것은 아니다. 10년, 20년을 더 사용할 수 있기 때문에 오히려 더 경제적이다. 백화점은 그 나라 경제를 보여주는 거울이다. 우리나라를 대표하는 롯데백화점은 우리나라의 위상을 재는 바로미터와 다름없다. 선진국 수준의 품격 있는 백화점을 조성해야 하는 이유가 여기에 있다"라고 강조했다. 그 생각이 옳았음은 롯데 일번가가 사람들의 발길로 활기를 띠면서 바로 입증되었다.

1960년대 후반, 전쟁의 참화를 딛고 가난에서 벗어나는 게 당면 목표였던 우리 국민들은, 그리고 백화점을 찾은 고객들은 물질의 풍요로움을 맘껏 누릴 만한 여유가 없었다. 그런 상황에서 선진국 수준의 시설로 고객을 맞이하고, 고객이 느낄 행복을 미리 생각한다는 것은 쉽지 않은 일이다. 단순히 "이곳을 찾는 고객들에게 우리의 물건을 많이 팔겠다"는 생각으로 시작했다면 결코 지금의 모습을 만들지 못했을 것이다. 고객들이 이곳에 들어서는 순간 "행복하고 쇼핑이 즐겁고, 대접받고 있다"고 느낄 수 있게 한다는 정신을 엿볼 수 있다.

신 회장이 새로운 사업을 시작할 때 늘 하는 말이 있다. "고객이 즐겨 찾는 사업을 해야 한다"는 것인데, 잠실의 허허벌판에 롯데월드와 백화점을 지을 때도 마찬가지였다. 유통업이 크게 발달하지 않은 때였으니 직원들은 그곳에 세워질 공간이나 거기에 만들어질 새로운 상권에 대해서는 상상조차 하지 못했다. 직원들이 매장에 채워 넣을 상품이 없어 걱정하자 "평창면옥에 그 해답이 있다"라고 대답하기도 했다. 지금은 없지만 당시 서울 평창동에 있었던 평창면옥은 멀리에서도 찾아올 정도로 인기가 좋았다. 신 회장은 손님의 발길이 끊이지 않는 평창면옥을 언급하면서 "왜 그 많은 사람들이 평창면옥을 찾을까? 그 이유는 단 하나, 음식 맛이 훌륭하기 때문이다. 고객에게 꼭 필요한 상품을 만들면 모든 게 해결된다. 우리의 존재 이유는 고객이다. 고객이 있기에 우리의 사업이 있는 것이다"라고 말하기도 했다. 이처럼 사업의 모든 부분에서 고객을 항상 중심에 놓고 사고하고 결단하는 데 한 치의 주저함도 없는 사람이 바로 신격호 회장이다.

## 멀리 보고 준비하는 경영

롯데백화점 잠실점이 들어서기 전, 그곳은 황량한 모래벌판이었다. 석촌호수는 물 웅덩이에 불과했고, 주변의 땅은 대부분 참외밭이었다. 그런 곳에 백화점과 테마파크를 만든다고 했을 때 직원들은 걱정이 태산이었다. 그 큰 매장을 어떻게 채워야 할지, 사람들을 어떻게 모이게 할지 막막하기만 했다. 허허벌판에서 무엇을 해야 할지 대안을 찾지 못하고 있었다. 더구나 근처에는 배후 상권이 전혀 없었다. 명동처럼 장사가 잘될지 반신반의하는 직원들에게 신격호 회장은 "그렇겠지. 하지만 상권은 만들 수 있는 거야!"라고 단호하게 말했다. 많은 사람들의 걱정에도 아랑곳하지 않고 신 회장은 잠실 롯데월드가 문을 열면 2~3년 안에 교통체증이 심할 정도로 사람들이 몰릴 것이니 두고 보라며 자신감을 내비쳤다.

　신 회장의 장담이 현실로 나타나는 데는 2년도 채 걸리지 않았다. 다양한 사업 모델을 갖춘 테마파크, 호텔, 백화점, 전문상가 등을 포함한 잠실 롯데타운은 서울 동남부 상권의 중심이 되었고, 고객이 가족과 함께 하루를 보내는 데 손색이 없었기 때문이다. 잠실은 서울 최대의 부도심 상권으로 부상했다.

　신격호 회장은 소공동에 처음으로 '롯데쇼핑센터'를 세울 때도 단순히 물건을 화려하게 진열하고 판매하는 백화점을 지향하지 않았다. 사람들이 즐겁고 행복하게 즐길 수 있는 공간으로서의 쇼핑몰을 구상했다. 신 회장은 세계 각국을 돌아보면서 소비 시장이 어떻게 변화할 것인지를 내다보고, 10년 후, 30년 후를 생각하면서 모든 준비를 했다. 지금 소공동 롯데백화점과 그 주변의 모습은 1979년 이전에 이미 신격호 회장이 머릿속에 그리고 있던 모습이 아니었나 생각한다.

신 회장의 몸과 마음은 항상 현장을 향해 있다. 현장을 직접 챙기다 보니 유명한 일화도 많다. 한번은 백화점 정기세일 기간에 신 회장이 매장을 방문했다. 수행하던 점장은 신 회장이 지나가는 길을 사람들이 비키도록 했다. 그러자 신 회장은 점장을 불러 호되게 야단을 쳤다. "내가 높은 사람인가? 고객이 높은 사람인가? 여기서 제일 높은 사람은 자네가 비키라고 한 고객이네. 나는 높은 사람이 아니야. 나는 고객이 불편함이 없는지 보러 온 것인데, 받들어 모셔야 할 고객을 비키라고 하다니 말이 되는가" 하는 내용이었다.

자신이 하고자 하는 사업에 자신이 없는 경영자가 어떻게 경영을 할 수 있겠는가? 기업가는 시장의 흐름을 읽고, 고객의 변화를 읽고, 시대의 변화를 앞서 생각할 수 있어야 한다. 그래야 기업이 성장하고 존속할 수 있다. 신 회장은 멀리 앞을 내다보고 투자하고, 잘될 때는 어려워질 때를, 어려울 때는 잘될 때를 미리 생각하고 준비했다.

"경영은 안 될 때가 있다. 그럴 때일수록 반드시 잘될 때가 있다는 것을 생각하고 대비해야 한다. 또 기업이 잘될 때는 반드시 슬럼프가 올 수 있다는 것을 생각하고 그때를 대비해야 한다"라고 항상 강조한다. 잘될 때 방심했다가 순식간에 어려움을 겪는 기업들을 보면 이 말이 얼마나 중요한지 느끼게 된다. 실패하는 사람들은 잘될 때 방만해지고, 안 될 때 허리띠를 졸라맨다. 기업도 다르지 않다. 잘될 때 기업가나 임직원이 흥청망청했던 기업은 반드시 큰 위기를 겪었다. 안 될 때를 잘 대비하는 기업이 살아남고 장수한다. 잘 안 될 때, 모두가 어렵다고 할 때를 잘 대비하면 오히려 기회가 되는 경우도 많다. 국가 경제가 위기에 빠질 정도로 힘든 상황에서도 어려운 상황에 잘 대비한 기업은 남들이 위기를 맞을 때 오히려 성장을 멈추지 않았다.

또한 사업 다각화를 하면서 성공시킨 원동력도 신 회장의 철저한 준비 정신에 있다. 기본적으로는 안정적인 경영을 지향하지만 일단 결심이 선 뒤에는 망설임 없이 강력한 추진력을 발휘한다. 그래서 늘 "잘 알지 못하는 사업에는 손을 대지 않는다", "사업 시작 전에 철저하게 조사한다", "사업이 실패하더라도 누구에게도 피해가 가지 않는 범위 내에서 돈을 빌린다"는 말을 강조하곤 한다.

> 안 될 때를 잘 대비하는 기업이 살아남고 장수한다.

## 바른 기업가 정신이 사랑받는 기업을 만든다

기업은 일자리를 창출하고 정도경영을 하면서 많은 사람들이 생계 걱정 없이 행복하게 일할 수 있도록 해야 한다는 게 신 회장의 생각이다. 또한 그런 사람들이 일하는 곳을 찾아온 고객들이 즐겁고 행복하기를 바랐다. 제품을 만들고 그 제품의 판매를 맡기는 제조업체나 협력업체, 그 제품을 진열하고 고객에게 판매하는 직원과 그 가족들, 제품을 구입하고 사용하는 고객, 모두가 행복한 공간을 만들기 위해 무엇을 해야 할지를 처음부터 살피고 계획하고 추진했다. 이는 미래를 내다보는 통찰력과 확고한 비전, 그리고 치밀하면서도 강한 추진력이 있었기에 가능한 일이었다.

롯데에는 3L의 철학이 있다. 사랑(Love), 생활(Life), 자유(Liberty)다. 사랑은 누구나 롯데에 오면 사랑과 행복을 느낄 수 있어야 한다는 뜻이고, 생활은 보다 윤택하고 풍요로운 삶을 제안해 행복이 넘치는 가정을 구현한다는 의미다. 그리고 자유는 앞선 문화를 알고, 삶의 진정한 자유로움을 누리게 하겠다는 의미다.

롯데와 신격호 회장이 그동안 추진해온 사업의 면면을 잘 살펴보면 모두가 이 철학을 구현하고자 노력한 결과임을 알 수 있다. 지금도 여전히 한국과 일본을 오가면서 경영 현장을 챙기는 90세를 넘긴 창업자를 보면서 미래에 대한 확고한 꿈을 가진 사람이 어떻게 꿈을 실현하는지, 또 어떻게 새로운 꿈을 꾸고 있는지도 느낄 수 있다.

사회생활 초창기에 나는 잠시 삼성그룹 회장실에서 일하면서 삼성그룹의 창업자이자 선대 회장인 이병철 회장을 뵐 기회가 있었다. 그때는 단지 평사원에 불과했지만 이병철 회장의 창업 정신과 경영철학이 큰 가르침으로 다가왔다.

영국의 경제학자이자 《경제학 원리(Principles of Economics)》의 저자인 앨프리드 마셜 박사는 일찍이 경제적 기사도의 원칙을 '냉철한 머리와 따뜻한 가슴'이라는 말로 표현한 바 있다. 수요와 공급의 균형현상에 관심을 가졌던 그는 문제의 본질을 꿰뚫어보는 날카로운 지성을 갖추었으면서도 약자를 외면하지 않는 학문으로서의 경제학을 강조했다. 그는 경제학이 사람들의 복지를 향상시키는 데 도움을 줄 수 있어야 한다고 생각했다. 또한 오스트리아 출신의 경제학자이자 하버드대학의 교수였던 요제프 A. 슘페터 박사는 기업가 정신을 강조했다. 그는 새로운 생산 방법과 새로운 상품 개발을 기술 혁신이라고 규정하고 기술 혁신을 통해 창조적 파괴에 앞장서는 기업가를 혁신자로 보았는데, 그 혁신자가 갖추어야 할 조건으로 신제품 개발, 새로운 생산 방법의 도입, 신시장 개척, 새로운 원료나 부품의 공급, 새로운 조직의 형성, 노동생산성 향상 등을 꼽았다.

흔히 기업가 정신은 새로운 것에 과감하게 도전하는 혁신적이고 창의적인 정신과 미래를 예측할 수 있는 통찰력을 말한다. 근래에는 고객제일주의, 산업보국, 인재 양성, 공정한 경쟁, 근로자 후생복지, 사회적 책임의식 등을 갖춘 기업가를 진정한 기업가로 보는 견해가 지배적이다.

오랫동안 살아남은 기업에는 창업주의 기업가 정신이 탄탄하게 경영을 뒷받침하고 있는 경우가 많다. 반드시 세계 1등 기업만이, 또는 전통과 역사가 오래된 기업만이 기업가 정신이 있는 것은 아니다. 중요한 것은 기업을 만들고 성장시키는 과정에서 기업가 정신이 조직의 구성원뿐만 아니라 고객과 사회에 긍정적인 영향을 주면서 인류와 사회 발전에 기여할 때 진정한 기업가 정신이 계승되고 발전될 수 있다는 사실이다. 세계적으로 유명한 기업들, 오랫동안 많은 사람들에게 사랑받는 기업들은 한결같이 철저한 기업가 정신을 원동력으로 삼아 발전해왔다.

> 오랫동안 많은 사람들에게 사랑받는 기업들은 한결같이 철저한 기업가 정신을 원동력으로 삼아 발전해왔다.

오늘도 누군가는 창업을 준비하고 있을 것이다. 하지만 창업자 자신이 어떤 정신을 가지고 회사를 운영하고 발전시킬 것인가를 진지하게 고민하지 않고 순간의 이익에만 눈을 돌린다면 순조로운 발전을 기대하기 어렵다.

수많은 기업가들의 기업가 정신은 반드시 되새기고 본받아야 할 점이 많다. 앞서간 사람들의 지혜를 배우는 일이 인생을 잘 살아가기 위한 지침이 되듯, 훌륭한 기업가의 정신 또한 우리나라를 더욱더 발전시킬 수많은 기업가들에게 중요한 교훈으로 남을 것이다.

# 받은 만큼
# 돌려주어야 한다

"기업의 사회 공헌이 성공을 거두려면
무엇보다 기업의 '영혼'이 담겨 있어야 한다."

## 영혼이 있는 기업은
## 사회 공헌에 관심을 쏟는다

동국제강의 창업자인 고 장경호 회장은 1975년 임종이 얼마 남지 않았을 때 박정희 대통령에게 "제 이름으로 남은 재산 일체를 국가와 사회로부터 받은 은혜를 갚는 데 쓰려고 합니다"라는 편지를 썼다고 한다. 그 후 전 재산 30억 원(현재 가치로 약 3000억 원)을 국가에 기탁했다. 장 회장은 평소에 "재물은 흐르는 물과 같아 물이 흐르지 않고 한 곳에 고이면 썩는 것처럼 재물도 흐르지 않으면 부패한다"는 신념을 가지고 있었고, "내 재산은 내 것이 아니며 잠시 위탁 관리할 뿐이다. 그러므로 한 푼도 헛되이 쓸 수 없다"는 뜻을 가족에게 전했다. 가족은 그의 유지를 받들어 3대째 장학재단을 운영하며 사회에 환원하고 있다.

기업 경영을 통해서 얻은 재물을 사회에 돌려주고자 하는 기업인이 많아지고 있다. 기업 경영을 잘하면 많은 사람들에게 이로움을 제공하면서 사회에도 좋은 영향을 끼칠 수 있다. 그렇지 못하면 사회에 피해를 끼치고 사람들로부터 지탄을 받게 된다. 인간이 사회적 동물인 것과 마찬가지로 기업도 사회적 생명체다. 사회에 반드시 필요한 만큼 사회에 기여할 수 있는 것이 많은 게 기업이고, 기업 경영이다. 기업을 합리적이고 효율적으로, 그리고 바르게 경영하면 그만큼 사회에 공헌할 수 있게 된다.

2000년대 중반에 들어서면서 세계 각국의 글로벌 기업들은 사회 공헌활동을 본격화하기 시작했는데, 글로벌 금융위기 이후에는 그 중요성이 더욱 부각되고 있다.

IBM은 창립 100주년 기념일을 '봉사의 날'로 선언하고, 직원뿐만 아니라 퇴직자, 고객, 협력사까지 30만 명이 120개 국의 5000여 개 자원봉사 프로젝트에 참여하였다고 한다. 대표적인 장수 기업인 GE 역시 전 세계 GE 직원과 퇴직자를 합쳐 5만 명 이상의 회원을 거느린 엘편자원봉사단과 GE 재단 등을 중심으로 사회 공헌 활동을 활발히 벌이고 있다.

기업들이 사회 공헌 활동에 주목하게 된 배경은 무엇일까?

첫째, 고객의 니즈가 변화하고 있기 때문이다.

2011년 8월 전경련 조사에서 "품질이 동일하다면 사회 공헌 우수 기업 제품을 가격이 비싸더라도 구입하겠다"는 소비자가 78퍼센트에 이르렀다. 이는 기능과 품질을 중시하던 소비자들이 사회적 의미와 가치를 추구하고 있음을 나타낸다.

둘째, 기업의 책임 대상이 확대되고 있다.

과거에는 주주의 가치 극대화에 집중되던 기업의 목표가 많은 이해관계자들의 만족도를 제고하는 방향으로 확대되고 있는 것이다.

셋째, 타 기업과의 차별화 수단이 필요하다.

기술과 디자인 위주의 차별화만으로는 한계를 느끼고, 사회 공헌을 통해 기업의 가치와 철학을 담아 차별화하려고 하고 있다.

기업의 사회 공헌이 성공을 거두려면 무엇보다 기업의 '영혼'이 담겨 있어야 한다. 영혼을 담는다는 것은 사회 공헌의 진정성을 알리는 작업을 의미한다. 만일 진정성이 없거나 진정성이 훼손되면 오히려 반감만 불러일으키는 역효과가 발생한다. 그래서 기업의 사회 공헌은 일회성 행사나 정책으로 그치지 않고 지속적으로 기업 방향과 일치되게 전개해야 고객의 신뢰를 얻을 수 있다.

> 기업의 사회 공헌이 성공을 거두려면 무엇보다 기업의 '영혼'이 담겨 있어야 한다.

## 기업은 사회 구성원 모두를 위해 존재한다

경주 최부자집에는 집안 대대로 내려오는 여섯 가지 가훈이 있다.

- 과거를 보되 진사 이상 벼슬을 하지 마라.
- 만석 이상의 재산은 사회에 환원하라.
- 흉년에는 땅을 늘리지 마라.
- 과객을 후하게 대접하라.
- 주변 100리 안에 굶어 죽는 사람이 없게 하라.
- 시집온 며느리는 3년간 무명옷을 입어라.

'집안을 다스리는 지침'이라고도 하는 이 글을 보면 최부자집이 오랫동안 존경받는 이유를 알 수 있다. 옛 선인들의 노블레스 오블리주 정신이 느껴지는 가훈이기도 하다.

경제 발전 시기에 기업은 더 많은 재화를 생산하고, 수출을 늘려 외화를 벌어들이고, 고용을 창출하는 역할이 무엇보다 중요했다. 물론 지금도 그 중요성에는 변함이 없다. 근래에는 기업의 사회적 책임이 더욱 요구되고 있는데, 특히 대기업은 기업 활동으로 벌어들인 이익을 어떻게 사회에 공헌하고 환원하는가에 관심을 가지고 있다. 기업 메세나 활동은 다양한 문화 사업에 기업이 지원하는 형식으로, 장학재단이나 복지사업 등도 지원을 한다. 하지만 이제는 단순히 '지원'과 '기부'의 의미를 넘어서는 기업의 또 다른 생존 전략으로 사회 환원과 사회 공헌이 중시되고 있다.

예를 들면 환경 문제를 들 수 있다. 지구온난화 규제와 방지를 위한 국제협약의 하나인 교토의정서가 2005년 2월에 공식 발효됨으로써 기업 활동에 있어서도 온실가스 감축이 중요한 과제로 떠올랐다. 우리나라는 아직 법적 의무 부담은 없지만 2차 의무감축 대상국이 될 가능성이 높아 2013~2017년까지 온실가스를 감축해야 하는 상황이다. 그런데 불합리하게도 미국은 전 세계 이산화탄소 배출량의 28퍼센트를 차지하고 있으면서도 자국의 산업을 보호하기 위해 2001년 3월 탈퇴했다.

친환경 전략을 가진 기업에 고객들이 높은 점수를 주고 있다. 유한킴벌리는 오랫동안 '우리 강산 푸르게'라는 캠페인을 하면서 나무 심기를 적극적으로 알려 좋은 기업 이미지를 구축했다.

GE는 2005년 5월 미래 전략 방향의 핵심인, 생태학을 의미하는 ecology의 eco와 GE 슬로건인 imagination at work(상상을 현실로 만드는 힘)의 imagination을 합쳐서 만든 '에코매지네이션(ecomagination)'이라는 친환경 경영 전략으로 좋은 반응을 얻었다. 환경 투자를 늘리고 에너지 효율을 높이는 기술과 제품 개발로 매출도 올리고 있다.

일본의 도요타 자동차는 일찍부터 환경 규제 강화에 초점을 맞춘 경영 전략으로 친환경 하이브리드카를 개발해 전 세계 고객들의 관심과 사랑을 받았다. 1997년 출시한 프리우스를 비롯해서 다양한 차종의 하이브리드 모델을 선보인 결과 2012년 말에는 글로벌 누적 판매가 약 500만 대에 이른다고 한다. 국내 자동차 회사들의 하이브리드카 판매도 꾸준히 늘고 있는 추세다. 이제 국내 소비자들도 친환경 제품에 대한 관심이 높고, 다양한 전문 지식을 가지고 있으며, 실제로 구매 결정에도 친환경적 요소를 고려하고 있다.

환경을 고려하면서 제품과 서비스를 공급하는 일은 막대한 비용이 들기 때문에 기업의 경영 활동에 제약이 될 수도 있다. 하지만 생각을 달리하면 새로운 시장을 창출하는 '그린 오션'이 될 수도 있다. 선진 자본시장에서는 이미 기업의 사회적 책임이나 환경 친화도를 평가해 투자의 기준으로 삼는 트렌드가 확산되고 있다. 앞으로 환경 문제에 관심을 갖지 않는 기업은 투자자들로부터 외면당할 수 있고, 소비자들에게도 외면받을 가능성이 높아졌다. 그리고 제조업을 비롯한 많은 기업이 기업 활동 과정에서 자연과 환경에 미친 여러 가지 폐해가 있었음을 인정한다면 그동안 기업이 누린 것을 자연과 환경 그리고 소비자들에게 돌려주어야 할 의무가 있다고 본다.

유통업계에서는 쿨비즈 캠페인, 에너지 절감 시설 도입 등을 통해 이산화탄소 줄이기에 앞장서고 있다. 또 친환경 포장재 사용, 환경 장바구니 사용, 그린마일리지 제도 등에 대해서도 소비자의 참여도가 높다. 지구 환경의 변화와 환경 파괴로 인해 전 세계 곳곳에서 자연 재해가 빈번하게 일어나고 있다. 그에 따라 소비자들은 환경 변화에 매우 민감하게 반응하고, 상품 구매를 할 때도 해당 상품이 환경에 미치는 영향까지 꼼꼼히 따지게 되었다. 이제는 친환경 제품이 아니면 시장에서 살아남기 힘들다는 생각이 들 정도다.

　기업들도 성장 사업 영역으로 환경 관련 분야에 다각도로 접근하고 있으며, 환경과 관련한 비용을 투자로 인식하게 되었다. 한 발 더 나아가 미래에 대한 투자, 지속 가능한 경영 전략으로서의 환경경영을 더욱 적극적으로 펼쳐야 할 때다. 친환경적 경영은 결국 기업의 새로운 생존 전략이 되고 있다.

# 전 세계의 소비자가
# 우리의 고객이다

"산업이 발달하고, 고객의 니즈가 달라지고, 소비의 형태가 바뀌는 세상의 흐름을 주시하고 이에 적절한 대응을 하지 못하면 시장에서 외면을 받게 된다."

### 우리나라 유통산업의 발전상을
### 세계에 알리다

백화점 대표이사를 하면서 한국소매업협의회 의장을 맡고 있을 때의 일이다. 한국소매업협의회 안에는 백화점협회, 체인스토어협회, 편의점협회, 온라인협회, 직접판매협회, 프랜차이즈협회 등이 산하기관으로 있었다. 산하기관은 모두 사단법인의 형태로 운영되고, 한국소매업협회는 이 단체들을 아우르는 임의단체 성격이 강해 대한상공회의소 직원들이 사무국 업무를 대행해준다.

2009년 가을, 대한상공회의소, 아시아태평양소매업협회연합, 한국소매업협의회 공동 주최로 제14회 아시아・태평양 소매업자대회를 개최하게 되었다. 대한상공회의소 손경식 회장이 대회장으로, 그리고 내가 조직위원장을 맡아 대회 준비를 했다.

2009년 10월, 당시는 사스(중증급성 호흡기 증후군) 공포로 전국적인 행사가 대부분 취소될 만큼 분위기가 좋지 않았다. 그런 상황에서 아태지역의 유통인이 대거 참석하는 국제적인 행사를 준비하는 일은 모든 관계자들을 긴장하게 했다. 아시아·태평양 소매업자대회는 일본, 중국 등 아시아 17개국이 2년에 한 번씩 순회 개최하는 아시아 지역에서 가장 큰 유통 행사다. 우리나라는 1985년에 제2회 서울대회 이후 24년 만에 다시 개최하는 것인 만큼 그동안 발전된 우리나라 유통산업의 모습과 우리 문화를 알릴 수 있는 좋은 기회였다. 이 대회에서는 전 세계 유통의 흐름과 각국 유통시장 현황에 대한 발표 및 향후 전망과 발전 방향에 대한 토론, 그리고 각국의 다양한 상품을 전시하는 행사가 이루어졌다. 아시아·태평양 지역의 유통인 1000여 명을 비롯해서 24개국의 3500여 명이 참석하여 2년 전의 도쿄대회보다 한층 격이 높아졌다는 평을 들었고, 2009년 국내에서 개최된 국제대회 중 외국 참가자가 가장 많았던 성공적인 대회였다.

당시 대회 참석차 방한하여 롯데쇼핑을 방문한 나카무라 다네오(中村種南) 일본 소매업협회 회장과 대화를 나누게 되었다. 나카무라 회장은 일본 최초의 백화점인 미쓰코시에서 최고경영자를 지냈고, 도쿄 상공회의소 고문을 맡고 있었다. 1961년에 미쓰코시에 입사해서 2005년에 최고경영자에 올랐기에 유통과 소매업, 특히 백화점에 대해서는 나와 비슷하게 각별한 애정을 가지고 있었다. 일본은 거품 경제가 꺼지면서 10여 년 이상 마이너스 성장이 계속되고 있을 때였고, 한국의 백화점은 일본과는 달리 한창 성장 탄력을 받고 있을 때였다. 저출산과 고령화는 일본 백화점 업계에 '선택과 집중'이라는 화두를 던졌다고 했다. 즉 고객이 찾는 백화점만 살아남는다는 이야기였다. 우리나라는 외환위기를 겪으면서 지방 중소 백화점이 경영 악화로 살아남지 못했고, 이들을 인수한 대형 백화점들이 수익성 확보를 위해 최상의 상품, 차별화된 고객 서비스를 위해 연구하고 투자하면서 일본이 지금 겪고 있는 어려움을 이미 겪었다고도 할 수 있다.

일본의 고객 서비스 정신은 전 세계에서 배울 정도로 철저하다. 우리나라 유통업계는 일본의 그런 서비스 정신을 배우면서도 한국 고객에 맞게 한층 더 업그레이드된 서비스로 발전시키고자 노력했다. 나카무라 회장은 나와 유통산업에 대한 이야기를 주고받으면서, 한국 백화점 업계가 일본에 비해 출발은 늦었어도 이제는 일본보다 고객을 분석하고 고객층에 맞는 상품과 서비스를 제공하는 일에 훨씬 앞서가고 있다는 느낌을 받았다고 했다. 특히 나카무라 회장은 우리나라 유통기업들이 다양한 유통 채널을 갖고 발전하여왔음을 부러워했다. 고객의 라이프스타일 변화를 고려하고, 소비 성향에 맞는 다양한 유통 채널을 일찍이 구축했다는 사실에 놀라움을 표했다.

솔직히 우리 유통산업 발전의 중심에는 고객들의 수준 높고 깐깐한 취향이 있었다고 해도 과언이 아니다. 기업 입장에서는 고객의 요구에 제대로 응하기가 쉽지 않을 정도다. 특히 백화점의 경우에는 이런 고객들을 만족시키기 위해 좋은 상품은 물론이고 질 높고 품격 있는 서비스를 제공하고자 노력했기에 그 노력의 결실로 경쟁력을 갖추게 된 것이다. 세계적인 불황에도 선전하고 해외로 진출할 만큼 저력을 갖게 된 것도 수준 높은 고객들이 있었기에 가능한 일이었다.

롯데백화점이 처음 개점할 1979년에는 이미 신세계, 미도파 등이 자리를 잡고 있던 때였다. 롯데는 백화점 업계에서는 후발 주자였다. 하지만 소공동 본점 개점과 동시에 매출 1위가 되었고, 지금까지도 1위 자리를 지키고 있다. 이는 무엇보다 '개척자 정신'이 있었기에 가능한 일이었다고 본다. 왜냐하면 당시 기존 백화점의 최대 규모는 3000평 정도였지만 롯데백화점 본점의 경우는 7600평에 달했다. 국내에서 벤치마킹할 만한 대상이 없었다. 그래서 직접 연구하고, 해외에서 배우면서 새로운 모델을 만들어낸 것이다.

## 유통산업 발달은
## 선진국으로 가는 길을 앞당겼다

유통산업은 고객의 라이프스타일 변화에 민감하게 대응해야 하는 분야다. 유통업이라고 하면 단순히 물건을 사고파는 일이라 여기고, 시장은 거래 장소로만 인식하기 쉬운데 유통은 소비와 생산의 균형을 맞추는 역할도 수행해야 한다.

유통의 핵심은 고객이 원하는 상품과 서비스를 최상의 품질과 가장 합리적인 가격으로 최적의 시점에 제공하는 것이다. 소비의 변화를 정확하고 신속하게 파악하는 것은 유통산업의 중요한 과제 중 하나다. 도시에 시장을 만들고, 소비자와 공급자를 이어주고, 유통기관과 각각의 유통기관을 연결하는 것은 유통산업이 담당해야 할 역할이다.

> 유통의 핵심은 고객이 원하는 상품과 서비스를 최상의 품질과 가장 합리적인 가격으로, 최적의 시점에 제공하는 것이다.

롯데쇼핑을 처음 개점한 1970년대 말은 생산 지향의 경제정책에서 수요 지향의 경제정책으로 전환을 모색하고 있던 시기였고, 공급 부족의 시대에서 대량 소비의 시대로 바뀌는 시기였다. 이러한 사회의 변화에 따라 한국의 유통산업 발전에 초석을 놓는 일을 롯데가 착실하게 수행했다고 감히 자부할 수 있다.

롯데백화점은 1979년에 '롯데쇼핑센터'라는 이름으로 문을 열었는데, 당시 서울 도심에는 백화점을 신설할 수 없다는 규제가 있었기 때문이다. 이후 경제 발전으로 소비 패턴이 다양화되면서 소비자들의 제품 선호도가 달라지기 시작했고, 그에 따라 백화점 업계는 급속한 발전을 하게 되었다. 이제 백화점은 단순한 쇼핑 공간을 훨씬 뛰어넘는 공간으로 거듭나고 있다. 세대별 맞춤형 쇼핑센터가 생기는가 하면, 가족 지향적인 교외 쇼핑몰에서, 최고급을 지향하는 고객을 위한 명품관을 선보였고, 다양한 문화 공간으로서의 기능까지, 폭넓게 소비자의 삶 속에 자리하고 있다. 과거 유통산업이 상권 및 시설 중심의 산업이었다면 현재의 유통업은 서비스가 중심이 되는 문화산업으로 진화했다는 표현이 맞을 것이다. 이제 백화점의 매출 현황은 국내 소비 동향을 파악하는 동시에 경제지표의 흐름까지 반영하는 것이 되었다.

기업도 살아 있는 생명체와 같아서 탄생과 성장의 과정을 겪는다. 환경 변화에 적응하기 위한 전략으로 기업 변신을 끊임없이 추구해 왔지만 설립 초기부터 현재에 이르기까지 변하지 않는 일관된 방침은 고객 중심 경영이다. 고객에게 풍요로운 삶을 제공하고 제안하는 기업, 좋은 상품과 서비스를 제공하는 기업, 끊임없이 고객 가치를 창출하는 기업, 이것이 롯데쇼핑이 변함없이 지향해온 일관된 방침이다. 고객은 우리 롯데뿐만 아니라 모든 기업과 기업에서 일하는 사람들에게 삶의 터전을 제공하고 보람 있는 일터를 제공해주는 주체이기도 하다.

세계적인 유통업체들이 유독 우리나라에서는 고전을 면치 못한 채 사업을 접고 돌아가곤 했다. IMF를 거친 후 우리 경제가 가장 크게 달라진 점은 외국의 다양한 기업들이 직접 국내에 들어와 영업을 할 수 있게 된 것이다. 많은 산업 부문들이 개방된 것은 좋은 의미에서는 선진 자본이 들어왔다고 할 수 있지만 국내 기업의 입장에서는 세계적인 기업들과 안방에서 싸워야 하는 냉혹한 경쟁의 시작이었다. 그런데 한국 시장에 당당하게 진출했던 세계적인 유통회사들이 몇 년을 버티지 못하고 사업을 철수했다. 그들이 사업을 철수하면서 운영하던 매장들을 국내 기업에 되팔면서 엄청난 이익을 챙겨간 것은 씁쓸한 기억으로 남아 있다.

그런데 세계적인 유통업체인 월마트, 까르푸, 쁘렝땅백화점 같은 회사들이 왜 한국 시장에서는 힘을 못 쓰고 철수했을까?

첫째, 우리나라 고객들에 대한 이해가 부족했기 때문이다. 그들은 세계 각국에 진출하면서 자국에서의 성공 사례를 그대로 적용하는 매뉴얼을 가지고 있었다. 그 매뉴얼대로 한국의 고객을 대했다. 한국 고객의 특성을 잘 이해하지 못했을뿐더러 한국의 유통업계가 그동안 발전해온 이유를 제대로 이해하지 못해 고객들의 욕구를 만족시켜주지 못했던 것이다.

둘째, 점포 설계 및 점포 책임자 자리에 자국의 직원을 배치했다. 물론 다양한 경험을 가진 베테랑 직원들을 파견했을 것이다. 하지만 자국 시장에서 거둔 성공에 자만한 나머지 한국 문화, 한국 고객의 소비 스타일을 파악하려는 노력이 부족했다. 예를 들면 당시 한국에는 대형 할인점이 막 태동하던 시기여서 상품을 대량으로 싸게 구입하는 소비 형태가 그리 많지 않았다. 또한 한국의 소비자는 대량으로 구매하더라도 직접 상품을 만져보고 체험해보는 것을 좋아하는데 그런 배려는 전혀 없이 상자째 쌓아놓고 싸게 파는 창고형 매장을 고수했다. 고객에게 어떻게 다가가야 할지, 어떻게 하면 고객이 즐겨 찾는 매장으로 만들지를 크게 고민하지 않았다. 또한 상품을 제공하는 협력업체와의 관계에서도 한국식 관행 같은 것을 이해하지 못하고 본사 방침만 고수하다 보니 협력업체들과의 거래도 원활하지 못했다.

월마트는 한국에서의 뼈아픈 실패를 교훈 삼아 중국 시장에 진출해서는 현지화를 위해 각고의 노력을 기울이고 있다. 결국 이들 세계적인 유통업체들이 한국적 특수성을 파악하고 현지화를 시도했을 땐 이미 고객들이 외면한 뒤였고, 협력업체들도 등을 돌려 회복할 수 없는 상태였다.

우리나라 유통업계에 거는 고객의 기대는 다른 나라에 비해 매우 높은 편이다. 예를 들어 미국 고객은 싼 물건을 사면서 서비스까지 기대하지 않는다. 하지만 한국의 고객은 물건 하나를 사더라도 좋은 서비스를 받아야 한다. 즉 비싼 물건을 사든 값싼 물건을 사든 고객이 질 높은 서비스를 받는 것이 당연하다고 여긴다. 그렇기에 한국 유통업계의 서비스는 그 어느 나라보다 빠르게 질 높은 서비스를 지향하며 발전해왔다. 한국의 서비스는 백화점에서 시작되어 발전해온 경우라 할 수 있지만 서비스의 질을 높이고 서비스의 가치를 더욱 높인 것은 한국의 고객이라고 할 수 있다. 고객이 유통업계의 발전을 만들어준 것이다. 이것이 바로 한국 유통업계가 다른 나라에 비해 역사가 짧은데도 빠르게 성장하고, 차별화된 서비스를 제공해온 배경이다.

우리나라 백화점은 한때 다양한 기업들이 우후죽순으로 뛰어든 분야 중의 하나였다. 하지만 지금은 세 곳의 대기업이 주도하고 있다. 인적, 물적 자본이 안정된 기업들이기에 규모뿐만 아니라 상품이나 서비스 제공에서 우위를 점하며 성장해왔다. 까다로운 고객의 니즈에 맞추어 다각화에도 앞장섬으로써 한국 유통산업의 발전을 이끌어왔다. 또한 백화점이라는 부문에 만족하지 않고 고객의 요구와 시대의 변화에 민첩하게 대응하면서 유통 채널을 다양화했다. 미국이나 유럽, 일본 등 선진국의 유통산업은 우리나라와 같은 다양한 채널이 구비되어 있지 않다. 백화점은 백화점에 걸맞은 상품과 서비스, 할인점은 할인점대로, 온라인쇼핑몰은 온라인의 특성을 살리고, 편의점이나 슈퍼 등도 고객의 생활 속에 밀착한 영업 전략으로 발전을 거듭하고 있다. 그래서 우리나라 유통산업의 발전이 더욱 기대되고, 세계로 진출하는 데 부족함이 없다는 자신감을 갖게 된 것이다.

앞으로도 고객에 대한 연구는 계속되어야 한다. 또한 글로벌 유통업체들이 한국에서 실패했던 경험은 우리 유통업체가 다른 나라에 진출했을 때 경험할 수 있는 일이기에 이를 타산지석으로 삼아 연구하고 개혁하면서 발전시켜나가야 할 것이다.

### 유통산업 발달의 선두에 롯데백화점이 있었다

대학원을 마치고 한국마케팅개발센터에서 당시 상공부와 함께 유통 근대화 5개년 계획을 세우면서 유통업계에서 일하기 시작했으니 40

여 년 이상을 유통산업 발전의 한가운데에 서 있었다고 하겠다. 신세계에서 체인스토어를 만들었을 때만 해도 우리나라 유통업계가 어떤 발전을 거듭할지 앞날이 잘 보이지 않았다. 산업 발전과 더불어 반드시 성장하고 발전해야 할 서비스 산업임에도 불구하고 유통산업에 대한 인지도가 낮았고, 수출 주도의 산업정책에 치중하다 보니 이를 제대로 이해하고 그 중요성을 정책에 반영하는 경우도 드물었다.

하지만 유통산업은 3차 산업으로서 산업 발전의 과정에서 함께 성장할 수밖에 없는 산업이다. 유통의 가장 중요한 역할은 생산자와 소비자를 연결시키는 일이다. 생산자가 만든 제품이 고객의 손에 들어가기까지는 유통의 역할이 매우 크다.

제품에 따라, 만들어지는 과정에 따라, 혹은 고객의 수요에 따라 유통 과정은 다양하게 달라진다. 때로는 생산자가 직접 소비자에게 상품을 공급하는 직거래 형태가 인기를 끌기도 하는데, 이는 일부 한정된 상품에 불과할 경우가 많다. 생산자는 좋은 제품의 개발과 소비자들이 원하는 질 좋은 상품을 만들기 위해 힘을 쏟고, 이를 소비자들에게 공급하는 것이 유통산업의 가장 중요한 역할이기 때문에 유통산업을 제3차 산업, 즉 서비스업으로 분류하는 것이다.

이제 유통산업은 한 단계 더 발전하는 단계에 이르렀다. 단순히 생산자가 만든 제품을 소비자에게 연결하고 공급하는 역할을 뛰어넘고 있다는

> 이제 유통산업은 한 단계 더 발전하는 단계에 이르렀다. 단순히 생산자가 만든 제품을 소비자에게 연결하고 공급하는 역할을 뛰어넘고 있다는 의미다.

의미다. 이제는 소비자, 즉 고객의 이해와 요구, 고객이 원하는 제품을 생산자를 대신해서 그 니즈를 파악하고 생산자가 생산에 전념할 수 있도록 지원하는 역할로 그 범위가 확대되고 있다. 또한 생산자가 만들어낸 제품이 어떤 고객에게 가장 잘 맞는지를 파악하고 고객을 찾아나서는 일까지 하고 있다. 그리고 상품이 있는 곳에 고객이 모이게 하는 일과 고객이 모이는 곳에 상품을 공급하는 일까지 적극적으로 나서고 있다. 그렇기에 생산자를 파악하는 일에도, 고객의 니즈를 파악하는 일에도 유통업계의 역할은 그 어느 때보다도 커지고 있다.

　동네 슈퍼에서 재래시장, 대형마트에서 백화점까지, 유통업은 규모를 불문하고 시장에서 치열한 경쟁을 벌이고 있다. 모두가 시장에서 살아남기 위한 생존 경쟁이다. 동네 슈퍼도 필요하고, 재래시장도 필요하고, 대형마트나 백화점도 필요하다. 단지 소비자의 선택에 따라 생존의 갈림길이 달라질 수 있다. 경쟁의 승자가 반드시 자본이나 규모로만 규정되는 것은 아니라고 본다. 하지만 산업이 발달하고, 고객의 니즈가 달라지고, 소비의 형태가 바뀌는 세상의 흐름을 예의주시하고 이에 적절하게 대응하지 못하면 시장에서 외면을 받을 수밖에 없다. 거대 기업인 IBM조차도 고객들의 니즈를 제대로 파악하지 못해 어려움을 겪는 시대다. 실리콘밸리의 조그만 회사에 불과했던 애플이 세계 소비자들을 쥐락펴락하는 시대이기도 하다. 오늘의 승자가 내일의 패자가 될 수 있고, 오늘의 약자가 내일의 강자가 될 수 있다. 그럼에도 지금 우리 사회는 경쟁에만 지나치게 집중한 나머지

공존의 중요성, 서로 배려하면서 소비자와 고객을 먼저 생각하는 자세는 뒷전이 된 게 아닌가 하는 안타까움이 들 때가 많다. 다른 한쪽에서는 자본을 무기로, 또 다른 한쪽에서는 정책을 무기로 대치해서는 어느 쪽에도 득이 되지 못한다.

> 오늘의 승자가 내일의 패자가 될 수 있고, 오늘의 약자가 내일의 강자가 될 수 있다.

　유통의 역할은 좋은 상품을 좋은 가격으로 고객이 구매할 수 있도록 장을 마련하는 것이다. 생산자가 있고, 소비자가 있기에 유통산업은 존재한다. 함께 머리를 맞대고 유통산업의 발전을 더욱 진지하게 고민할 때라고 생각한다.

## 전 세계를 무대로 나아가는 한국 유통산업의 미래

얼마 전(2012년 9월) 롯데쇼핑은 다우존스 지속가능성 지수(DJSI: Dow Jones Sustainability) 월드 부문에 4년 연속 편입됐다. 국내 기업으로는 처음으로 리테일 부문의 '업종 선도기업(supersector leader)'에 3년 연속 선정되기도 했다. 또한 롯데마트는 중국에 100호점을 개점했다. 중국에 진출한 지 불과 몇 년 만에 이루어낸 성과다.

　롯데는 한국과 일본을 넘어 중국과 동남아시아로 시장을 넓혀가고 있다. 아메리카와 유럽 시장에 진출할 날도 머지않았다고 본다.

매출로 보나 규모로 보나 세계 1위 유통 기업은 단연 월마트다. 월마트의 연매출은 약 4000억 달러에 달한다. 그런데 어떻게 소매업이 세계적인 기업이 될 수 있었을까? 소매업은 점포가 늘어나면 그 늘어나는 점포 수만큼 매출이 늘어나는 구조를 가지고 있다. 거기에 소매업의 매력이 있다. 소매업은 취급하는 상품이 주로 생필품이기 때문에 사람이 생활하는 데 반드시 필요하다. 소비자의 생활에 밀접한 것, 소비자가 원하는 것을 제대로 취급한다면 언제 어디서나 소비자를 끌어들일 수 있는 게 소매업이다. 월마트는 미국이라는 소득 수준이 높고, 인구도 많고, 소비도 활발한 나라에서 소매업을 시작하여 전 세계로 진출한 기업이다. 외형으로는 전 세계 1등 기업이다. 소매업이 발전하면 이에 제품을 납품하는 회사가 수천 수만이 된다. 이런 소매업이 발전하면 제품을 생산하는 회사도 함께 발전할 수 있다. 경제 활성화와 일자리 창출에도 큰 기여를 할 수 있는 분야가 소매업이고, 유통업이다.

> 경제 활성화와 일자리 창출에도 큰 기여를 할 수 있는 분야가 소매업이고, 유통업이다.

롯데는 우리나라 유통산업의 대표적인 리딩컴퍼니다. 롯데처럼 다양한 유통 채널을 고루 가지고 있는 기업은 전 세계적으로도 드물다. 즉 백화점, 할인마트, 슈퍼, 편의점, 인터넷쇼핑몰, TV홈쇼핑 등 유통의 거의 모든 채널을 가지고 있다. 롯데그룹은 유통산업 분야에서는 해외 어느 시장에 진출해도 글로벌 기업들과 당당하게 겨룰 수 있는 경쟁력을 갖추고 있다.

물론 월마트에 비한다면 롯데쇼핑의 매출은 2011년을 기준으로 봤을 때 약 20분의 1에 불과하다. 진출해 있는 국가는 물론이고, 점포 수도 월마트가 훨씬 많다. 하지만 롯데그룹은 일본에서 처음 시작해 한국으로 진출한 경우인데도 일본 롯데보다 15배 정도 큰 규모로 성장했다. 일본과 한국의 인구 수와 소득 수준을 감안한다면 놀라운 성장이다.

유통산업은 특히 인구 수에 따라 발전 가능성을 예측해볼 수 있다. 중국과 인도처럼 인구가 많고 경제 발전 속도가 빠른 국가들은 성장성과 수익성이 매우 큰 시장이다. 특히 세계에서 인구가 가장 많은 중국의 시장에서 성공하면 월마트처럼 전 세계 시장으로 진출할 수 있을 것으로 기대한다. 미국의 경쟁력을 추월할 수 있는 나라가 중국이다. 중국에서 1등 유통 기업으로 자리 잡는 것이 가능해지면 점포 수와 규모 면에서 세계 최대의 글로벌 기업으로 거듭날 수 있게 된다.

중국 시장에서 점포 수가 많아졌다고 하지만 아직 소득 수준이 낮아 수익이 비약적으로 늘어나는 것은 아니다. 앞으로 성장 가능성을 보고 투자하는 것이다. 이제 롯데그룹이 일본과 한국뿐 아니라 글로벌 시장에서 리딩컴퍼니로 나아가기 위해서는 중국 시장에서 제대로 성공하는 것이 매우 중요해졌다. 세계 1등 유통 기업으로서의 비전은 중국 시장을 시작으로 실현 가능할 것이라고 본다. 한국의 10배, 20배 이상을 만들어낼 수 있는 시장도 바로 중국이다. 중국뿐만 아니라 베트남, 인도네시아에도 진출하고 있는데, 이는 세계 제2의 인구 대국인 인도로 진출하는 발판이 될 것으로 전망하고 있다.

세계 제일의 소비 대국 미국은 직접 제조와 생산을 하는 분야가 거의 없다. 세계적인 신발 브랜드 나이키의 생산 공장도 미국에 있지 않고, 애플의 제품도 미국에서 생산되지 않는다. 미국은 제품을 개발하고 유통하고 판매하는 산업이 더욱 발달하는 국면에 있다.

이제 우리나라도 선진국형 산업구조의 형태를 띠면서 발전하고 있다. 대기업의 공장이 중국이나 동남아시아 지역으로 이동하고 있다. 핵심 기술과 판매 전략은 한국에서 만들지만 제조와 생산은 해외에서 하고, 유통과 판매는 전 세계 소비자를 상대로 한다.

롯데는 유통에서 강한 면모를 보이며 성장해왔다. 그리고 글로벌 기업으로서 성장할 수 있는 가능성도 유통산업에서 가장 높다. 다양한 채널을 갖추고 있는 만큼 소비자의 이해와 요구를 파악하고 이를 현실화하는 데 강한 기업이다. 중국 시장에서, 동남아시아 시장에서 그리고 세계 시장에서 각국 소비자들의 이해와 요구를 파악하고 이에 대한 최적의 대응을 미리 준비한다면 롯데가 세계 최고의 유통 기업으로 우뚝 설 날이 머지않았다고 확신한다. 지금 이 시간에도 멈추지 않고 곳곳에 교두보를 만들고 다양한 시장을 파고들고 있음이 그런 전망을 더욱 밝게 한다.

## 에필로그

한국마케팅개발센터 연구원을 거쳐 잠시 삼성그룹에서 마케팅과 유통 관련 일을 하면서 유통업의 길을 걷기 시작했다. 그리고 롯데백화점 사업의 창립 멤버로 입사해 롯데리아, 롯데마트, 롯데백화점의 대표이사를 거쳐 현재의 롯데백화점 총괄사장까지, 롯데에서 그리고 유통업계에서 40여 년을 일했다.

롯데에서 일한 지난 40여 년간 나는 롯데인이라는 긍지로 일을 했다. 한 번도 한눈팔지 않고 최선을 다했다. 유통업계 최고의 회사에서 일하고 있다는 자부심으로 열정을 쏟았고, 행복했다. 나의 기질이나 장점이 회사의 특징과 잘 맞았다고 생각한다.

처음 대표이사가 된 롯데리아에서는 패스트푸드 업계에 백화점과 같은 선진 서비스 마인드를 도입하고자 노력한 시간이었다. 롯데마트 대표이사가 되었을 때는 또 다른 도전이 필요했다. 롯데백화점이나 롯데리아의 경우는 두 곳 모두 업계 1위인 기업이었기에 리딩컴퍼니로서의 역할과 방향을 많이 고민하면서 경영을 했다. 하지만 롯데마트는 유통의 최강자라고 자부하는 롯데쇼핑이 시작했음에도 할인점 업계에서는 후발주자였고, 1,2위 기업과는 매우 격차가 벌어져 있었다. 그런 롯데마트를 업계는 물론 고객들에게도 사랑받고 주목받는 기업으로 만들고자 많은 노력을 기울였다. 그리고 롯데백화점으로 돌아와 대표이사가 되었을 때는 한국의 롯데백화점이 아닌 아시아를 대표하는 백화점, 더 나아가서는 전 세계 고객을 상대로 하는 글로벌 백화점을 지향하며 사명감을 갖고 열심히 일했다.

"10년이면 강산도 변한다"는 말이 있지만 요즘에는 5년, 아니 2~3년에 한 번씩 세상이 달라지는 느낌이다. IT산업의 발달과 함께 변화의 속도가 무서울 정도다. 기업은 잠시도 방심할 수 없을 만큼 경쟁이 치열해졌고, 소비자의 수준은 기업이 따라가기 벅찰 만큼 높아졌다. 이런 환경에서 살아남기 위한 기업들의 몸부림은 상상을 초월할 만큼 간절하다.

하지만 이럴 때일수록 경쟁에서 이기는 것만을 최우선으로 해서는 지속 가능한 성장을 기대할 수 없다는 생각이 든다. 경쟁자를 물리치고 혼자만 살아남는다고 해서 모든 것을 독식할 수 있는 시대가 아니기 때문이다. 어려운 환경일수록 정정당당한 선의의 경쟁이 필요하며, 더 나아가 함께 성장하고 발전하겠다는 상생의 정신이 필요하다. 목적지를 향해 함께 가는 친구가 있으면 외롭지 않으면서 지치지 않고 더 멀리 갈 수 있다고 하지 않던가. 마찬가지로 기업도 경쟁하면서도 함께 발전하면서 성장해야 한다. 기업은 지속 가능해야 하고, 그래야 고객의 삶의 질을 높이고 사회와 국가 경제 발전에 이바지할 수 있게 된다.

유통업계는 앞으로도 계속해서 소비자의 니즈와 더불어 진화 발전할 것이다. 유통업계에서 일하면서 조금이나마 우리나라 유통업계 발전을 위해 열심히 일했다는 사실에 보람과 감사를 느낀다. 얼마나 더 유통업계에서 일할지 지금은 알 수 없다. 하지만 지난 40여 년간 그래왔던 것처럼 앞으로도 대한민국 유통인으로서, 유통산업 발전의 일원으로서, 또한 더 나아가서는 대한민국 유통이 세계로 뻗어나가는 데 힘을 보태며 달려가고 싶다!

이철우